T&P BOOKS

I0168771

TURKS
WOORDENSCHAT

THEMATISCHE WOORDENLIJST

NEDERLANDS
TURKS

De meest bruikbare woorden
Om uw woordenschat uit te breiden en
uw taalvaardigheid aan te scherpen

9000 woorden

Thematische woordenschat Nederlands-Turks - 9000 woorden

Door Andrey Taranov

Woordenlijsten van T&P Books zijn bedoeld om u woorden van een vreemde taal te helpen leren, onthouden, en bestudering. Dit woordenboek is ingedeeld in thema's en behandelt alle belangrijk terreinen van het dagelijkse leven, bedrijven, wetenschap, cultuur, etc.

Het proces van het leren van woorden met behulp van de op thema's gebaseerde aanpak van T&P Books biedt u de volgende voordelen:

- Correct gegroepeerde informatie is bepalend voor succes bij opeenvolgende stadia van het leren van woorden
- De beschikbaarheid van woorden die van dezelfde stam zijn maakt het mogelijk om woordgroepen te onthouden (in plaats van losse woorden)
- Kleine groepen van woorden faciliteren het proces van het aanmaken van associatieve verbindingen, die nodig zijn bij het consolideren van de woordenschat
- Het niveau van talenkennis kan worden ingeschat door het aantal geleerde woorden

T&P Books Publishing
www.tpbooks.com

ISBN: 978-1-78492-288-7

Dit boek is ook beschikbaar in e-boek formaat.
Gelieve www.tpbooks.com te bezoeken of de belangrijkste online boekwinkels.

TURKSE WOORDENSCHAT
nieuwe woorden leren

T&P Books woordenlijsten zijn bedoeld om u te helpen vreemde woorden te leren, te onthouden, en te bestuderen. De woordenschat bevat meer dan 9000 veel gebruikte woorden die thematisch geordend zijn.

- De woordenlijst bevat de meest gebruikte woorden
- Aanbevolen als aanvulling bij welke taalcursus dan ook
- Voldoet aan de behoeften van de beginnende en gevorderde student in vreemde talen
- Geschikt voor dagelijks gebruik, bestudering en zelftestactiviteiten
- Maakt het mogelijk om uw woordenschat te evalueren

Bijzondere kenmerken van de woordenschat

- De woorden zijn gerangschikt naar hun betekenis, niet volgens alfabet
- De woorden worden weergegeven in drie kolommen om bestudering en zelftesten te vergemakkelijken
- Woorden in groepen worden verdeeld in kleine blokken om het leerproces te vergemakkelijken
- De woordenschat biedt een handige en eenvoudige beschrijving van elk buitenlands woord

De woordenschat bevat 256 onderwerpen zoals:

Basisconcepten, getallen, kleuren, maanden, seizoenen, meeteenheden, kleding en accessoires, eten & voeding, restaurant, familieleden, verwanten, karakter, gevoelens, emoties, ziekten, stad, dorp, bezienswaardigheden, winkelen, geld, huis, thuis, kantoor, werken op kantoor, import & export, marketing, werk zoeken, sport, onderwijs, computer, internet, gereedschap, natuur, landen, nationaliteiten en meer ...

INHOUDSOPGAVE

UITSPRAAKGIDS

T&P fonetisch alfabet	Turks voorbeeld	Nederlands voorbeeld

Klinkers

[a]	akşam [akʃam]	acht
[e]	kemer [kemer]	excuseren, hebben
[i]	bitki [bitki]	bidden, tint
[ı]	fırıncı [fırındʒı]	iemand, die
[o]	foto [foto]	overeenkomst
[u]	kurşun [kurʃun]	hoed, doe
[ø]	römorkör [rømorkør]	neus, beu
[y]	cümle [dʒymle]	fuut, uur

Medeklinkers

[b]	baba [baba]	hebben
[d]	ahududu [ahududu]	Dank u, honderd
[dʒ]	acil [adʒil]	jeans, jungle
[f]	felsefe [felsefe]	feestdag, informeren
[g]	guguk [guguk]	goal, tango
[ʒ]	Japon [ʒapon]	journalist, rouge
[j]	kayak [kajak]	New York, januari
[h]	merhaba [merhaba]	het, herhalen
[k]	okumak [okumak]	kennen, kleur
[l]	sağlıklı [saalıklı]	delen, luchter
[m]	mermer [mermer]	morgen, etmaal
[n]	nadiren [nadiren]	nemen, zonder
[p]	papaz [papaz]	parallel, koper
[r]	rehber [rehber]	roepen, breken
[s]	saksağan [saksaan]	spreken, kosten
[ʃ]	şalgam [ʃalgam]	shampoo, machine
[t]	takvim [takvim]	tomaat, taart
[tʃ]	çelik [tʃelik]	Tsjechië, cello
[v]	Varşova [varʃova]	beloven, schrijven
[z]	kuzey [kuzej]	zeven, zesde

AFKORTINGEN
gebruikt in de woordenschat

Nederlandse afkortingen

abn	-	als bijvoeglijk naamwoord
bijv.	-	bijvoorbeeld
bn	-	bijvoeglijk naamwoord
bw	-	bijwoord
enk.	-	enkelvoud
enz.	-	enzovoort
form.	-	formele taal
inform.	-	informele taal
mann.	-	mannelijk
mil.	-	militair
mv.	-	meervoud
on.ww.	-	onovergankelijk werkwoord
ontelb.	-	ontelbaar
ov.	-	over
ov.ww.	-	overgankelijk werkwoord
telb.	-	telbaar
vn	-	voornaamwoord
vrouw.	-	vrouwelijk
vw	-	voegwoord
vz	-	voorzetsel
wisk.	-	wiskunde
ww	-	werkwoord

Nederlandse artikelen

de	-	gemeenschappelijk geslacht
de/het	-	gemeenschappelijk geslacht, onzijdig
het	-	onzijdig

BASISBEGRIPPEN

Basisbegrippen Deel 1

1. Voornaamwoorden

ik	ben	[ben]
jij, je	sen	[sen]
hij, zij, het	o	[o]
wij, we	biz	[biz]
jullie	siz	[siz]
zij, ze	onlar	[onlar]

2. Begroetingen. Begroetingen. Afscheid

Hallo! Dag!	Selam!	[selam]
Hallo!	Merhaba!	[merhaba]
Goedemorgen!	Günaydın!	[gynajdın]
Goedemiddag!	İyi günler!	[iji gynler]
Goedenavond!	İyi akşamlar!	[iji akʃamlar]
gedag zeggen (groeten)	selam vermek	[selam vermek]
Hoi!	Selam!, Merhaba!	[selam], [merhaba]
groeten (het)	selam	[selam]
verwelkomen (ww)	selamlamak	[selamlamak]
Hoe gaat het?	Nasılsın?	[nasılsın]
Is er nog nieuws?	Ne var ne yok?	[ne var ne jok]
Dag! Tot ziens!	Hoşca kalın!	[hoʃdʒa kalın]
Tot snel! Tot ziens!	Görüşürüz!	[gøryʃyryz]
Vaarwel! (inform.)	Güle güle!	[gyle gyle]
Vaarwel! (form.)	Elveda!	[elveda]
afscheid nemen (ww)	vedalaşmak	[vedalaʃmak]
Tot kijk!	Hoşça kal!	[hoʃtʃa kal]
Dank u!	Teşekkür ederim!	[teʃekkyr ederim]
Dank u wel!	Çok teşekkür ederim!	[tʃok teʃekkyr ederim]
Graag gedaan	Rica ederim	[ridʒa ederim]
Geen dank!	Bir şey değil	[bir ʃej deil]
Geen moeite.	Estağfurullah	[estaafurulla]
Excuseer me, ... (inform.)	Affedersin!	[afedersin]
Excuseer me, ... (form.)	Affedersiniz!	[afedersiniz]
excuseren (verontschuldigen)	affetmek	[afetmek]
zich verontschuldigen	özür dilemek	[øzyr dilemek]
Mijn excuses.	Özür dilerim	[øzyr dilerim]

Het spijt me!	Affedersiniz!	[afedersiniz]
vergeven (ww)	affetmek	[afetmek]
alsjeblieft	lütfen	[lytfen]

Vergeet het niet!	Unutmayın!	[unutmajın]
Natuurlijk!	Kesinlikle!	[kesinlikte]
Natuurlijk niet!	Tabi ki hayır!	[tabi ki hajır]
Akkoord!	Tamam!	[tamam]
Zo is het genoeg!	Yeter artık!	[jeter artık]

3. Hoe aan te spreken

meneer	Beyefendi	[bejefendi]
mevrouw	Hanımefendi	[hanımefendi]
juffrouw	Hanımefendi	[hanımefendi]
jongeman	Genç, delikanlı	[gentʃ], [delikanlı]
jongen	Oğlum	[oolum]
meisje	Kızım	[kızım]

4. Kardinale getallen. Deel 1

nul	sıfır	[sıfır]
een	bir	[bir]
twee	iki	[iki]
drie	üç	[ytʃ]
vier	dört	[dørt]

vijf	beş	[beʃ]
zes	altı	[altı]
zeven	yedi	[jedi]
acht	sekiz	[sekiz]
negen	dokuz	[dokuz]

tien	on	[on]
elf	on bir	[on bir]
twaalf	on iki	[on iki]
dertien	on üç	[on ytʃ]
veertien	on dört	[on dørt]

vijftien	on beş	[on beʃ]
zestien	on altı	[on altı]
zeventien	on yedi	[on jedi]
achttien	on sekiz	[on sekiz]
negentien	on dokuz	[on dokuz]

twintig	yirmi	[jirmi]
eenentwintig	yirmi bir	[jirmi bir]
tweeëntwintig	yirmi iki	[jirmi iki]
drieëntwintig	yirmi üç	[jirmi ytʃ]

dertig	otuz	[otuz]
eenendertig	otuz bir	[otuz bir]

| tweeëndertig | otuz iki | [otuz iki] |
| drieëndertig | otuz üç | [otuz yʧ] |

veertig	kırk	[kırk]
eenenveertig	kırk bir	[kırk bir]
tweeënveertig	kırk iki	[kırk iki]
drieënveertig	kırk üç	[kırk yʧ]

vijftig	elli	[elli]
eenenvijftig	elli bir	[elli bir]
tweeënvijftig	elli iki	[elli iki]
drieënvijftig	elli üç	[elli yʧ]

zestig	altmış	[altmıʃ]
eenenzestig	altmış bir	[altmıʃ bir]
tweeënzestig	altmış iki	[altmıʃ iki]
drieënzestig	altmış üç	[altmıʃ yʧ]

zeventig	yetmiş	[jetmiʃ]
eenenzeventig	yetmiş bir	[jetmiʃ bir]
tweeënzeventig	yetmiş iki	[jetmiʃ iki]
drieënzeventig	yetmiş üç	[jetmiʃ yʧ]

tachtig	seksen	[seksen]
eenentachtig	seksen bir	[seksen bir]
tweeëntachtig	seksen iki	[seksen iki]
drieëntachtig	seksen üç	[seksen yʧ]

negentig	doksan	[doksan]
eenennegentig	doksan bir	[doksan bir]
tweeënnegentig	doksan iki	[doksan iki]
drieënnegentig	doksan üç	[doksan yʧ]

5. Kardinale getallen. Deel 2

honderd	yüz	[juz]
tweehonderd	iki yüz	[iki juz]
driehonderd	üç yüz	[yʧ juz]
vierhonderd	dört yüz	[dørt juz]
vijfhonderd	beş yüz	[beʃ juz]

| zeshonderd | altı yüz | [altı juz] |
| zevenhonderd | yedi yüz | [jedi juz] |

| achthonderd | sekiz yüz | [sekiz juz] |
| negenhonderd | dokuz yüz | [dokuz juz] |

duizend	bin	[bin]
tweeduizend	iki bin	[iki bin]
drieduizend	üç bin	[yʧ bin]
tienduizend	on bin	[on bin]
honderdduizend	yüz bin	[juz bin]
miljoen (het)	milyon	[miljon]
miljard (het)	milyar	[miljar]

15

6. Ordinale getallen

eerste (bn)	birinci	[birindʒi]
tweede (bn)	ikinci	[ikindʒi]
derde (bn)	üçüncü	[yʧyndʒy]
vierde (bn)	dördüncü	[dørdyndʒy]
vijfde (bn)	beşinci	[beʃindʒi]

zesde (bn)	altıncı	[altındʒı]
zevende (bn)	yedinci	[jedindʒi]
achtste (bn)	sekizinci	[sekizindʒi]
negende (bn)	dokuzuncu	[dokuzundʒu]
tiende (bn)	onuncu	[onundʒu]

7. Getallen. Breuken

breukgetal (het)	kesir	[kesir]
half	yarım	[jarım]
een derde	üçte bir	[yʧte bir]
kwart	dörtte bir	[dørtte bir]

een achtste	sekizde bir	[sekizde bir]
een tiende	onda bir	[onda bir]
twee derde	üçte iki	[yʧte iki]
driekwart	dörtte üç	[dørtte yʧ]

8. Getallen. Eenvoudige berekeningen

aftrekking (de)	çıkarma	[ʧıkarma]
aftrekken (ww)	çıkarmak	[ʧıkarmak]
deling (de)	bölme	[bølme]
delen (ww)	bölmek	[bølmek]

optelling (de)	toplama	[toplama]
erbij optellen (bij elkaar voegen)	toplamak	[toplamak]
optellen (ww)	katmak	[katmak]
vermenigvuldiging (de)	çarpma	[ʧarpma]
vermenigvuldigen (ww)	çarpmak	[ʧarpmak]

9. Getallen. Diversen

cijfer (het)	rakam	[rakam]
nummer (het)	sayı	[sajı]
telwoord (het)	sayı, rakam	[sajı], [rakam]
minteken (het)	eksi	[eksi]
plusteken (het)	artı	[artı]
formule (de)	formül	[formyl]
berekening (de)	hesaplama	[hesaplama]

tellen (ww)	saymak	[sajmak]
bijrekenen (ww)	hesaplamak	[hesaplamak]
vergelijken (ww)	karşılaştırmak	[karʃılaʃtırmak]

Hoeveel? (ontelb.)	Kaç?	[katʃ]
Hoeveel? (telb.)	Ne kadar?	[ne kadar]

som (de), totaal (het)	toplam	[toplam]
uitkomst (de)	sonuç	[sonutʃ]
rest (de)	kalan	[kalan]

enkele (bijv. ~ minuten)	birkaç	[birkatʃ]
weinig (bw)	biraz	[biraz]
restant (het)	geri kalan	[geri kalan]
anderhalf	bir buçuk	[bir butʃuk]
dozijn (het)	düzine	[dyzine]

middendoor (bw)	yarı yarıya	[jarı jarıja]
even (bw)	eşit olarak	[eʃit olarak]
helft (de)	yarım	[jarım]
keer (de)	kere	[kere]

10. De belangrijkste werkwoorden. Deel 1

aanbevelen (ww)	tavsiye etmek	[tavsije etmek]
aandringen (ww)	ısrar etmek	[ısrar etmek]
aankomen (per auto, enz.)	gelmek	[gelmek]
aanraken (ww)	ellemek	[ellemek]
adviseren (ww)	tavsiye etmek	[tavsije etmek]

afdalen (on.ww.)	aşağı inmek	[aʃaı inmek]
afslaan (naar rechts ~)	dönmek	[dønmek]
antwoorden (ww)	cevap vermek	[dʒevap vermek]
bang zijn (ww)	korkmak	[korkmak]
bedreigen (bijv. met een pistool)	tehdit etmek	[tehdit etmek]

bedriegen (ww)	aldatmak	[aldatmak]
beëindigen (ww)	bitirmek	[bitirmek]
beginnen (ww)	başlamak	[baʃlamak]
begrijpen (ww)	anlamak	[anlamak]
beheren (managen)	yönetmek	[jønetmek]

beledigen (met scheldwoorden)	hakaret etmek	[hakaret etmek]
beloven (ww)	vaat etmek	[vaat etmek]
bereiden (koken)	pişirmek	[piʃirmek]
bespreken (spreken over)	görüşmek	[gøryʃmek]

bestellen (eten ~)	sipariş etmek	[sipariʃ etmek]
bestraffen (een stout kind ~)	cezalandırmak	[dʒezalandırmak]
betalen (ww)	ödemek	[ødemek]
betekenen (beduiden)	anlamına gelmek	[anlamına gelmek]
betreuren (ww)	üzülmek	[yzylmek]

bevallen (prettig vinden)	hoşlanmak	[hoʃlanmak]
bevelen (mil.)	emretmek	[emretmek]
bevrijden (stad, enz.)	serbest bırakmak	[serbest bırakmak]
bewaren (ww)	saklamak	[saklamak]
bezitten (ww)	sahip olmak	[sahip olmak]

bidden (praten met God)	dua etmek	[dua etmek]
binnengaan (een kamer ~)	girmek	[girmek]
breken (ww)	kırmak	[kırmak]
controleren (ww)	kontrol etmek	[kontrol etmek]
creëren (ww)	oluşturmak	[oluʃturmak]

deelnemen (ww)	katılmak	[katılmak]
denken (ww)	düşünmek	[dyʃynmek]
doden (ww)	öldürmek	[øldyrmek]
doen (ww)	yapmak, etmek	[japmak], [etmek]
dorst hebben (ww)	içmek istemek	[itʃmek istemek]

11. De belangrijkste werkwoorden. Deel 2

een hint geven	ipucu vermek	[ipudʒu vermek]
eisen (met klem vragen)	talep etmek	[talep etmek]
excuseren (vergeven)	affetmek	[afetmek]
existeren (bestaan)	var olmak	[var olmak]
gaan (te voet)	yürümek, gitmek	[jurymek], [gitmek]

gaan zitten (ww)	oturmak	[oturmak]
gaan zwemmen	suya girmek	[suja girmek]
geven (ww)	vermek	[vermek]
glimlachen (ww)	gülümsemek	[gylymsemek]
goed raden (ww)	doğru tahmin etmek	[dooru tahmin etmek]

| grappen maken (ww) | şaka yapmak | [ʃaka japmak] |
| graven (ww) | kazmak | [kazmak] |

hebben (ww)	sahip olmak	[sahip olmak]
helpen (ww)	yardım etmek	[jardım etmek]
herhalen (opnieuw zeggen)	tekrar etmek	[tekrar etmek]
honger hebben (ww)	yemek istemek	[jemek istemek]

hopen (ww)	ummak	[ummak]
horen	duymak	[dujmak]
(waarnemen met het oor)		
huilen (wenen)	ağlamak	[aalamak]
huren (huis, kamer)	kiralamak	[kiralamak]
informeren (informatie geven)	bilgi vermek	[bilgi vermek]

instemmen (akkoord gaan)	razı olmak	[razı olmak]
jagen (ww)	avlamak	[avlamak]
kennen (kennis hebben van iemand)	tanımak	[tanımak]
kiezen (ww)	seçmek	[setʃmek]
klagen (ww)	şikayet etmek	[ʃikajet etmek]
kosten (ww)	değerinde olmak	[deerinde olmak]

kunnen (ww)	yapabilmek	[japabilmek]
lachen (ww)	gülmek	[gylmek]
laten vallen (ww)	düşürmek	[dyʃyrmek]
lezen (ww)	okumak	[okumak]
liefhebben (ww)	sevmek	[sevmek]
lunchen (ww)	öğle yemeği yemek	[ø:le jemei jemek]
nemen (ww)	almak	[almak]
nodig zijn (ww)	gerekmek	[gerekmek]

12. De belangrijkste werkwoorden. Deel 3

onderschatten (ww)	değerini bilmemek	[deerini bilmemek]
ondertekenen (ww)	imzalamak	[imzalamak]
ontbijten (ww)	kahvaltı yapmak	[kahvaltı japmak]
openen (ww)	açmak	[atʃmak]
ophouden (ww)	durdurmak	[durdurmak]
opmerken (zien)	farketmek	[farketmek]
opscheppen (ww)	övünmek	[øvynmek]
opschrijven (ww)	not almak	[not almak]
plannen (ww)	planlamak	[planlamak]
prefereren (verkiezen)	tercih etmek	[terdʒih etmek]
proberen (trachten)	denemek	[denemek]
redden (ww)	kurtarmak	[kurtarmak]
rekenen op …	… güvenmek	[gyvenmek]
rennen (ww)	koşmak	[koʃmak]
reserveren (een hotelkamer ~)	rezerve etmek	[rezerve etmek]
roepen (om hulp)	çağırmak	[tʃaırmak]
schieten (ww)	ateş etmek	[ateʃ etmek]
schreeuwen (ww)	bağırmak	[baırmak]
schrijven (ww)	yazmak	[jazmak]
souperen (ww)	akşam yemeği yemek	[akʃam jemei jemek]
spelen (kinderen)	oynamak	[ojnamak]
spreken (ww)	konuşmak	[konuʃmak]
stelen (ww)	çalmak	[tʃalmak]
stoppen (pauzeren)	durmak	[durmak]
studeren (Nederlands ~)	öğrenmek	[ø:renmek]
sturen (zenden)	göndermek	[gøndermek]
tellen (optellen)	saymak	[sajmak]
toebehoren aan …	… ait olmak	[ait olmak]
toestaan (ww)	izin vermek	[izin vermek]
tonen (ww)	göstermek	[gøstermek]
twijfelen (onzeker zijn)	tereddüt etmek	[tereddyt etmek]
uitgaan (ww)	çıkmak	[tʃıkmak]
uitnodigen (ww)	davet etmek	[davet etmek]
uitspreken (ww)	telâffuz etmek	[telafuz etmek]
uitvaren tegen (ww)	sövmek	[søvmek]

13. De belangrijkste werkwoorden. Deel 4

vallen (ww)	düşmek	[dyʃmek]
vangen (ww)	tutmak	[tutmak]
veranderen (anders maken)	değiştirmek	[deiʃtirmek]
verbaasd zijn (ww)	şaşırmak	[ʃaʃɯrmak]
verbergen (ww)	saklamak	[saklamak]

verdedigen (je land ~)	savunmak	[savunmak]
verenigen (ww)	birleştirmek	[birleʃtirmek]
vergelijken (ww)	karşılaştırmak	[karʃɯlaʃtɯrmak]
vergeten (ww)	unutmak	[unutmak]
vergeven (ww)	affetmek	[afetmek]

verklaren (uitleggen)	izah etmek	[izah etmek]
verkopen (per stuk ~)	satmak	[satmak]
vermelden (praten over)	anmak	[anmak]
versieren (decoreren)	süslemek	[syslemek]
vertalen (ww)	çevirmek	[tʃevirmek]

vertrouwen (ww)	güvenmek	[gyvenmek]
vervolgen (ww)	devam etmek	[devam etmek]
verwarren (met elkaar ~)	ayırt edememek	[ajɯrt edememek]
verzoeken (ww)	rica etmek	[ridʒa etmek]
verzuimen (school, enz.)	gelmemek	[gelmemek]

vinden (ww)	bulmak	[bulmak]
vliegen (ww)	uçmak	[utʃmak]
volgen (ww)	... takip etmek	[takip etmek]
voorstellen (ww)	önermek	[ønermek]
voorzien (verwachten)	önceden görmek	[øndʒeden gørmek]
vragen (ww)	sormak	[sormak]

waarnemen (ww)	gözlemlemek	[gøzlemlemek]
waarschuwen (ww)	uyarmak	[ujarmak]
wachten (ww)	beklemek	[beklemek]
weerspreken (ww)	itiraz etmek	[itiraz etmek]
weigeren (ww)	reddetmek	[reddetmek]

werken (ww)	çalışmak	[tʃalɯʃmak]
weten (ww)	bilmek	[bilmek]
willen (verlangen)	istemek	[istemek]

zeggen (ww)	söylemek	[søjlemek]
zich haasten (ww)	acele etmek	[adʒele etmek]

zich interesseren voor ...	ilgilenmek	[ilgilenmek]
zich vergissen (ww)	hata yapmak	[hata japmak]

zich verontschuldigen	özür dilemek	[øzyr dilemek]
zien (ww)	görmek	[gørmek]

zoeken (ww)	aramak	[aramak]
zwemmen (ww)	yüzmek	[juzmek]
zwijgen (ww)	susmak	[susmak]

14. Kleuren

kleur (de)	renk	[renk]
tint (de)	renk tonu	[renk tonu]
kleurnuance (de)	renk tonu	[renk tonu]
regenboog (de)	gökkuşağı	[gøkkuʃaɪ]
wit (bn)	beyaz	[bejaz]
zwart (bn)	siyah	[sijah]
grijs (bn)	gri	[gri]
groen (bn)	yeşil	[jeʃil]
geel (bn)	sarı	[sarı]
rood (bn)	kırmızı	[kırmızı]
blauw (bn)	mavi	[mavi]
lichtblauw (bn)	açık mavi	[atʃık mavi]
roze (bn)	pembe	[pembe]
oranje (bn)	turuncu	[turundʒu]
violet (bn)	mor	[mor]
bruin (bn)	kahve rengi	[kahve rengi]
goud (bn)	altın	[altın]
zilverkleurig (bn)	gümüşü	[gymyʃy]
beige (bn)	bej rengi	[beʒ rengi]
roomkleurig (bn)	krem rengi	[krem rengi]
turkoois (bn)	turkuaz	[turkuaz]
kersrood (bn)	vişne rengi	[viʃne rengi]
lila (bn)	leylak rengi	[lejlak rengi]
karmijnrood (bn)	koyu kırmızı	[koju kırmızı]
licht (bn)	açık	[atʃık]
donker (bn)	koyu	[koju]
fel (bn)	parlak	[parlak]
kleur-, kleurig (bn)	renkli	[renkli]
kleuren- (abn)	renkli	[renkli]
zwart-wit (bn)	siyah-beyaz	[sijah bejaz]
eenkleurig (bn)	tek renkli	[tek renkli]
veelkleurig (bn)	rengârenk	[rengjarenk]

15. Vragen

Wie?	Kim?	[kim]
Wat?	Ne?	[ne]
Waar?	Nerede?	[nerede]
Waarheen?	Nereye?	[nereje]
Waarvandaan?	Nereden?	[nereden]
Wanneer?	Ne zaman?	[ne zaman]
Waarom?	Neden?	[neden]
Waarom?	Neden?	[neden]
Waarvoor dan ook?	Ne için?	[ne itʃin]

Hoe?	Nasıl?	[nasıl]
Wat voor ...?	Hangi?	[hangi]
Welk?	Kaçıncı?	[katʃɪndʒɪ]

Aan wie?	Kime?	[kime]
Over wie?	Kim hakkında?	[kim hakında]
Waarover?	Ne hakkında?	[ne hakkında]
Met wie?	Kimle?	[kimle]

| Hoeveel? (ontelb.) | Kaç? | [katʃ] |
| Van wie? (mann.) | Kimin? | [kimin] |

16. Voorzetsels

met (bijv. ~ beleg)	... -ile, ... -le, ... -la	[ile], [le], [la]
zonder (~ accent)	... -sız, ... -suz	[sız], [suz]
naar (in de richting van)	... -e, ... -a	[e], [a]
over (praten ~)	hakkında	[hakkında]
voor (in tijd)	önce	[øndʒe]
voor (aan de voorkant)	önünde	[ønynde]

onder (lager dan)	altında	[altında]
boven (hoger dan)	üstünde	[ystynde]
op (bovenop)	üstüne	[ystyne]
van (uit, afkomstig van)	... -den, ... -dan	[den], [dan]
van (gemaakt van)	... -den, ... -dan	[den], [dan]

| over (bijv. ~ een uur) | sonra | [sonra] |
| over (over de bovenkant) | üstünden | [ystynden] |

17. Functiewoorden. Bijwoorden. Deel 1

Waar?	Nerede?	[nerede]
hier (bw)	burada	[burada]
daar (bw)	orada	[orada]

| ergens (bw) | bir yerde | [bir jerde] |
| nergens (bw) | hiç bir yerde | [hitʃ birj jerde] |

| bij ... (in de buurt) | ... yanında | [janında] |
| bij het raam | pencerenin yanında | [pendʒerenin janında] |

Waarheen?	Nereye?	[nereje]
hierheen (bw)	buraya	[buraja]
daarheen (bw)	oraya	[oraja]
hiervandaan (bw)	buradan	[buradan]
daarvandaan (bw)	oradan	[oradan]

dichtbij (bw)	yakında	[jakında]
ver (bw)	uzağa	[uzaa]
in de buurt (van ...)	yakında	[jakında]
dichtbij (bw)	yakınında	[jakınında]

niet ver (bw)	civarında	[dʒivarında]
linker (bn)	sol	[sol]
links (bw)	solda	[solda]
linksaf, naar links (bw)	sola	[sola]

rechter (bn)	sağ	[saa]
rechts (bw)	sağda	[saada]
rechtsaf, naar rechts (bw)	sağa	[saa]

vooraan (bw)	önde	[ønde]
voorste (bn)	ön	[øn]
vooruit (bw)	ileri	[ileri]

achter (bw)	arkada	[arkada]
van achteren (bw)	arkadan	[arkadan]
achteruit (naar achteren)	geriye	[gerije]

| midden (het) | orta | [orta] |
| in het midden (bw) | ortasında | [ortasında] |

opzij (bw)	kenarda	[kenarda]
overal (bw)	her yerde	[her jerde]
omheen (bw)	çevrede	[tʃevrede]

binnenuit (bw)	içeriden	[itʃeriden]
naar ergens (bw)	bir yere	[bir jere]
rechtdoor (bw)	dosdoğru	[dosdooru]
terug (bijv. ~ komen)	geri	[geri]

| ergens vandaan (bw) | bir yerden | [bir jerden] |
| ergens vandaan (en dit geld moet ~ komen) | bir yerden | [bir jerden] |

ten eerste (bw)	ilk olarak	[ilk olarak]
ten tweede (bw)	ikinci olarak	[ikindʒi olarak]
ten derde (bw)	üçüncü olarak	[ytʃundʒy olarak]

plotseling (bw)	birdenbire	[birdenbire]
in het begin (bw)	başlangıçta	[baʃlangɪtʃta]
voor de eerste keer (bw)	ilk kez	[ilk kez]
lang voor ... (bw)	çok daha önce ...	[tʃok daa øndʒe]
opnieuw (bw)	yeniden	[jeniden]
voor eeuwig (bw)	sonsuza kadar	[sonsuza kadar]

nooit (bw)	hiçbir zaman	[hitʃbir zaman]
weer (bw)	tekrar	[tekrar]
nu (bw)	şimdi	[ʃimdi]
vaak (bw)	sık	[sɪk]
toen (bw)	o zaman	[o zaman]
urgent (bw)	acele	[adʒele]
meestal (bw)	genellikle	[genellikle]

trouwens, ... (tussen haakjes)	aklıma gelmişken, ...	[aklıma gelmiʃken]
mogelijk (bw)	mümkündür	[mymkyndyr]
waarschijnlijk (bw)	muhtemelen	[muhtemelen]

23

misschien (bw)	olabilir	[olabilir]
trouwens (bw)	ayrıca ...	[ajrıdʒa]
daarom ...	onun için	[onun itʃin]
in weerwil van ...	rağmen ...	[raamen]
dankzij ...	... sayesinde	[sajesinde]

wat (vn)	ne	[ne]
dat (vw)	... -ki, ... -dığı, ... -diği	[ki], [dı:ı], [di:i]
iets (vn)	bir şey	[bir ʃej]
iets	bir şey	[bir ʃej]
niets (vn)	hiçbir şey	[hitʃbir ʃej]

wie (~ is daar?)	kim	[kim]
iemand (een onbekende)	birisi	[birisı]
iemand	birisi	[birisı]
(een bepaald persoon)		

niemand (vn)	hiç kimse	[hitʃ kimse]
nergens (bw)	hiçbir yere	[hitʃbir jere]
niemands (bn)	kimsesiz	[kimsesiz]
iemands (bn)	birinin	[birinin]

zo (Ik ben ~ blij)	öylesine	[øjlesine]
ook (evenals)	dahi, ayrıca	[dahi], [ajrıdʒa]
alsook (eveneens)	da	[da]

18. Functiewoorden. Bijwoorden. Deel 2

Waarom?	Neden?	[neden]
om een bepaalde reden	nedense	[nedense]
omdat ...	çünkü	[tʃynky]
voor een bepaald doel	her nedense	[her nedense]

en (vw)	ve	[ve]
of (vw)	veya	[veja]
maar (vw)	fakat	[fakat]
voor (vz)	için	[itʃin]

te (~ veel mensen)	fazla	[fazla]
alleen (bw)	ancak	[andʒak]
precies (bw)	tam	[tam]
ongeveer (~ 10 kg)	yaklaşık	[jaklaʃık]

omstreeks (bw)	yaklaşık olarak	[jaklaʃık olarak]
bij benadering (bn)	yaklaşık	[jaklaʃık]
bijna (bw)	hemen	[hemen]
rest (de)	geri kalan	[geri kalan]

elk (bn)	her biri	[her biri]
om het even welk	herhangi biri	[herhangi biri]
veel (grote hoeveelheid)	çok	[tʃok]
veel mensen	birçokları	[birtʃokları]
iedereen (alle personen)	hepsi, herkes	[hepsi], [herkez]
in ruil voor ...	... karşılık olarak	[karʃılık olarak]

in ruil (bw)	yerine	[jerine]
met de hand (bw)	elle, el ile	[elle], [el ile]
onwaarschijnlijk (bw)	şüpheli	[ʃypheli]

waarschijnlijk (bw)	galiba	[galiba]
met opzet (bw)	mahsus	[mahsus]
toevallig (bw)	tesadüfen	[tesadyfen]

zeer (bw)	pek	[pek]
bijvoorbeeld (bw)	mesela	[mesela]
tussen (~ twee steden)	arasında	[arasında]
tussen (te midden van)	ortasında	[ortasında]
zoveel (bw)	kadar	[kadar]
vooral (bw)	özellikle	[øzelikle]

Basisbegrippen Deel 2

19. Tegenovergestelden

rijk (bn)	zengin	[zengin]
arm (bn)	fakir	[fakir]
ziek (bn)	hasta	[hasta]
gezond (bn)	sağlıklı	[saalıklı]
groot (bn)	büyük	[byjuk]
klein (bn)	küçük	[kytʃuk]
snel (bw)	çabuk	[tʃabuk]
langzaam (bw)	yavaş	[javaʃ]
snel (bn)	hızlı	[hızlı]
langzaam (bn)	yavaş	[javaʃ]
vrolijk (bn)	neşeli	[neʃeli]
treurig (bn)	üzgün	[yzgyn]
samen (bw)	beraber	[beraber]
apart (bw)	ayrı	[ajrı]
hardop (~ lezen)	sesli	[sesli]
stil (~ lezen)	içinden	[itʃinden]
hoog (bn)	yüksek	[juksek]
laag (bn)	alçak	[altʃak]
diep (bn)	derin	[derin]
ondiep (bn)	sığ	[sı:ı]
ja	evet	[evet]
nee	yok	[jok]
ver (bn)	uzak	[uzak]
dicht (bn)	yakın	[jakın]
ver (bw)	uzağa	[uzaa]
dichtbij (bw)	yakında	[jakında]
lang (bn)	uzun	[uzun]
kort (bn)	kısa	[kısa]
vriendelijk (goedhartig)	iyi kalpli	[iji kalpli]
kwaad (bn)	kötü kalpli	[køty kalpli]
gehuwd (mann.)	evli	[evli]

ongehuwd (mann.)	bekâr	[bekjar]

verbieden (ww)	yasaklamak	[jasaklamak]
toestaan (ww)	izin vermek	[izin vermek]

einde (het)	son	[son]
begin (het)	başlangıç	[baʃlangɪtʃ]

linker (bn)	sol	[sol]
rechter (bn)	sağ	[saa]

eerste (bn)	birinci	[birindʒi]
laatste (bn)	en son	[en son]

misdaad (de)	suç	[sutʃ]
bestraffing (de)	ceza	[dʒeza]

bevelen (ww)	emretmek	[emretmek]
gehoorzamen (ww)	itaat etmek	[itaat etmek]

recht (bn)	düz	[dyz]
krom (bn)	eğri	[eeri]

paradijs (het)	cennet	[dʒennet]
hel (de)	cehennem	[dʒehennem]

geboren worden (ww)	doğmak	[doomak]
sterven (ww)	ölmek	[ølmek]

sterk (bn)	güçlü	[gytʃly]
zwak (bn)	zayıf	[zajɪf]

oud (bn)	yaşlı	[jaʃlɪ]
jong (bn)	genç	[gentʃ]

oud (bn)	eski	[eski]
nieuw (bn)	yeni	[jeni]

hard (bn)	sert	[sert]
zacht (bn)	yumuşak	[jumuʃak]

warm (bn)	sıcak	[sɪdʒak]
koud (bn)	soğuk	[souk]

dik (bn)	kalın	[kalɪn]
dun (bn)	zayıf	[zajɪf]

smal (bn)	dar	[dar]
breed (bn)	geniş	[geniʃ]

goed (bn)	iyi	[iji]
slecht (bn)	kötü	[køty]

moedig (bn)	cesur	[dʒesur]
laf (bn)	korkak	[korkak]

20. Dagen van de week

maandag (de)	Pazartesi	[pazartesi]
dinsdag (de)	Salı	[salı]
woensdag (de)	Çarşamba	[ʧarʃamba]
donderdag (de)	Perşembe	[perʃembe]
vrijdag (de)	Cuma	[ʤuma]
zaterdag (de)	Cumartesi	[ʤumartesi]
zondag (de)	Pazar	[pazar]

vandaag (bw)	bugün	[bugyn]
morgen (bw)	yarın	[jarın]
overmorgen (bw)	öbür gün	[øbyr gyn]
gisteren (bw)	dün	[dyn]
eergisteren (bw)	evvelki gün	[evvelki gyn]

dag (de)	gün	[gyn]
werkdag (de)	iş günü	[iʃ gyny]
feestdag (de)	bayram günü	[bajram gyny]
verlofdag (de)	tatil günü	[tatil gyny]
weekend (het)	hafta sonu	[hafta sonu]

de hele dag (bw)	bütün gün	[bytyn gyn]
de volgende dag (bw)	ertesi gün	[ertesi gyn]
twee dagen geleden	iki gün önce	[iki gyn ønʤe]
aan de vooravond (bw)	bir gün önce	[bir gyn ønʤe]
dag-, dagelijks (bn)	günlük	[gynlyk]
elke dag (bw)	her gün	[her gyn]

week (de)	hafta	[hafta]
vorige week (bw)	geçen hafta	[geʧen hafta]
volgende week (bw)	gelecek hafta	[gelʤek hafta]
wekelijks (bn)	haftalık	[haftalık]
elke week (bw)	her hafta	[her hafta]
twee keer per week	haftada iki kez	[haftada iki kez]
elke dinsdag	her Salı	[her salı]

21. Uren. Dag en nacht

morgen (de)	sabah	[sabah]
's morgens (bw)	sabahleyin	[sabahlejin]
middag (de)	öğle, gün ortası	[ø:le], [gyn ortası]
's middags (bw)	öğleden sonra	[ø:leden sonra]

avond (de)	akşam	[akʃam]
's avonds (bw)	akşamleyin	[akʃamlejin]
nacht (de)	gece	[geʤe]
's nachts (bw)	geceleyin	[geʤelejin]
middernacht (de)	gece yarısı	[geʤe jarısı]

seconde (de)	saniye	[sanije]
minuut (de)	dakika	[dakika]
uur (het)	saat	[saat]

halfuur (het)	yarım saat	[jarım saat]
kwartier (het)	çeyrek saat	[tʃejrek saat]
vijftien minuten	on beş dakika	[on beʃ dakika]
etmaal (het)	yirmi dört saat	[jirmi dørt saat]

zonsopgang (de)	güneşin doğuşu	[gyneʃin douʃu]
dageraad (de)	şafak	[ʃafak]
vroege morgen (de)	sabah erken	[sabah erken]
zonsondergang (de)	güneş batışı	[gyneʃ batıʃı]

's morgens vroeg (bw)	sabahın köründe	[sabahın kørynde]
vanmorgen (bw)	bu sabah	[bu sabah]
morgenochtend (bw)	yarın sabah	[jarın sabah]

vanmiddag (bw)	bu ikindi	[bu ikindi]
's middags (bw)	öğleden sonra	[ø:leden sonra]
morgenmiddag (bw)	yarın öğleden sonra	[jarın ø:leden sonra]

| vanavond (bw) | bu akşam | [bu akʃam] |
| morgenavond (bw) | yarın akşam | [jarın akʃam] |

klokslag drie uur	tam saat üçte	[tam saat ytʃte]
ongeveer vier uur	saat dört civarında	[saat dørt dʒivarında]
tegen twaalf uur	saat on ikiye doğru	[saat on ikije dooru]

over twintig minuten	yirmi dakika içinde	[jirmi dakika itʃinde]
over een uur	bir saat sonra	[bir saat sonra]
op tijd (bw)	zamanında	[zamanında]

kwart voor …	çeyrek kala	[tʃejrek kala]
binnen een uur	bir saat içinde	[bir saat itʃinde]
elk kwartier	her on beş dakika	[her on beʃ dakika]
de klok rond	gece gündüz	[gedʒe gyndyz]

22. Maanden. Seizoenen

januari (de)	ocak	[odʒak]
februari (de)	şubat	[ʃubat]
maart (de)	mart	[mart]
april (de)	nisan	[nisan]
mei (de)	mayıs	[majıs]
juni (de)	haziran	[haziran]

juli (de)	temmuz	[temmuz]
augustus (de)	ağustos	[austos]
september (de)	eylül	[ejlyl]
oktober (de)	ekim	[ekim]
november (de)	kasım	[kasım]
december (de)	aralık	[aralık]

lente (de)	ilkbahar	[ilkbahar]
in de lente (bw)	ilkbaharda	[ilkbaharda]
lente- (abn)	ilkbahar	[ilkbahar]
zomer (de)	yaz	[jaz]

| in de zomer (bw) | yazın | [jazın] |
| zomer-, zomers (bn) | yaz | [jaz] |

herfst (de)	sonbahar	[sonbahar]
in de herfst (bw)	sonbaharda	[sonbaharda]
herfst- (abn)	sonbahar	[sonbahar]

winter (de)	kış	[kıʃ]
in de winter (bw)	kışın	[kıʃın]
winter- (abn)	kış, kışlık	[kıʃ], [kıʃlık]
maand (de)	ay	[aj]
deze maand (bw)	bu ay	[bu aj]
volgende maand (bw)	gelecek ay	[geledʒek aj]
vorige maand (bw)	geçen ay	[getʃen aj]

een maand geleden (bw)	bir ay önce	[bir aj øndʒe]
over een maand (bw)	bir ay sonra	[bir aj sonra]
over twee maanden (bw)	iki ay sonra	[iki aj sonra]
de hele maand (bw)	tüm ay	[tym aj]
een volle maand (bw)	bütün ay	[bytyn aj]

maand-, maandelijks (bn)	aylık	[ajlık]
maandelijks (bw)	her ay	[her aj]
elke maand (bw)	her ay	[her aj]
twee keer per maand	ayda iki kez	[ajda iki kez]

jaar (het)	yıl, sene	[jıl], [sene]
dit jaar (bw)	bu sene, bu yıl	[bu sene], [bu jıl]
volgend jaar (bw)	gelecek sene	[geledʒek sene]
vorig jaar (bw)	geçen sene	[getʃen sene]
een jaar geleden (bw)	bir yıl önce	[bir jıl øndʒe]
over een jaar	bir yıl sonra	[bir jıl sonra]
over twee jaar	iki yıl sonra	[iki jıl sonra]
het hele jaar	tüm yıl	[tym jıl]
een vol jaar	bütün yıl	[bytyn jıl]

elk jaar	her sene	[her sene]
jaar-, jaarlijks (bn)	yıllık	[jıllık]
jaarlijks (bw)	her yıl	[her jıl]
4 keer per jaar	yılda dört kere	[jılda dørt kere]

datum (de)	tarih	[tarih]
datum (de)	tarih	[tarih]
kalender (de)	takvim	[takvim]

een half jaar	yarım yıl	[jarım jıl]
zes maanden	altı ay	[altı aj]
seizoen (bijv. lente, zomer)	mevsim	[mevsim]
eeuw (de)	yüzyıl	[juzjıl]

23. Tijd. Diversen

| tijd (de) | zaman, vakit | [zaman], [vakit] |
| ogenblik (het) | an, ani | [an], [ani] |

moment (het)	an	[an]
ogenblikkelijk (bn)	ani	[ani]
tijdsbestek (het)	süre	[syre]
leven (het)	hayat	[hajat]
eeuwigheid (de)	ebedilik	[ebedilik]

epoche (de), tijdperk (het)	devir, çağ	[devir], [tʃaa]
era (de), tijdperk (het)	çağ	[tʃaa]
cyclus (de)	devir	[devir]
periode (de)	süre	[syre]
termijn (vastgestelde periode)	süre	[syre]

toekomst (de)	gelecek	[geledʒek]
toekomstig (bn)	gelecek	[geledʒek]
de volgende keer	gelecek sefer	[geledʒek sefer]
verleden (het)	geçmiş	[getʃmiʃ]
vorig (bn)	geçen	[getʃen]
de vorige keer	geçen sefer	[getʃen sefer]
later (bw)	sonradan	[sonradan]
na (~ het diner)	sonra	[sonra]
tegenwoordig (bw)	bu günlerde	[bu gynlerde]
nu (bw)	şimdi	[ʃimdi]
onmiddellijk (bw)	hemen	[hemen]
snel (bw)	yakında	[jakında]
bij voorbaat (bw)	önceden	[øndʒeden]

lang geleden (bw)	çoktan	[tʃoktan]
kort geleden (bw)	geçenlerde	[getʃenlerde]
noodlot (het)	kader	[kader]
herinneringen (mv.)	anılar	[anılar]
archief (het)	arşiv	[arʃiv]
tijdens ... (ten tijde van)	... esnasında	[esnasında]
lang (bw)	uzun zaman	[uzun zaman]
niet lang (bw)	kısa bir zaman	[kısa bir zaman]
vroeg (bijv. ~ in de ochtend)	erken	[erken]
laat (bw)	geç	[getʃ]

voor altijd (bw)	ebediyen	[ebedijen]
beginnen (ww)	başlamak	[baʃlamak]
uitstellen (ww)	ertelemek	[ertelemek]

tegelijkertijd (bw)	aynı zamanda	[ajnı zamanda]
voortdurend (bw)	sürekli olarak	[syrekli olarak]
voortdurend	sürekli	[syrekli]
tijdelijk (bn)	geçici	[getʃidʒi]

soms (bw)	bazen	[bazen]
zelden (bw)	nadiren	[nadiren]
vaak (bw)	sık	[sık]

24. Lijnen en vormen

vierkant (het)	kare	[kare]
vierkant (bn)	kare	[kare]

cirkel (de)	daire	[daire]
rond (bn)	yuvarlak	[juvarlak]
driehoek (de)	üçgen	[yʧgen]
driehoekig (bn)	üç köşeli	[yʧ køʃeli]

ovaal (het)	oval	[oval]
ovaal (bn)	oval	[oval]
rechthoek (de)	dikdörtgen	[dikdørtgen]
rechthoekig (bn)	dikdörtgen	[dikdørtgen]

piramide (de)	piramit	[piramit]
ruit (de)	eşkenar dörtgen	[eʃkenar dørtgen]
trapezium (het)	yamuk	[jamuk]
kubus (de)	küp	[kyp]
prisma (het)	prizma	[prizma]

omtrek (de)	çember	[ʧember]
bol, sfeer (de)	küre	[kyre]
bal (de)	küre	[kyre]
diameter (de)	çap	[ʧap]
straal (de)	yarıçap	[jarıʧap]
omtrek (~ van een cirkel)	perimetre	[perimetre]
middelpunt (het)	merkez	[merkez]

horizontaal (bn)	yatay	[jataj]
verticaal (bn)	dikey	[dikej]
parallel (de)	paralel	[paralel]
parallel (bn)	paralel	[paralel]

lijn (de)	çizgi	[ʧizgi]
streep (de)	hat	[hat]
rechte lijn (de)	doğru	[dooru]
kromme (de)	eğri	[eeri]
dun (bn)	ince	[indʒe]
omlijning (de)	çevre çizgisi	[ʧevre ʧizgisi]

snijpunt (het)	kesişme	[kesiʃme]
rechte hoek (de)	dik açı	[dik atʃı]
segment (het)	daire parçası	[daire parʧası]
sector (de)	daire dilimi	[daire dilimi]
zijde (de)	kenar	[kenar]
hoek (de)	açı	[atʃı]

25. Meeteenheden

gewicht (het)	ağırlık	[aırlık]
lengte (de)	uzunluk	[uzunluk]
breedte (de)	en, genişlik	[en], [geniʃlik]
hoogte (de)	yükseklik	[jukseklik]
diepte (de)	derinlik	[derinlik]
volume (het)	hacim	[hadʒim]
oppervlakte (de)	alan	[alan]
gram (het)	gram	[gram]
milligram (het)	miligram	[miligram]

kilogram (het)	kilogram	[kilogram]
ton (duizend kilo)	ton	[ton]
pond (het)	libre	[libre]
ons (het)	ons	[ons]

meter (de)	metre	[metre]
millimeter (de)	milimetre	[milimetre]
centimeter (de)	santimetre	[santimetre]
kilometer (de)	kilometre	[kilometre]
mijl (de)	mil	[mil]

duim (de)	inç	[intʃ]
voet (de)	kadem	[kadem]
yard (de)	yarda	[jarda]

| vierkante meter (de) | metre kare | [metre kare] |
| hectare (de) | hektar | [hektar] |

liter (de)	litre	[litre]
graad (de)	derece	[deredʒe]
volt (de)	volt	[volt]
ampère (de)	amper	[amper]
paardenkracht (de)	beygir gücü	[bejgir gydʒy]

hoeveelheid (de)	miktar	[miktar]
een beetje ...	biraz ...	[biraz]
helft (de)	yarım	[jarım]
dozijn (het)	düzine	[dyzine]
stuk (het)	adet, tane	[adet], [tane]

| afmeting (de) | boyut | [bojut] |
| schaal (bijv. ~ van 1 op 50) | ölçek | [øltʃek] |

minimaal (bn)	minimum	[minimum]
minste (bn)	en küçük	[en kytʃuk]
medium (bn)	orta	[orta]
maximaal (bn)	maksimum	[maksimum]
grootste (bn)	en büyük	[en byjuk]

26. Containers

glazen pot (de)	kavanoz	[kavanoz]
blik (conserven~)	teneke	[teneke]
emmer (de)	kova	[kova]
ton (bijv. regenton)	fıçı, varil	[fıtʃı], [varil]

ronde waterbak (de)	leğen	[leen]
tank (bijv. watertank-70-ltr)	tank	[tank]
heupfles (de)	matara	[matara]
jerrycan (de)	benzin bidonu	[benzin bidonu]
tank (bijv. ketelwagen)	sarnıç	[sarnıtʃ]

| beker (de) | kupa | [kupa] |
| kopje (het) | fincan | [findʒan] |

schoteltje (het)	fincan tabağı	[findʒan tabaı]
glas (het)	bardak	[bardak]
wijnglas (het)	kadeh	[kade]
pan (de)	tencere	[tendʒere]

| fles (de) | şişe | [ʃiʃe] |
| flessenhals (de) | boğaz | [boaz] |

karaf (de)	sürahi	[syrahi]
kruik (de)	testi	[testi]
vat (het)	kap	[kap]
pot (de)	çömlek	[ʧømlek]
vaas (de)	vazo	[vazo]

flacon (de)	şişe	[ʃiʃe]
flesje (het)	küçük şişe	[kyʧuk ʃiʃe]
tube (bijv. ~ tandpasta)	tüp	[typ]

zak (bijv. ~ aardappelen)	poşet, torba	[poʃet], [torba]
tasje (het)	çuval	[ʧuval]
pakje (~ sigaretten, enz.)	paket	[paket]

doos (de)	kutu	[kutu]
kist (de)	sandık	[sandık]
mand (de)	sepet	[sepet]

27. Materialen

materiaal (het)	malzeme	[malzeme]
hout (het)	ağaç	[aaʧ]
houten (bn)	ahşap	[ahʃap]

| glas (het) | cam | [dʒam] |
| glazen (bn) | cam | [dʒam] |

| steen (de) | taş | [taʃ] |
| stenen (bn) | taş | [taʃ] |

| plastic (het) | plastik | [plastik] |
| plastic (bn) | plastik | [plastik] |

| rubber (het) | lastik | [lastik] |
| rubber-, rubberen (bn) | lastik | [lastik] |

| stof (de) | kumaş | [kumaʃ] |
| van stof (bn) | kumaştan | [kumaʃtan] |

| papier (het) | kağıt | [kaıt] |
| papieren (bn) | kağıt | [kaıt] |

karton (het)	karton	[karton]
kartonnen (bn)	karton	[karton]
polyethyleen (het)	polietilen	[polietilen]
cellofaan (het)	selofan	[selofan]

multiplex (het)	**kontrplak**	[kontraplak]
porselein (het)	**porselen**	[porselen]
porseleinen (bn)	**porselen**	[porselen]
klei (de)	**kil**	[kil]
klei-, van klei (bn)	**balçık, kil**	[baltʃık], [kil]
keramiek (de)	**seramik**	[seramik]
keramieken (bn)	**seramik**	[seramik]

28. Metalen

metaal (het)	**maden**	[maden]
metalen (bn)	**madeni, metal**	[madeni], [metal]
legering (de)	**alaşım**	[alaʃım]
goud (het)	**altın**	[altın]
gouden (bn)	**altın**	[altın]
zilver (het)	**gümüş**	[gymyʃ]
zilveren (bn)	**gümüş**	[gymyʃ]
ijzer (het)	**demir**	[demir]
ijzeren	**demir**	[demir]
staal (het)	**çelik**	[tʃelik]
stalen (bn)	**çelik**	[tʃelik]
koper (het)	**bakır**	[bakır]
koperen (bn)	**bakır**	[bakır]
aluminium (het)	**alüminyum**	[alyminjum]
aluminium (bn)	**alüminyum**	[alyminjum]
brons (het)	**bronz**	[bronz]
bronzen (bn)	**bronz**	[bronz]
messing (het)	**pirinç**	[pirintʃ]
nikkel (het)	**nikel**	[nikel]
platina (het)	**platin**	[platin]
kwik (het)	**cıva**	[dʒıva]
tin (het)	**kalay**	[kalaj]
lood (het)	**kurşun**	[kurʃun]
zink (het)	**çinko**	[tʃinko]

MENS

Mens. Het lichaam

29. Mensen. Basisbegrippen

mens (de)	insan	[insan]
man (de)	erkek	[erkek]
vrouw (de)	kadın	[kadın]
kind (het)	çocuk	[ʧoʤuk]
meisje (het)	kız	[kız]
jongen (de)	erkek çocuk	[erkek ʧoʤuk]
tiener, adolescent (de)	ergen	[ergen]
oude man (de)	ihtiyar	[ihtijar]
oude vrouw (de)	yaşlı kadın	[jaʃlı kadın]

30. Menselijke anatomie

organisme (het)	organizma	[organizma]
hart (het)	kalp	[kalp]
bloed (het)	kan	[kan]
slagader (de)	atardamar	[atardamar]
ader (de)	toplardamar	[toplardamar]
hersenen (mv.)	beyin	[bejin]
zenuw (de)	sinir	[sinir]
zenuwen (mv.)	sinirler	[sinirler]
wervel (de)	omur	[omur]
ruggengraat (de)	omurga	[omurga]
maag (de)	mide	[mide]
darmen (mv.)	bağırsaklar	[baırsaklar]
darm (de)	bağırsak	[baırsak]
lever (de)	karaciğer	[karaʤier]
nier (de)	böbrek	[bøbrek]
been (deel van het skelet)	kemik	[kemik]
skelet (het)	iskelet	[iskelet]
rib (de)	kaburga	[kaburga]
schedel (de)	kafatası	[kafatası]
spier (de)	kas	[kas]
biceps (de)	pazı	[pazı]
triceps (de)	kol kası	[kol kası]
pees (de)	kiriş	[kiriʃ]
gewricht (het)	eklem	[eklem]

longen (mv.)	akciğer	[akdʒier]
geslachtsorganen (mv.)	cinsel organlar	[dʒinsel organlar]
huid (de)	cilt	[dʒilt]

31. Hoofd

hoofd (het)	baş	[baʃ]
gezicht (het)	yüz	[juz]
neus (de)	burun	[burun]
mond (de)	ağız	[aɪz]

oog (het)	göz	[gøz]
ogen (mv.)	gözler	[gøzler]
pupil (de)	göz bebeği	[gøz bebeɪ]
wenkbrauw (de)	kaş	[kaʃ]
wimper (de)	kirpik	[kirpik]
ooglid (het)	göz kapağı	[gøz kapaɪ]

tong (de)	dil	[dil]
tand (de)	diş	[diʃ]
lippen (mv.)	dudaklar	[dudaklar]
jukbeenderen (mv.)	elmacık kemiği	[elmadʒık kemi:i]
tandvlees (het)	dişeti	[diʃeti]
gehemelte (het)	damak	[damak]

neusgaten (mv.)	burun deliği	[burun deli:i]
kin (de)	çene	[tʃene]
kaak (de)	çene	[tʃene]
wang (de)	yanak	[janak]

voorhoofd (het)	alın	[alın]
slaap (de)	şakak	[ʃakak]
oor (het)	kulak	[kulak]
achterhoofd (het)	ense	[ense]
hals (de)	boyun	[bojun]
keel (de)	boğaz	[boaz]

haren (mv.)	saçlar	[satʃlar]
kapsel (het)	saç	[satʃ]
haarsnit (de)	saç biçimi	[satʃ bitʃimi]
pruik (de)	peruk	[peryk]

snor (de)	bıyık	[bıjık]
baard (de)	sakal	[sakal]
dragen (een baard, enz.)	uzatmak, bırakmak	[uzatmak], [bırakmak]
vlecht (de)	saç örgüsü	[satʃ ørgysy]
bakkebaarden (mv.)	favori	[favori]

ros (roodachtig, rossig)	kızıl saçlı	[kızıl satʃlı]
grijs (~ haar)	kır	[kır]
kaal (bn)	kel	[kel]
kale plek (de)	dazlak yer	[dazlak jer]
paardenstaart (de)	kuyruk	[kujruk]
pony (de)	kakül	[kakyl]

32. Menselijk lichaam

hand (de)	el	[el]
arm (de)	kol	[kol]

vinger (de)	parmak	[parmak]
teen (de)	ayak parmağı	[ajak parmaɪ]
duim (de)	başparmak	[baʃ parmak]
pink (de)	küçük parmak	[kytʃuk parmak]
nagel (de)	tırnak	[tırnak]

vuist (de)	yumruk	[jumruk]
handpalm (de)	avuç	[avutʃ]
pols (de)	bilek	[bilek]
voorarm (de)	önkol	[ønkol]
elleboog (de)	dirsek	[dirsek]
schouder (de)	omuz	[omuz]

been (rechter ~)	bacak	[badʒak]
voet (de)	ayak	[ajak]
knie (de)	diz	[diz]
kuit (de)	baldır	[baldır]
heup (de)	kalça	[kaltʃa]
hiel (de)	topuk	[topuk]

lichaam (het)	vücut	[vydʒut]
buik (de)	karın	[karın]
borst (de)	göğüs	[gøjus]
borst (de)	göğüs	[gøjus]
zijde (de)	yan	[jan]
rug (de)	sırt	[sırt]
lage rug (de)	alt bel	[alt bel]
taille (de)	bel	[bel]

navel (de)	göbek	[gøbek]
billen (mv.)	kaba et	[kaba et]
achterwerk (het)	kıç	[kıtʃ]

huidvlek (de)	ben	[ben]
moedervlek (de)	doğum lekesi	[doum lekesi]
tatoeage (de)	dövme	[døvme]
litteken (het)	yara izi	[jara izi]

Kleding en accessoires

33. Bovenkleding. Jassen

kleren (mv.)	elbise, kıyafet	[elbise], [kıjafet]
bovenkleding (de)	üst kıyafet	[yst kıjafet]
winterkleding (de)	kışlık kıyafet	[kıʃlık kıjafet]
jas (de)	palto	[palto]
bontjas (de)	kürk manto	[kyrk manto]
bontjasje (het)	kürk ceket	[kyrk dʒeket]
donzen jas (de)	ceket aşağı	[dʒeket aʃaı]
jasje (bijv. een leren ~)	ceket	[dʒeket]
regenjas (de)	trençkot	[trentʃkot]
waterdicht (bn)	su geçirmez	[su getʃirmez]

34. Heren & dames kleding

overhemd (het)	gömlek	[gømlek]
broek (de)	pantolon	[pantolon]
jeans (de)	kot pantolon	[kot pantolon]
colbert (de)	ceket	[dʒeket]
kostuum (het)	takım elbise	[takım elbise]
jurk (de)	elbise, kıyafet	[elbise], [kıjafet]
rok (de)	etek	[etek]
blouse (de)	gömlek, bluz	[gømlek], [bluz]
wollen vest (de)	hırka	[hırka]
blazer (kort jasje)	ceket	[dʒeket]
T-shirt (het)	tişört	[tiʃørt]
shorts (mv.)	şort	[ʃort]
trainingspak (het)	eşofman	[eʃofman]
badjas (de)	bornoz	[bornoz]
pyjama (de)	pijama	[piʒama]
sweater (de)	süveter	[syveter]
pullover (de)	pulover	[pulover]
gilet (het)	yelek	[jelek]
rokkostuum (het)	frak	[frak]
smoking (de)	smokin	[smokin]
uniform (het)	üniforma	[yniforma]
werkkleding (de)	iş elbisesi	[iʃ elbisesi]
overall (de)	tulum	[tulum]
doktersjas (de)	önlük	[ønlyk]

35. Kleding. Ondergoed

ondergoed (het)	iç çamaşırı	[itʃ tʃamaʃırı]
herenslip (de)	şort külot	[ʃort kylot]
slipjes (mv.)	bayan külot	[bajan kylot]
onderhemd (het)	atlet	[atlet]
sokken (mv.)	kısa çorap	[kısa tʃorap]

nachthemd (het)	gecelik	[gedʒelik]
beha (de)	sutyen	[sutjen]
kniekousen (mv.)	diz hizası çorap	[diz hizası tʃorap]
panty (de)	külotlu çorap	[kyløtly tʃorap]
nylonkousen (mv.)	çorap	[tʃorap]
badpak (het)	mayo	[majo]

36. Hoofddeksels

hoed (de)	şapka	[ʃapka]
deukhoed (de)	fötr şapka	[føtr ʃapka]
honkbalpet (de)	beyzbol şapkası	[bejzbol ʃapkası]
kleppet (de)	kasket	[kasket]

baret (de)	bere	[bere]
kap (de)	kapüşon	[kapyʃon]
panamahoed (de)	panama	[panama]
gebreide muts (de)	örgü şapka	[ørgy ʃapka]

hoofddoek (de)	başörtüsü	[baʃ ørtysy]
dameshoed (de)	kadın şapkası	[kadın ʃapkası]

veiligheidshelm (de)	baret, kask	[baret], [kask]
veldmuts (de)	kayık kep	[kajık kep]
helm, valhelm (de)	kask	[kask]

bolhoed (de)	melon şapka	[melon ʃapka]
hoge hoed (de)	silindir şapka	[silindir ʃapka]

37. Schoeisel

schoeisel (het)	ayakkabı	[ajakkabı]
schoenen (mv.)	potinler	[potinler]
vrouwenschoenen (mv.)	ayakkabılar	[ajakkabılar]
laarzen (mv.)	çizmeler	[tʃizmeler]
pantoffels (mv.)	terlik	[terlik]

sportschoenen (mv.)	tenis ayakkabısı	[tenis ajakkabısı]
sneakers (mv.)	spor ayakkabısı	[spor ajakkabısı]
sandalen (mv.)	sandalet	[sandalet]

schoenlapper (de)	ayakkabıcı	[ajakkabıdʒı]
hiel (de)	topuk	[topuk]

paar (een ~ schoenen)	bir çift ayakkabı	[bir tʃift ajakkabı]
veter (de)	bağ	[baa]
rijgen (schoenen ~)	bağlamak	[baalamak]
schoenlepel (de)	kaşık	[kaʃık]
schoensmeer (de/het)	ayakkabı boyası	[ajakkabı bojası]

38. Textiel. Weefsel

katoen (de/het)	pamuk	[pamuk]
katoenen (bn)	pamuklu	[pamuklu]
vlas (het)	keten	[keten]
vlas-, van vlas (bn)	ketenden	[ketenden]

zijde (de)	ipek	[ipek]
zijden (bn)	ipekli	[ipekli]
wol (de)	yün	[jun]
wollen (bn)	yünlü	[junly]

fluweel (het)	kadife	[kadife]
suède (de)	süet	[syet]
ribfluweel (het)	fitilli kadife kumaş	[fitilli kadife kumaʃ]

nylon (de/het)	naylon	[najlon]
nylon-, van nylon (bn)	naylondan	[najlondan]
polyester (het)	polyester	[poljester]
polyester- (abn)	polyester	[poljester]

leer (het)	deri	[deri]
leren (van leer gemaak)	deri, deriden yapılmış	[deri], [deriden japılmıʃ]
bont (het)	kürk	[kyrk]
bont- (abn)	kürk	[kyrk]

39. Persoonlijke accessoires

handschoenen (mv.)	eldiven	[eldiven]
wanten (mv.)	tek parmaklı eldiven	[tek parmaklı eldiven]
sjaal (fleece ~)	atkı	[atkı]

bril (de)	gözlük	[gøzlyk]
brilmontuur (het)	çerçeve	[tʃertʃeve]
paraplu (de)	şemsiye	[ʃemsije]
wandelstok (de)	baston	[baston]
haarborstel (de)	saç fırçası	[satʃ firtʃası]
waaier (de)	yelpaze	[jelpaze]

das (de)	kravat	[kravat]
strikje (het)	papyon	[papjon]
bretels (mv.)	pantolon askısı	[pantolon askısı]
zakdoek (de)	mendil	[mendil]

| kam (de) | tarak | [tarak] |
| haarspeldje (het) | toka | [toka] |

| schuifspeldje (het) | firkete | [firkete] |
| gesp (de) | kemer tokası | [kemer tokası] |

| broekriem (de) | kemer | [kemer] |
| draagriem (de) | kayış | [kajıʃ] |

handtas (de)	çanta	[ʧanta]
damestas (de)	bayan çantası	[bajan ʧantası]
rugzak (de)	arka çantası	[arka ʧantası]

40. Kleding. Diversen

mode (de)	moda	[moda]
de mode (bn)	modaya uygun	[modaja ujgun]
kledingstilist (de)	modelci	[modeldʒi]

kraag (de)	yaka	[jaka]
zak (de)	cep	[dʒep]
zak- (abn)	cep	[dʒep]
mouw (de)	kol	[kol]
lusje (het)	askı	[askı]
gulp (de)	pantolon fermuarı	[pantolon fermuarı]

rits (de)	fermuar	[fermuar]
sluiting (de)	kopça	[kopʧa]
knoop (de)	düğme	[dyjme]
knoopsgat (het)	düğme iliği	[dyjme iliːi]
losraken (bijv. knopen)	kopmak	[kopmak]

naaien (kleren, enz.)	dikmek	[dikmek]
borduren (ww)	nakış işlemek	[nakıʃ iʃlemek]
borduursel (het)	nakış	[nakıʃ]
naald (de)	iğne	[iːine]
draad (de)	iplik	[iplik]
naad (de)	dikiş	[dikiʃ]

vies worden (ww)	kirlenmek	[kirlenmek]
vlek (de)	leke	[leke]
gekreukt raken (ov. kleren)	buruşmak	[buruʃmak]
scheuren (ov.ww.)	yırtmak	[jırtmak]
mot (de)	güve	[gyve]

41. Persoonlijke verzorging. Schoonheidsmiddelen

tandpasta (de)	diş macunu	[diʃ madʒunu]
tandenborstel (de)	diş fırçası	[diʃ fırʧası]
tanden poetsen (ww)	dişlerini fırçalamak	[diʃlerini fırʧalamak]

scheermes (het)	jilet	[ʒilet]
scheerschuim (het)	tıraş kremi	[tıraʃ kremi]
zich scheren (ww)	tıraş olmak	[tıraʃ olmak]
zeep (de)	sabun	[sabun]

shampoo (de)	şampuan	[ʃampuan]
schaar (de)	makas	[makas]
nagelvijl (de)	tırnak törpüsü	[tırnak tørpysy]
nagelknipper (de)	tırnak makası	[tırnak makası]
pincet (het)	cımbız	[dʒımbız]

cosmetica (mv.)	kozmetik	[kozmetik]
masker (het)	yüz maskesi	[juz maskesi]
manicure (de)	manikür	[manikyr]
manicure doen	manikür yapmak	[manikyr japmak]
pedicure (de)	pedikür	[pedikyr]

cosmetica tasje (het)	makyaj çantası	[makjaʒ tʃantası]
poeder (de/het)	pudra	[pudra]
poederdoos (de)	pudralık	[pudralık]
rouge (de)	allık	[allık]

parfum (de/het)	parfüm	[parfym]
eau de toilet (de)	parfüm suyu	[parfym suju]
lotion (de)	losyon	[losjon]
eau de cologne (de)	kolonya	[kolonja]

oogschaduw (de)	far	[far]
oogpotlood (het)	göz kalemi	[gøz kalemi]
mascara (de)	rimel	[rimel]

lippenstift (de)	ruj	[ruʒ]
nagellak (de)	oje	[oʒe]
haarlak (de)	saç spreyi	[satʃ spreji]
deodorant (de)	deodorant	[deodorant]

crème (de)	krem	[krem]
gezichtscrème (de)	yüz kremi	[juz kremi]
handcrème (de)	el kremi	[el kremi]
antirimpelcrème (de)	kırışıklık giderici krem	[kırıʃıklık gideridʒi krem]
dagcrème (de)	gündüz kremi	[gyndyz krem]
nachtcrème (de)	gece kremi	[gedʒe kremi]
dag- (abn)	gündüz	[gyndyz]
nacht- (abn)	gece	[gedʒe]

tampon (de)	tampon	[tampon]
toiletpapier (het)	tuvalet kağıdı	[tuvalet kaıdı]
föhn (de)	saç kurutma makinesi	[satʃ kurutma makinesi]

42. Juwelen

sieraden (mv.)	mücevher	[mydʒevher]
edel (bijv. ~ stenen)	değerli	[deerli]
keurmerk (het)	ayar damgası	[ajar damgası]

ring (de)	yüzük	[juzyk]
trouwring (de)	nişan yüzüğü	[niʃan juzyy]
armband (de)	bilezik	[bilezik]
oorringen (mv.)	küpeler	[kypeler]

halssnoer (het)	gerdanlık	[gerdanlık]
kroon (de)	taç	[taʧ]
kralen snoer (het)	boncuk kolye	[bonʤuk kolje]

diamant (de)	pırlanta	[pırlanta]
smaragd (de)	zümrüt	[zymryt]
robijn (de)	yakut	[jakut]
saffier (de)	safir	[safir]
parel (de)	inci	[inʤi]
barnsteen (de)	kehribar	[kehribar]

43. Horloges. Klokken

polshorloge (het)	el saati	[el saati]
wijzerplaat (de)	kadran	[kadran]
wijzer (de)	akrep, yelkovan	[akrep], [jelkovan]
metalen horlogeband (de)	metal kordon	[metal kordon]
horlogebandje (het)	kayış	[kajıʃ]

batterij (de)	pil	[pil]
leeg zijn (ww)	bitmek	[bitmek]
batterij vervangen	pil değiştirmek	[pil deiʃtirmek]
voorlopen (ww)	ileri gitmek	[ileri gitmek]
achterlopen (ww)	geride kalmak	[geride kalmak]

wandklok (de)	duvar saati	[duvar saati]
zandloper (de)	kum saati	[kum saati]
zonnewijzer (de)	güneş saati	[gyneʃ saati]
wekker (de)	çalar saat	[ʧalar saat]
horlogemaker (de)	saatçi	[saatʧi]
repareren (ww)	tamir etmek	[tamir etmek]

Voedsel. Voeding

44. Voedsel

vlees (het)	et	[et]
kip (de)	tavuk eti	[tavuk eti]
kuiken (het)	civciv	[dʒiv dʒiv]
eend (de)	ördek	[ørdek]
gans (de)	kaz	[kaz]
wild (het)	av hayvanları	[av hajvanları]
kalkoen (de)	hindi	[hindi]
varkensvlees (het)	domuz eti	[domuz eti]
kalfsvlees (het)	dana eti	[dana eti]
schapenvlees (het)	koyun eti	[kojun eti]
rundvlees (het)	sığır eti	[sıːır eti]
konijnenvlees (het)	tavşan eti	[tavʃan eti]
worst (de)	sucuk, sosis	[sudʒuk], [sosis]
saucijs (de)	sosis	[sosis]
spek (het)	domuz pastırması	[domuz pastırması]
ham (de)	jambon	[ʒambon]
gerookte achterham (de)	tütsülenmiş jambon	[tytsylenmiʃ ʒambon]
paté (de)	ezme	[ezme]
lever (de)	karaciğer	[karadʒier]
gehakt (het)	kıyma	[kıjma]
tong (de)	dil	[dil]
ei (het)	yumurta	[jumurta]
eieren (mv.)	yumurtalar	[jumurtalar]
eiwit (het)	yumurta akı	[jumurta akı]
eigeel (het)	yumurta sarısı	[jumurta sarısı]
vis (de)	balık	[balık]
zeevruchten (mv.)	deniz ürünleri	[deniz yrynleri]
kaviaar (de)	havyar	[havjar]
krab (de)	yengeç	[jengetʃ]
garnaal (de)	karides	[karides]
oester (de)	istiridye	[istiridje]
langoest (de)	langust	[langust]
octopus (de)	ahtapot	[ahtapot]
inktvis (de)	kalamar	[kalamar]
steur (de)	mersin balığı	[mersin balıːı]
zalm (de)	som balığı	[som balıːı]
heilbot (de)	pisi balığı	[pisi balıːı]
kabeljauw (de)	morina balığı	[morina balıːı]
makreel (de)	uskumru	[uskumru]

tonijn (de)	ton balığı	[ton balı:ı]
paling (de)	yılan balığı	[jılan balı:ı]
forel (de)	alabalık	[alabalık]
sardine (de)	sardalye	[sardalje]
snoek (de)	turna balığı	[turna balı:ı]
haring (de)	ringa	[ringa]
brood (het)	ekmek	[ekmek]
kaas (de)	peynir	[pejnir]
suiker (de)	şeker	[ʃeker]
zout (het)	tuz	[tuz]
rijst (de)	pirinç	[pirintʃ]
pasta (de)	makarna	[makarna]
noedels (mv.)	erişte	[eriʃte]
boter (de)	tereyağı	[terejaı]
plantaardige olie (de)	bitkisel yağ	[bitkisel jaa]
zonnebloemolie (de)	ayçiçeği yağı	[ajtʃitʃeı jaı]
margarine (de)	margarin	[margarin]
olijven (mv.)	zeytin	[zejtin]
olijfolie (de)	zeytin yağı	[zejtin jaı]
melk (de)	süt	[syt]
gecondenseerde melk (de)	yoğunlaştırılmış süt	[jounlaʃtırılmıʃ syt]
yoghurt (de)	yoğurt	[jourt]
zure room (de)	ekşi krema	[ekʃi krema]
room (de)	süt kaymağı	[syt kajmaı]
mayonaise (de)	mayonez	[majonez]
crème (de)	krema	[krema]
graan (het)	tane	[tane]
meel (het), bloem (de)	un	[un]
conserven (mv.)	konserve	[konserve]
maïsvlokken (mv.)	mısır gevreği	[mısır gevrei]
honing (de)	bal	[bal]
jam (de)	reçel, marmelat	[retʃel], [marmelat]
kauwgom (de)	sakız, çiklet	[sakız], [tʃiklet]

45. Drankjes

water (het)	su	[su]
drinkwater (het)	içme suyu	[itʃme suju]
mineraalwater (het)	maden suyu	[maden suju]
zonder gas	gazsız	[gazsız]
koolzuurhoudend (bn)	gazlı	[gazlı]
bruisend (bn)	maden	[maden]
ijs (het)	buz	[buz]
met ijs	buzlu	[buzlu]

alcohol vrij (bn)	alkolsüz	[alkolsyz]
alcohol vrije drank (de)	alkolsüz içki	[alkolsyz itʃki]
frisdrank (de)	soğuk meşrubat	[souk meʃrubat]
limonade (de)	limonata	[limonata]
alcoholische dranken (mv.)	alkollü içkiler	[alkolly itʃkiler]
wijn (de)	şarap	[ʃarap]
witte wijn (de)	beyaz şarap	[bejaz ʃarap]
rode wijn (de)	kırmızı şarap	[kırmızı ʃarap]
likeur (de)	likör	[likør]
champagne (de)	şampanya	[ʃampanja]
vermout (de)	vermut	[vermut]
whisky (de)	viski	[viski]
wodka (de)	votka	[votka]
gin (de)	cin	[dʒin]
cognac (de)	konyak	[konjak]
rum (de)	rom	[rom]
koffie (de)	kahve	[kahve]
zwarte koffie (de)	siyah kahve	[sijah kahve]
koffie (de) met melk	sütlü kahve	[sytly kahve]
cappuccino (de)	kaymaklı kahve	[kajmaklı kahve]
oploskoffie (de)	hazır kahve	[hazır kahve]
melk (de)	süt	[syt]
cocktail (de)	kokteyl	[koktejl]
milkshake (de)	sütlü kokteyl	[sytly koktejl]
sap (het)	meyve suyu	[mejve suju]
tomatensap (het)	domates suyu	[domates suju]
sinaasappelsap (het)	portakal suyu	[portakal suju]
vers geperst sap (het)	taze meyve suyu	[taze mejve suju]
bier (het)	bira	[bira]
licht bier (het)	hafif bira	[hafif bira]
donker bier (het)	siyah bira	[sijah bira]
thee (de)	çay	[tʃaj]
zwarte thee (de)	siyah çay	[sijah tʃaj]
groene thee (de)	yeşil çay	[jeʃil tʃaj]

46. Groenten

groenten (mv.)	sebze	[sebze]
verse kruiden (mv.)	yeşillik	[jeʃilik]
tomaat (de)	domates	[domates]
augurk (de)	salatalık	[salatalık]
wortel (de)	havuç	[havutʃ]
aardappel (de)	patates	[patates]
ui (de)	soğan	[soan]
knoflook (de)	sarımsak	[sarımsak]

kool (de)	lahana	[lahana]
bloemkool (de)	karnabahar	[karnabahar]
spruitkool (de)	Brüksel lâhanası	[bryksel lahanası]
broccoli (de)	brokoli	[brokoli]

rode biet (de)	pancar	[panʤar]
aubergine (de)	patlıcan	[patlıʤan]
courgette (de)	sakız kabağı	[sakız kabaı]
pompoen (de)	kabak	[kabak]
raap (de)	şalgam	[ʃalgam]

peterselie (de)	maydanoz	[majdanoz]
dille (de)	dereotu	[dereotu]
sla (de)	yeşil salata	[jeʃil salata]
selderij (de)	kereviz	[kereviz]
asperge (de)	kuşkonmaz	[kuʃkonmaz]
spinazie (de)	ıspanak	[ıspanak]

erwt (de)	bezelye	[bezelje]
bonen (mv.)	bakla	[bakla]
maïs (de)	mısır	[mısır]
nierboon (de)	fasulye	[fasulje]

peper (de)	dolma biber	[dolma biber]
radijs (de)	turp	[turp]
artisjok (de)	enginar	[enginar]

47. Vruchten. Noten

vrucht (de)	meyve	[mejve]
appel (de)	elma	[elma]
peer (de)	armut	[armut]
citroen (de)	limon	[limon]
sinaasappel (de)	portakal	[portakal]
aardbei (de)	çilek	[ʧilek]

mandarijn (de)	mandalina	[mandalina]
pruim (de)	erik	[erik]
perzik (de)	şeftali	[ʃeftali]
abrikoos (de)	kayısı	[kajısı]
framboos (de)	ahududu	[ahududu]
ananas (de)	ananas	[ananas]

banaan (de)	muz	[muz]
watermeloen (de)	karpuz	[karpuz]
druif (de)	üzüm	[yzym]
zure kers (de)	vişne	[viʃne]
zoete kers (de)	kiraz	[kiraz]
meloen (de)	kavun	[kavun]

grapefruit (de)	greypfrut	[grejpfrut]
avocado (de)	avokado	[avokado]
papaja (de)	papaya	[papaja]
mango (de)	mango	[mango]

granaatappel (de)	nar	[nar]
rode bes (de)	kırmızı frenk üzümü	[kırmızı frenk yzymy]
zwarte bes (de)	siyah frenk üzümü	[sijah frenk yzymy]
kruisbes (de)	bektaşı üzümü	[bektaʃı yzymy]
blauwe bosbes (de)	yaban mersini	[jaban mersini]
braambes (de)	böğürtlen	[børjurtlen]

rozijn (de)	kuru üzüm	[kuru yzym]
vijg (de)	incir	[indʒir]
dadel (de)	hurma	[hurma]

pinda (de)	yerfıstığı	[jerfıstı:ı]
amandel (de)	badem	[badem]
walnoot (de)	ceviz	[dʒeviz]
hazelnoot (de)	fındık	[fındık]
kokosnoot (de)	Hindistan cevizi	[hindistan dʒevizi]
pistaches (mv.)	çam fıstığı	[tʃam fıstı:ı]

48. Brood. Snoep

suikerbakkerij (de)	şekerleme	[ʃekerleme]
brood (het)	ekmek	[ekmek]
koekje (het)	bisküvi	[biskyvi]

chocolade (de)	çikolata	[tʃikolata]
chocolade- (abn)	çikolatalı	[tʃikolatalı]
snoepje (het)	şeker	[ʃeker]
cakeje (het)	ufak kek	[ufak kek]
taart (bijv. verjaardags~)	kek, pasta	[kek], [pasta]

| pastei (de) | börek | [børek] |
| vulling (de) | iç | [itʃ] |

confituur (de)	reçel	[retʃel]
marmelade (de)	marmelat	[marmelat]
wafel (de)	gofret	[gofret]
ijsje (het)	dondurma	[dondurma]

49. Bereide gerechten

gerecht (het)	yemek	[jemek]
keuken (bijv. Franse ~)	mutfak	[mutfak]
recept (het)	yemek tarifi	[jemek tarifı]
portie (de)	porsiyon	[porsijon]

| salade (de) | salata | [salata] |
| soep (de) | çorba | [tʃorba] |

bouillon (de)	et suyu	[et suju]
boterham (de)	sandviç	[sandvitʃ]
spiegelei (het)	sahanda yumurta	[sahanda jumurta]
hamburger (de)	hamburger	[hamburger]

biefstuk (de)	biftek	[biftek]
garnering (de)	garnitür	[garnityr]
spaghetti (de)	spagetti	[spagetti]
aardappelpuree (de)	patates püresi	[patates pyresi]
pizza (de)	pizza	[pizza]
pap (de)	lâpa	[lapa]
omelet (de)	omlet	[omlet]

gekookt (in water)	pişmiş	[piʃmiʃ]
gerookt (bn)	tütsülenmiş, füme	[tytsylenmiʃ], [fyme]
gebakken (bn)	kızartılmış	[kızartılmıʃ]
gedroogd (bn)	kuru	[kuru]
diepvries (bn)	dondurulmuş	[dondurulmuʃ]
gemarineerd (bn)	turşu	[turʃu]

zoet (bn)	tatlı	[tatlı]
gezouten (bn)	tuzlu	[tuzlu]
koud (bn)	soğuk	[souk]
heet (bn)	sıcak	[sıdʒak]
bitter (bn)	acı	[adʒı]
lekker (bn)	tatlı, lezzetli	[tatlı], [lezzetlı]

koken (in kokend water)	kaynatmak	[kajnatmak]
bereiden (avondmaaltijd ~)	pişirmek	[piʃirmek]
bakken (ww)	kızartmak	[kızartmak]
opwarmen (ww)	ısıtmak	[ısıtmak]

zouten (ww)	tuzlamak	[tuzlamak]
peperen (ww)	biberlemek	[biberlemek]
raspen (ww)	rendelemek	[rendelemek]
schil (de)	kabuk	[kabuk]
schillen (ww)	soymak	[sojmak]

50. Kruiden

zout (het)	tuz	[tuz]
gezouten (bn)	tuzlu	[tuzlu]
zouten (ww)	tuzlamak	[tuzlamak]

zwarte peper (de)	siyah biber	[sijah biber]
rode peper (de)	kırmızı biber	[kırmızı biber]
mosterd (de)	hardal	[hardal]
mierikswortel (de)	bayırturpu	[bajırturpu]

condiment (het)	çeşni	[tʃeʃni]
specerij, kruiderij (de)	baharat	[baharat]
saus (de)	salça, sos	[saltʃa], [sos]
azijn (de)	sirke	[sirke]

anijs (de)	anason	[anason]
basilicum (de)	fesleğen	[fesleen]
kruidnagel (de)	karanfil	[karanfil]
gember (de)	zencefil	[zendʒefil]
koriander (de)	kişniş	[kiʃniʃ]

kaneel (de/het)	tarçın	[tartʃın]
sesamzaad (het)	susam	[susam]
laurierblad (het)	defne yaprağı	[defne japraı]
paprika (de)	kırmızı biber	[kırmızı biber]
komijn (de)	çörek otu	[tʃørek otu]
saffraan (de)	safran	[safran]

51. Maaltijden

eten (het)	yemek	[jemek]
eten (ww)	yemek	[jemek]

ontbijt (het)	kahvaltı	[kahvaltı]
ontbijten (ww)	kahvaltı yapmak	[kahvaltı japmak]
lunch (de)	öğle yemeği	[øːle jemei]
lunchen (ww)	öğle yemeği yemek	[øːle jemei jemek]
avondeten (het)	akşam yemeği	[akʃam jemei]
souperen (ww)	akşam yemeği yemek	[akʃam jemei jemek]

eetlust (de)	iştah	[iʃtah]
Eet smakelijk!	Afiyet olsun!	[afijet olsun]

openen (een fles ~)	açmak	[atʃmak]
morsen (koffie, enz.)	dökmek	[døkmek]
zijn gemorst	dökülmek	[døkylmek]
koken (water kookt bij 100°C)	kaynamak	[kajnamak]
koken (Hoe om water te ~)	kaynatmak	[kajnatmak]
gekookt (~ water)	kaynamış	[kajnamıʃ]
afkoelen (koeler maken)	serinletmek	[serinletmek]
afkoelen (koeler worden)	serinleşmek	[serinleʃmek]

smaak (de)	tat	[tat]
nasmaak (de)	ağızda kalan tat	[aızda kalan tat]

volgen een dieet	zayıflamak	[zajıflamak]
dieet (het)	rejim, diyet	[reʒim], [dijet]
vitamine (de)	vitamin	[vitamin]
calorie (de)	kalori	[kalori]
vegetariër (de)	vejetaryen kimse	[vedʒetarien kimse]
vegetarisch (bn)	vejetaryen	[vedʒetarien]

vetten (mv.)	yağlar	[jaalar]
eiwitten (mv.)	proteinler	[proteinler]
koolhydraten (mv.)	karbonhidratlar	[karbonhidratlar]
snede (de)	dilim	[dilim]
stuk (bijv. een ~ taart)	parça	[partʃa]
kruimel (de)	kırıntı	[kırıntı]

52. Tafelschikking

lepel (de)	kaşık	[kaʃık]
mes (het)	bıçak	[bıtʃak]

vork (de)	çatal	[ʧatal]
kopje (het)	fincan	[findʒan]
bord (het)	tabak	[tabak]
schoteltje (het)	fincan tabağı	[findʒan tabaı]
servet (het)	peçete	[peʧete]
tandenstoker (de)	kürdan	[kyrdan]

53. Restaurant

restaurant (het)	restoran	[restoran]
koffiehuis (het)	kahvehane	[kahvehane]
bar (de)	bar	[bar]
tearoom (de)	çay salonu	[ʧaj salonu]

kelner, ober (de)	garson	[garson]
serveerster (de)	kadın garson	[kadın garson]
barman (de)	barmen	[barmen]

menu (het)	menü	[meny]
wijnkaart (de)	şarap listesi	[ʃarap listesi]
een tafel reserveren	masa ayırtmak	[masa ajırtmak]

gerecht (het)	yemek	[jemek]
bestellen (eten ~)	sipariş etmek	[spariʃ etmek]
een bestelling maken	sipariş vermek	[spariʃ vermek]

aperitief (de/het)	aperatif	[aperatif]
voorgerecht (het)	çerez	[ʧerez]
dessert (het)	tatlı	[tatlı]

rekening (de)	hesap	[hesap]
de rekening betalen	hesabı ödemek	[hesabı ødemek]
wisselgeld teruggeven	para üstü vermek	[para justy vermek]
fooi (de)	bahşiş	[bahʃiʃ]

Familie, verwanten en vrienden

54. Persoonlijke informatie. Formulieren

naam (de)	ad, isim	[ad], [isim]
achternaam (de)	soyadı	[sojadı]
geboortedatum (de)	doğum tarihi	[doum tarihi]
geboorteplaats (de)	doğum yeri	[doum jeri]
nationaliteit (de)	milliyet	[millijet]
woonplaats (de)	ikamet yeri	[ikamet jeri]
land (het)	ülke	[ylke]
beroep (het)	meslek	[meslek]
geslacht (ov. het vrouwelijk ~)	cinsiyet	[dʒinsijet]
lengte (de)	boy	[boj]
gewicht (het)	ağırlık	[aırlık]

55. Familieleden. Verwanten

moeder (de)	anne	[anne]
vader (de)	baba	[baba]
zoon (de)	oğul	[ø:ul]
dochter (de)	kız	[kız]
jongste dochter (de)	küçük kız	[kytʃuk kız]
jongste zoon (de)	küçük oğul	[kytʃuk oul]
oudste dochter (de)	büyük kız	[byjuk kız]
oudste zoon (de)	büyük oğul	[byjuk oul]
broer (de)	kardeş	[kardeʃ]
oudere broer (de)	ağabey, büyük kardeş	[aabej], [byjuk kardeʃ]
jongere broer (de)	küçük kardeş	[kytʃuk kardeʃ]
zuster (de)	kardeş, bacı	[kardeʃ], [badʒı]
oudere zuster (de)	abla, büyük bacı	[abla], [byjuk badʒı]
jongere zuster (de)	kız kardeş	[kız kardeʃ]
neef (zoon van oom, tante)	erkek kuzen	[erkek kuzen]
nicht (dochter van oom, tante)	kız kuzen	[kız kuzen]
mama (de)	anne	[anne]
papa (de)	baba	[baba]
ouders (mv.)	ana baba	[ana baba]
kind (het)	çocuk	[tʃodʒuk]
kinderen (mv.)	çocuklar	[tʃodʒuklar]
oma (de)	büyük anne	[byjuk anne]
opa (de)	büyük baba	[byjuk baba]

kleinzoon (de)	erkek torun	[erkek torun]
kleindochter (de)	kız torun	[kız torun]
kleinkinderen (mv.)	torunlar	[torunlar]

oom (de)	amca, dayı	[amdʒa], [dajı]
tante (de)	teyze, hala	[tejze], [hala]
neef (zoon van broer, zus)	erkek yeğen	[erkek jeen]
nicht (dochter van broer, zus)	kız yeğen	[kız jeen]

schoonmoeder (de)	kaynana	[kajnana]
schoonvader (de)	kaynata	[kajnata]
schoonzoon (de)	güvey	[gyvej]
stiefmoeder (de)	üvey anne	[yvej anne]
stiefvader (de)	üvey baba	[yvej baba]

zuigeling (de)	süt çocuğu	[syt tʃodʒuu]
wiegenkind (het)	bebek	[bebek]
kleuter (de)	erkek çocuk	[erkek tʃodʒuk]

vrouw (de)	hanım, eş	[hanım], [eʃ]
man (de)	eş, koca	[eʃ], [kodʒa]
echtgenoot (de)	koca	[kodʒa]
echtgenote (de)	karı	[karı]

gehuwd (mann.)	evli	[evli]
gehuwd (vrouw.)	evli	[evli]
ongehuwd (mann.)	bekâr	[bekjar]
vrijgezel (de)	bekâr	[bekjar]
gescheiden (bn)	boşanmış	[boʃanmıʃ]
weduwe (de)	dul kadın	[dul kadın]
weduwnaar (de)	dul erkek	[dul erkek]

familielid (het)	akraba	[akraba]
dichte familielid (het)	yakın akraba	[jakın akraba]
verre familielid (het)	uzak akraba	[uzak akraba]
familieleden (mv.)	akrabalar	[akrabalar]

wees (de), weeskind (het)	yetim	[jetim]
voogd (de)	vasi	[vasi]
adopteren (een jongen te ~)	evlatlık almak	[evlatlık almak]
adopteren (een meisje te ~)	evlatlık almak	[evlatlık almak]

56. Vrienden. Collega's

vriend (de)	dost, arkadaş	[dost], [arkadaʃ]
vriendin (de)	kız arkadaş	[kız arkadaʃ]
vriendschap (de)	dostluk	[dostluk]
bevriend zijn (ww)	arkadaş olmak	[arkadaʃ olmak]

makker (de)	arkadaş	[arkadaʃ]
vriendin (de)	kız arkadaş	[kız arkadaʃ]
partner (de)	ortak	[ortak]
chef (de)	şef	[ʃef]
baas (de)	amir	[amir]

ondergeschikte (de)	ast	[ast]
collega (de)	meslektaş	[meslektaʃ]

kennis (de)	tanıdık	[tanıdık]
medereiziger (de)	yol arkadaşı	[jol arkadaʃı]
klasgenoot (de)	sınıf arkadaşı	[sınıf arkadaʃı]

buurman (de)	komşu	[komʃu]
buurvrouw (de)	komşu	[komʃu]
buren (mv.)	komşular	[komʃular]

57. Man. Vrouw

vrouw (de)	kadın, bayan	[kadın], [bajan]
meisje (het)	kız	[kız]
bruid (de)	gelin	[gelin]

mooi(e) (vrouw, meisje)	güzel	[gyzel]
groot, grote (vrouw, meisje)	uzun	[uzun]
slank(e) (vrouw, meisje)	ince	[indʒe]
korte, kleine (vrouw, meisje)	kısa boylu	[kısa bojlu]

blondine (de)	sarışın	[sarıʃın]
brunette (de)	esmer	[esmer]

dames- (abn)	bayan	[bajan]
maagd (de)	bakire	[bakire]
zwanger (bn)	hamile	[hamile]

man (de)	erkek	[erkek]
blonde man (de)	sarışın	[sarıʃın]
bruinharige man (de)	esmer	[esmer]
groot (bn)	uzun boylu	[uzun bojlu]
klein (bn)	kısa boylu	[kısa bojlu]

onbeleefd (bn)	kaba	[kaba]
gedrongen (bn)	kalın yapılı	[kalın japılı]
robuust (bn)	kuvvetli	[kuvvetli]
sterk (bn)	güçlü	[gytʃly]
sterkte (de)	güç	[gytʃ]

mollig (bn)	iri	[iri]
getaand (bn)	esmer	[esmer]
slank (bn)	kaslı, yapılı	[kaslı], [japılı]
elegant (bn)	zarif	[zarif]

58. Leeftijd

leeftijd (de)	yaş	[jaʃ]
jeugd (de)	gençlik	[gentʃlik]
jong (bn)	genç	[gentʃ]
jonger (bn)	yaşı daha küçük	[jaʃı daha kytʃuk]

55

ouder (bn)	yaşı daha büyük	[jaʃı daha byjuk]
jongen (de)	delikanlı	[delikanlı]
tiener, adolescent (de)	ergen	[ergen]
kerel (de)	bir kimse	[bir kimse]

| oude man (de) | ihtiyar | [ihtijar] |
| oude vrouw (de) | yaşlı kadın | [jaʃlı kadın] |

volwassen (bn)	yetişkin	[jetiʃkin]
van middelbare leeftijd (bn)	orta yaşlı	[orta jaʃlı]
bejaard (bn)	yaşlı	[jaʃlı]
oud (bn)	ihtiyar, yaşlı	[ihtijar], [jaʃlı]

pensioen (het)	emekli maaşı	[emekli maaʃı]
met pensioen gaan	emekli olmak	[emekli olmak]
gepensioneerde (de)	emekli	[emekli]

59. Kinderen

kind (het)	çocuk	[ʧoʤuk]
kinderen (mv.)	çocuklar	[ʧoʤuklar]
tweeling (de)	ikizler	[ikizler]

wieg (de)	beşik	[beʃik]
rammelaar (de)	bebek çıngırağı	[bebek ʧıngıraı]
luier (de)	çocuk bezi	[ʧoʤuk bezi]

speen (de)	emzik	[emzik]
kinderwagen (de)	çocuk arabası	[ʧoʤuk arabası]
kleuterschool (de)	anaokulu	[anaokulu]
babysitter (de)	çocuk bakıcısı	[ʧoʤuk bakıʤısı]

| kindertijd (de) | çocukluk | [ʧoʤukluk] |
| pop (de) | kukla | [kukla] |

| speelgoed (het) | oyuncak | [ojunʤak] |
| bouwspeelgoed (het) | meccano | [mekano] |

welopgevoed (bn)	terbiyeli	[terbijeli]
onopgevoed (bn)	terbiyesiz	[terbijesiz]
verwend (bn)	şımarık	[ʃımarık]

| stout zijn (ww) | yaramazlık etmek | [jaramazlık etmek] |
| stout (bn) | yaramaz | [jaramaz] |

| stoutheid (de) | yaramazlık | [jaramazlık] |
| stouterd (de) | yaramaz çocuk | [jaramaz ʧoʤuk] |

| gehoorzaam (bn) | itaatli | [itaatli] |
| ongehoorzaam (bn) | itaatsiz | [itaatsiz] |

braaf (bn)	uslu	[uslu]
slim (verstandig)	zeki	[zeki]
wonderkind (het)	harika çocuk	[harika ʧoʤuk]

60. Gehuwde paren. Gezinsleven

kussen (een kus geven)	öpmek	[øpmek]
elkaar kussen (ww)	öpüşmek	[øpyʃmek]
gezin (het)	aile	[aile]
gezins- (abn)	aile, ailevi	[aile], [ailevi]
paar (het)	çift	[ʧift]
huwelijk (het)	evlilik	[evlilik]
thuis (het)	aile ocağı	[aile odʒaı]
dynastie (de)	sülale	[sylale]

date (de)	randevu	[randevu]
zoen (de)	öpücük	[øpydʒyk]

liefde (de)	sevgi	[sevgi]
liefhebben (ww)	sevmek	[sevmek]
geliefde (bn)	sevgili	[sevgili]

tederheid (de)	şefkat	[ʃefkat]
teder (bn)	şefkatli	[ʃefkatlı]
trouw (de)	sadakat	[sadakat]
trouw (bn)	sadık	[sadık]
zorg (bijv. bejaarden~)	ihtimam	[ihtimam]
zorgzaam (bn)	dikkatli	[dikkatli]

jonggehuwden (mv.)	yeni evliler	[jeni evliler]
wittebroodsweken (mv.)	balayı	[balajı]
trouwen (vrouw)	evlenmek	[evlenmek]
trouwen (man)	evlenmek	[evlenmek]

bruiloft (de)	düğün	[dyjun]
gouden bruiloft (de)	ellinci evlilik yıldönümü	[ellindʒi evlilik jıldønymy]
verjaardag (de)	yıldönümü	[jıldønymy]

minnaar (de)	aşık	[aʃık]
minnares (de)	metres	[metres]

overspel (het)	sadakatsizlik	[sadakatsızlık]
overspel plegen (ww)	sadakatsiz olmak	[sadakatsız olmak]
jaloers (bn)	kıskanç	[kıskanʧ]
jaloers zijn (echtgenoot, enz.)	kıskanmak	[kıskanmak]
echtscheiding (de)	boşanma	[boʃanma]
scheiden (ww)	boşanmak	[boʃanmak]

ruzie hebben (ww)	kavga etmek	[kavga etmek]
vrede sluiten (ww)	barışmak	[barıʃmak]

samen (bw)	beraber	[beraber]
seks (de)	seks	[seks]

geluk (het)	mutluluk	[mutluluk]
gelukkig (bn)	mutlu	[mutlu]
ongeluk (het)	belâ	[bela]
ongelukkig (bn)	zavallı	[zavallı]

Karakter. Gevoelens. Emoties

61. Gevoelens. Emoties

gevoel (het)	duygu	[dujgu]
gevoelens (mv.)	duygular	[dujgular]
voelen (ww)	hissetmek	[hissetmek]
honger (de)	açlık	[atʃlık]
honger hebben (ww)	yemek istemek	[jemek istemek]
dorst (de)	susuzluk	[susuzluk]
dorst hebben	içmek istemek	[itʃmek istemek]
slaperigheid (de)	uykulu olma	[ujkulu olma]
willen slapen	uyumak istemek	[ujumak istemek]
moeheid (de)	yorgunluk	[jorgunluk]
moe (bn)	yorgun	[jorgun]
vermoeid raken (ww)	yorulmak	[jorulmak]
stemming (de)	keyif	[kejif]
verveling (de)	can sıkıntısı	[dʒan sıkıntısı]
zich vervelen (ww)	sıkılmak	[sıkılmak]
afzondering (de)	yalnızlık	[jalnızlık]
zich afzonderen (ww)	inzivaya çekilmek	[inzivaja tʃekilmek]
bezorgd maken	üzmek	[yzmek]
bezorgd zijn (ww)	endişelenmek	[endiʃelenmek]
zorg (bijv. geld~en)	endişe	[endiʃe]
ongerustheid (de)	rahatsızlık	[rahatsızlık]
ongerust (bn)	kaygılı	[kajgılı]
zenuwachtig zijn (ww)	sinirlenmek	[sinirlenmek]
in paniek raken	panik yapmak	[panik japmak]
hoop (de)	ümit	[ymit]
hopen (ww)	ummak	[ummak]
zekerheid (de)	kesinlik	[kesinlik]
zeker (bn)	kararlı	[kararlı]
onzekerheid (de)	belirsizlik	[belirsizlik]
onzeker (bn)	belirsiz	[belirsiz]
dronken (bn)	sarhoş	[sarhoʃ]
nuchter (bn)	ayık	[ajık]
zwak (bn)	zayıf	[zajıf]
gelukkig (bn)	mutlu	[mutlu]
doen schrikken (ww)	korkutmak	[korkutmak]
toorn (de)	kızgınlık	[kızgınlık]
woede (de)	öfke	[øfke]
depressie (de)	depresyon	[depresjon]
ongemak (het)	rahatsızlık	[rahatsızlık]

gemak, comfort (het)	konfor	[konfor]
spijt hebben (ww)	üzülmek	[yzylmek]
spijt (de)	pişmanlık	[piʃmanlık]
pech (de)	talihsizlik	[talihsizlik]
bedroefdheid (de)	üzüntü	[yzynty]

schaamte (de)	utanma	[utanma]
pret (de), plezier (het)	neşe	[neʃe]
enthousiasme (het)	coşku	[dʒoʃku]
enthousiasteling (de)	coşkun kimse	[dʒoʃkun kimse]
enthousiasme vertonen	coşkulu davranmak	[dʒoʃkulu davranmak]

62. Karakter. Persoonlijkheid

karakter (het)	karakter	[karakter]
karakterfout (de)	karakter kusur	[karakter kusur]
verstand (het)	zekâ	[zekja]
rede (de)	akıl	[akıl]

geweten (het)	vicdan	[vidʒdan]
gewoonte (de)	alışkanlık	[alıʃkanlık]
bekwaamheid (de)	kabiliyet	[kabilijet]
kunnen (bijv., ~ zwemmen)	... -abilir, ... -ebilir	[abilir], [ebilir]

geduldig (bn)	sabırlı	[sabırlı]
ongeduldig (bn)	sabırsız	[sabırsız]
nieuwsgierig (bn)	meraklı	[meraklı]
nieuwsgierigheid (de)	merak	[merak]

bescheidenheid (de)	mütevazilik	[mytevazilik]
bescheiden (bn)	mütevazi	[mytevazi]
onbescheiden (bn)	küstah	[kystah]

luiheid (de)	tembellik	[tembelik]
lui (bn)	tembel	[tembel]
luiwammes (de)	tembel kimse	[tembel kimse]

sluwheid (de)	kurnazlık	[kurnazlık]
sluw (bn)	kurnaz	[kurnaz]
wantrouwen (het)	güvensizlik	[gyvensizlik]
wantrouwig (bn)	güvensiz	[gyvensiz]

gulheid (de)	cömertlik	[dʒømertlik]
gul (bn)	cömert	[dʒømert]
talentrijk (bn)	yetenekli	[jetenekli]
talent (het)	yetenek	[jetenek]

moedig (bn)	cesur	[dʒesur]
moed (de)	cesaret	[dʒesaret]
eerlijk (bn)	dürüst	[dyryst]
eerlijkheid (de)	dürüstlük	[dyrystlyk]

| voorzichtig (bn) | ihtiyatlı | [ihtijatlı] |
| manhaftig (bn) | cesaretli | [dʒesaretli] |

| ernstig (bn) | ciddi | [dʒiddi] |
| streng (bn) | sert | [sert] |

resoluut (bn)	kararlı	[kararlı]
onzeker, irresoluut (bn)	kararsız	[kararsız]
schuchter (bn)	çekingen	[ʧekingen]
schuchterheid (de)	çekingenlik	[ʧekingenlik]

vertrouwen (het)	güven	[gyven]
vertrouwen (ww)	güvenmek	[gyvenmek]
goedgelovig (bn)	güvenen	[gyvenen]

oprecht (bw)	samimi olarak	[samimi olarak]
oprecht (bn)	samimi	[samimi]
oprechtheid (de)	samimiyet	[samimijet]
open (bn)	açık	[aʧık]

rustig (bn)	sakin	[sakin]
openhartig (bn)	içten	[iʧten]
naïef (bn)	saf	[saf]
verstrooid (bn)	dalgın	[dalgın]
leuk, grappig (bn)	komik	[komik]

gierigheid (de)	cimrilik	[dʒimrilik]
gierig (bn)	cimri	[dʒimri]
inhalig (bn)	pinti	[pinti]
kwaad (bn)	kötü kalpli	[køty kalpli]
koppig (bn)	inatçı	[inaʧı]
onaangenaam (bn)	sevimsiz	[sevimsiz]

egoïst (de)	bencil	[bendʒil]
egoïstisch (bn)	bencil	[bendʒil]
lafaard (de)	korkak kimse	[korkak kimse]
laf (bn)	korkak	[korkak]

63. Slaap. Dromen

slapen (ww)	uyumak	[ujumak]
slaap (in ~ vallen)	uyku	[ujku]
droom (de)	düş, rüya	[dyʃ], [ruja]
dromen (in de slaap)	rüya görmek	[ryja gørmek]
slaperig (bn)	uykulu	[ujkulu]

bed (het)	yatak	[jatak]
matras (de)	şilte	[ʃilte]
deken (de)	battaniye	[battanije]
kussen (het)	yastık	[jastık]
laken (het)	çarşaf	[ʧarʃaf]

slapeloosheid (de)	uykusuzluk	[ujkusuzluk]
slapeloos (bn)	uykusuz	[ujkusuz]
slaapmiddel (het)	uyku hapı	[ujku hapı]
slaapmiddel innemen	uyku hapı almak	[ujku hapı almak]
willen slapen	uyumak istemek	[ujumak istemek]

geeuwen (ww)	esnemek	[esnemek]
gaan slapen	uyumaya gitmek	[ujumaja gitmek]
het bed opmaken	yatağı hazırlamak	[jataɪ hazırlamak]
inslapen (ww)	uykuya dalmak	[ujkuja dalmak]

nachtmerrie (de)	kabus	[kabus]
gesnurk (het)	horultu	[horultu]
snurken (ww)	horlamak	[horlamak]

wekker (de)	çalar saat	[tʃalar saat]
wekken (ww)	uyandırmak	[ujandırmak]
wakker worden (ww)	uyanmak	[ujanmak]
opstaan (ww)	kalkmak	[kalkmak]
zich wassen (ww)	yıkanmak	[jɪkanmak]

64. Humor. Gelach. Blijdschap

humor (de)	mizah	[mizah]
gevoel (het) voor humor	mizah anlayışı	[mizah anlajɪʃɪ]
plezier hebben (ww)	eğlenmek	[eelenmek]
vrolijk (bn)	neşeli	[neʃeli]
pret (de), plezier (het)	neşe	[neʃe]

glimlach (de)	gülümseme	[gylymseme]
glimlachen (ww)	gülümsemek	[gylymsemek]
beginnen te lachen (ww)	gülmeye başlamak	[gylmeje baʃlamak]
lachen (ww)	gülmek	[gylmek]
lach (de)	gülme	[gylme]

mop (de)	fıkra	[fıkra]
grappig (een ~ verhaal)	gülünçlü	[gylyntʃly]
grappig (~e clown)	komik	[komik]

grappen maken (ww)	şaka yapmak	[ʃaka japmak]
grap (de)	şaka	[ʃaka]
blijheid (de)	neşe, sevinç	[neʃe], [sevintʃ]
blij zijn (ww)	sevinmek	[sevinmek]
blij (bn)	sevinçli	[sevintʃli]

65. Discussie, conversatie. Deel 1

| communicatie (de) | iletişim | [iletiʃim] |
| communiceren (ww) | iletişim kurmak | [iletiʃim kurmak] |

conversatie (de)	konuşma	[konuʃma]
dialoog (de)	diyalog	[dialog]
discussie (de)	müzakere	[myzakere]
debat (het)	tartışma	[tartɪʃma]
debatteren, twisten (ww)	tartışmak	[tartɪʃmak]

| gesprekspartner (de) | muhatap | [muhatap] |
| thema (het) | konu | [konu] |

standpunt (het)	bakış açısı	[bakıʃ atʃisı]
mening (de)	fikir, görüş	[fikir], [gøryʃ]
toespraak (de)	demeç	[demetʃ]

bespreking (de)	görüşme	[gøryʃme]
bespreken (spreken over)	görüşmek	[gøryʃmek]
gesprek (het)	sohbet	[sohbet]
spreken (converseren)	sohbet etmek	[sohbet etmek]
ontmoeting (de)	karşılaşma	[karʃılaʃma]
ontmoeten (ww)	karşılaşmak	[karʃılaʃmak]

spreekwoord (het)	atasözü	[atasøzy]
gezegde (het)	deyim	[dejim]
raadsel (het)	bilmece	[bilmedʒe]
een raadsel opgeven	bilmece sormak	[bilmedʒe sormak]
wachtwoord (het)	parola	[parola]
geheim (het)	sır	[sır]

eed (de)	yemin	[jemin]
zweren (een eed doen)	yemin etmek	[jemin etmek]
belofte (de)	vaat	[vaat]
beloven (ww)	vaat etmek	[vaat etmek]

advies (het)	tavsiye	[tavsije]
adviseren (ww)	tavsiye etmek	[tavsije etmek]
luisteren (gehoorzamen)	söz dinlemek	[søz dinlemek]

nieuws (het)	haber	[haber]
sensatie (de)	sansasyon	[sansasjon]
informatie (de)	bilgi	[bilgi]
conclusie (de)	sonuç	[sonutʃ]
stem (de)	ses	[ses]
compliment (het)	kompliman	[kompliman]
vriendelijk (bn)	nazik	[nazik]

woord (het)	söz	[søz]
zin (de), zinsdeel (het)	cümle	[dʒymle]
antwoord (het)	cevap	[dʒevap]

| waarheid (de) | doğru, gerçek | [dooru], [gertʃek] |
| leugen (de) | yalan | [jalan] |

gedachte (de)	düşünce	[dyʃyndʒe]
idee (de/het)	fikir	[fikir]
fantasie (de)	uydurma	[ujdurma]

66. Discussie, conversatie. Deel 2

gerespecteerd (bn)	sayın	[sajın]
respecteren (ww)	saygı göstermek	[sajgı gøstermek]
respect (het)	saygı	[sajgı]
Geachte ... (brief)	Sevgili ..., Sayın ...	[sevgili], [sajın]
voorstellen (Mag ik jullie ~)	tanıştırmak	[tanıʃtırmak]
kennismaken (met ...)	biriyle tanışmak	[birijle tanıʃmak]

intentie (de)	niyet	[nijet]
intentie hebben (ww)	niyetlenmek	[nijetlenmek]
wens (de)	dilek	[dilek]
wensen (ww)	dilemek	[dilemek]

verbazing (de)	hayret	[hajret]
verbazen (verwonderen)	şaşırtmak	[ʃaʃırtmak]
verbaasd zijn (ww)	şaşırmak	[ʃaʃırmak]

geven (ww)	vermek	[vermek]
nemen (ww)	almak	[almak]
teruggeven (ww)	iade etmek	[iade etmek]
retourneren (ww)	geri vermek	[geri vermek]

zich verontschuldigen	özür dilemek	[øzyr dilemek]
verontschuldiging (de)	özür	[øzyr]
vergeven (ww)	affetmek	[afetmek]

spreken (ww)	konuşmak	[konuʃmak]
luisteren (ww)	dinlemek	[dinlemek]
aanhoren (ww)	sonuna kadar dinlemek	[sonuna kadar dinlemek]
begrijpen (ww)	anlamak	[anlamak]

tonen (ww)	göstermek	[gøstermek]
kijken naar ...	... bakmak	[bakmak]
roepen (vragen te komen)	çağırmak	[tʃaɪrmak]
afleiden (storen)	canını sıkmak	[dʒanını sıkmak]
storen (lastigvallen)	rahatsız etmek	[rahatsız etmek]
doorgeven (ww)	iletmek	[iletmek]

verzoek (het)	rica, istek	[ridʒa], [istek]
verzoeken (ww)	rica etmek, istemek	[ridʒa etmek], [istemek]
eis (de)	talep	[talep]
eisen (met klem vragen)	talep etmek	[talep etmek]

beledigen (beledigende namen geven)	takılmak	[takılmak]
uitlachen (ww)	alay etmek	[alaj etmek]
spot (de)	alay	[alaj]
bijnaam (de)	lakap, takma ad	[lakap], [takma ad]

zinspeling (de)	ima	[ima]
zinspelen (ww)	ima etmek	[ima etmek]
impliceren (duiden op)	kastetmek	[kastetmek]

beschrijving (de)	tanım	[tanım]
beschrijven (ww)	betimlemek	[betimlemek]
lof (de)	övgü	[øvgy]
loven (ww)	övmek	[øvmek]

teleurstelling (de)	hayal kırıklığı	[hajal kırıklı:ı]
teleurstellen (ww)	hayal kırıklığına uğratmak	[hajal kırıklı:ına uratmak]
teleurgesteld zijn (ww)	hayal kırıklığına uğramak	[hajal kırıklı:ına uramak]

veronderstelling (de)	tahmin	[tahmin]
veronderstellen (ww)	tahmin etmek	[tahmin etmek]

| waarschuwing (de) | uyarı | [ujarı] |
| waarschuwen (ww) | uyarmak | [ujarmak] |

67. Discussie, conversatie. Deel 3

| aanpraten (ww) | ikna etmek | [ikna etmek] |
| kalmeren (kalm maken) | yatıştırmak | [jatıʃtırmak] |

stilte (de)	susma	[susma]
zwijgen (ww)	susmak	[susmak]
fluisteren (ww)	fısıldamak	[fısıldamak]
gefluister (het)	fısıltı	[fısıltı]

| open, eerlijk (bw) | açıkça | [atʃıktʃa] |
| volgens mij ... | bence ... | [bendʒe] |

detail (het)	ayrıntı	[ajrıntı]
gedetailleerd (bn)	ayrıntılı, detaylı	[ajrıntlı], [detajlı]
gedetailleerd (bw)	ayrıntılı olarak	[ajrıntlı olarak]

| hint (de) | ipucu | [ipudʒu] |
| een hint geven | ipucu vermek | [ipudʒu vermek] |

blik (de)	bakış	[bakıʃ]
een kijkje nemen	bakmak	[bakmak]
strak (een ~ke blik)	sabit	[sabit]
knipperen (ww)	kırpıştırmak	[kırpıʃtırmak]
knipogen (ww)	göz kırpmak	[gøz kırpmak]
knikken (ww)	başını sallamak	[baʃını sallamak]

zucht (de)	nefes	[nefes]
zuchten (ww)	nefes almak	[nefes almak]
huiveren (ww)	irkilmek	[irkilmek]
gebaar (het)	jest	[ʒest]
aanraken (ww)	dokunmak	[dokunmak]
grijpen (ww)	yapışmak	[japıʃmak]
een schouderklopje geven	hafifçe vurmak	[hafiftʃe vurmak]

Kijk uit!	Dikkat et!	[dikkat et]
Echt?	Acaba?	[adʒaba]
Succes!	İyi şanslar!	[iji ʃanslar]
Juist, ja!	Anlaşıldı!	[anlaʃıldı]
Wat jammer!	Maalesef!	[maalesef]

68. Overeenstemming. Weigering

instemming (het)	rıza	[rıza]
instemmen (akkoord gaan)	razı olmak	[razı olmak]
goedkeuring (de)	onay	[onaj]
goedkeuren (ww)	onaylamak	[onajlamak]
weigering (de)	ret	[ret]
weigeren (ww)	reddetmek	[reddetmek]

Geweldig!	Pek iyi!	[pek iji]
Goed!	İyi!	[iji]
Akkoord!	Tamam!	[tamam]

verboden (bn)	yasaklanmış	[jasaklanmıʃ]
het is verboden	yasaktır	[jasaktır]
het is onmogelijk	imkânsız	[imkansıs]
onjuist (bn)	yanlış	[janlıʃ]

afwijzen (ww)	geri çevirmek	[geri tʃevirmek]
steunen	desteklemek	[desteklemek]
(een goed doel, enz.)		
aanvaarden (excuses ~)	kabul etmek	[kabul etmek]

bevestigen (ww)	tasdik etmek	[tasdik etmek]
bevestiging (de)	tasdik	[tasdik]
toestemming (de)	izin	[izin]
toestaan (ww)	izin vermek	[izin vermek]
beslissing (de)	karar	[karar]
z'n mond houden (ww)	susmak	[susmak]

voorwaarde (de)	şart	[ʃart]
smoes (de)	bahane	[bahane]
lof (de)	övgü	[øvgy]
loven (ww)	övmek	[øvmek]

69. Succes. Veel geluk. Mislukking

succes (het)	başarı	[baʃarı]
succesvol (bw)	başarıyla	[baʃarıjla]
succesvol (bn)	başarılı	[baʃarılı]

geluk (het)	şans	[ʃans]
Succes!	İyi şanslar!	[iji ʃanslar]
geluks- (bn)	başarılı	[baʃarılı]
gelukkig (fortuinlijk)	şanslı	[ʃanslı]

mislukking (de)	başarısızlık	[baʃarısızlık]
tegenslag (de)	şanssızlık	[ʃansızlık]
pech (de)	talihsizlik	[talihsizlik]

| zonder succes (bn) | başarısız | [baʃarısız] |
| catastrofe (de) | felâket | [felaket] |

fierheid (de)	gurur	[gurur]
fier (bn)	gururlu	[gururlu]
fier zijn (ww)	gurur duymak	[gurur dujmak]

winnaar (de)	galip, kazanan	[galip], [kazanan]
winnen (ww)	yenmek	[jenmek]
verliezen (ww)	kaybetmek	[kajbetmek]
poging (de)	deneme	[deneme]
pogen, proberen (ww)	denemek	[denemek]
kans (de)	şans	[ʃans]

70. Ruzies. Negatieve emoties

schreeuw (de)	bağırtı	[baɪrtɪ]
schreeuwen (ww)	bağırmak	[baɪrmak]
beginnen te schreeuwen	bağırmaya başlamak	[baɪrmaja baʃlamak]

ruzie (de)	kavga	[kavga]
ruzie hebben (ww)	kavga etmek	[kavga etmek]
schandaal (het)	rezalet	[rezalet]
schandaal maken (ww)	rezalet çıkarmak	[rezalet tʃɪkarmak]
conflict (het)	anlaşmazlık	[anlaʃmazlɪk]
misverstand (het)	yanlış anlama	[janlɪʃ anlama]

belediging (de)	hakaret	[hakaret]
beledigen	hakaret etmek	[hakaret etmek]
(met scheldwoorden)		
beledigd (bn)	aşağılanan	[aʃaɪlanan]
krenking (de)	gücenme	[gydʒenme]
krenken (beledigen)	gücendirmek	[gydʒendirmek]
gekwetst worden (ww)	gücenmek	[gydʒenmek]

verontwaardiging (de)	dargınlık	[dargɪnlɪk]
verontwaardigd zijn (ww)	öfkelenmek	[øfkelenmek]
klacht (de)	şikayet	[ʃikajet]
klagen (ww)	şikayet etmek	[ʃikajet etmek]

verontschuldiging (de)	özür	[øzyr]
zich verontschuldigen	özür dilemek	[øzyr dilemek]
excuus vragen	af dilemek	[af dilemek]

kritiek (de)	eleştiri	[eleʃtiri]
bekritiseren (ww)	eleştirmek	[eleʃtirmek]
beschuldiging (de)	suçlama	[sutʃlama]
beschuldigen (ww)	suçlamak	[sutʃlamak]

wraak (de)	intikam	[intikam]
wreken (ww)	intikam almak	[intikam almak]
wraak nemen (ww)	geri ödemek	[geri ødemek]

minachting (de)	kibir	[kibir]
minachten (ww)	hor görmek	[hor gørmek]
haat (de)	nefret	[nefret]
haten (ww)	nefret etmek	[nefret etmek]

zenuwachtig (bn)	sinirli	[sinirli]
zenuwachtig zijn (ww)	sinirlenmek	[sinirlenmek]
boos (bn)	kızgın	[kɪzgɪn]
boos maken (ww)	kızdırmak	[kɪzdɪrmak]

vernedering (de)	aşağılama	[aʃaɪlama]
vernederen (ww)	aşağılamak	[aʃaɪlamak]
zich vernederen (ww)	küçük düşürmek	[kytʃuk dyʃyrmek]

schok (de)	şok	[ʃok]
schokken (ww)	şoke etmek	[ʃoke etmek]

onaangenaamheid (de)	**bela**	[bela]
onaangenaam (bn)	**tatsız**	[tatsız]
vrees (de)	**korku**	[korku]
vreselijk (bijv. ~ onweer)	**müthiş**	[mythiʃ]
eng (bn)	**korkunç**	[korkunʧ]
gruwel (de)	**dehşet**	[dehʃet]
vreselijk (~ nieuws)	**dehşetli**	[dehʃetli]
huilen (wenen)	**ağlamak**	[aalamak]
beginnen te huilen (wenen)	**ağlamaya başlamak**	[aalamaja baʃlamak]
traan (de)	**yaş**	[jaʃ]
schuld (~ geven aan)	**kabahat**	[kabahat]
schuldgevoel (het)	**suç**	[suʧ]
schande (de)	**rezalet**	[rezalet]
protest (het)	**protesto**	[protesto]
stress (de)	**stres**	[stres]
storen (lastigvallen)	**rahatsız etmek**	[rahatsız etmek]
kwaad zijn (ww)	**kızmak**	[kızmak]
kwaad (bn)	**dargın**	[dargın]
beëindigen (een relatie ~)	**kesmek**	[kesmek]
vloeken (ww)	**sövmek**	[søvmek]
schrikken (schrik krijgen)	**korkmak**	[korkmak]
slaan (iemand ~)	**vurmak**	[vurmak]
vechten (ww)	**dövüşmek**	[døvyʃmek]
regelen (conflict)	**çözmek**	[ʧøzmek]
ontevreden (bn)	**memnun olmayan**	[memnun olmajan]
woedend (bn)	**öfkeli**	[øfkeli]
Dat is niet goed!	**O iyi değil!**	[o iji deil]
Dat is slecht!	**Bu kötü!**	[bu køty]

Geneeskunde

71. Ziekten

ziekte (de)	hastalık	[hastalık]
ziek zijn (ww)	hasta olmak	[hasta olmak]
gezondheid (de)	sağlık	[saalık]
snotneus (de)	nezle	[nezle]
angina (de)	anjin	[anʒin]
verkoudheid (de)	soğuk algınlığı	[souk algınlı:ı]
verkouden raken (ww)	soğuk almak	[souk almak]
bronchitis (de)	bronşit	[bronʃit]
longontsteking (de)	zatürree	[zatyrree]
griep (de)	grip	[grip]
bijziend (bn)	miyop	[mijop]
verziend (bn)	hipermetrop	[hipermetrop]
scheelheid (de)	şaşılık	[ʃaʃılık]
scheel (bn)	şaşı	[ʃaʃı]
grauwe staar (de)	katarakt	[katarakt]
glaucoom (het)	glokoma	[glokoma]
beroerte (de)	felç	[feltʃ]
hartinfarct (het)	enfarktüs	[enfarktys]
myocardiaal infarct (het)	kalp krizi	[kalp krizi]
verlamming (de)	felç	[feltʃ]
verlammen (ww)	felç olmak	[feltʃ olmak]
allergie (de)	alerji	[alerʒi]
astma (de/het)	astım	[astım]
diabetes (de)	diyabet	[diabet]
tandpijn (de)	diş ağrısı	[diʃ aarısı]
tandbederf (het)	diş çürümesi	[diʃ tʃurymesi]
diarree (de)	ishal	[ishal]
constipatie (de)	kabız	[kabız]
maagstoornis (de)	mide bozukluğu	[mide bozukluu]
voedselvergiftiging (de)	zehirlenme	[zehirlenme]
voedselvergiftiging oplopen	zehirlenmek	[zehirlenmek]
artritis (de)	artrit, arterit	[artrit]
rachitis (de)	raşitizm	[raʃitizm]
reuma (het)	romatizma	[romatizma]
arteriosclerose (de)	damar sertliği	[damar sertli:i]
gastritis (de)	gastrit	[gastrit]
blindedarmontsteking (de)	apandisit	[apandisit]

galblaasontsteking (de)	kolesistit	[kolesistit]
zweer (de)	ülser	[ylser]
mazelen (mv.)	kızamık	[kızamık]
rodehond (de)	kızamıkçık	[kızamıktʃik]
geelzucht (de)	sarılık	[sarılık]
leverontsteking (de)	hepatit	[hepatit]
schizofrenie (de)	şizofreni	[ʃizofreni]
dolheid (de)	kuduz hastalığı	[kuduz hastalı:ı]
neurose (de)	nevroz	[nevroz]
hersenschudding (de)	beyin kanaması	[bejin kanaması]
kanker (de)	kanser	[kanser]
sclerose (de)	skleroz	[skleroz]
multiple sclerose (de)	multipl skleroz	[multipl skleroz]
alcoholisme (het)	alkoliklik	[alkoliklik]
alcoholicus (de)	alkolik	[alkolik]
syfilis (de)	frengi	[frengi]
AIDS (de)	AİDS	[eids]
tumor (de)	tümör, ur	[tymør], [jur]
kwaadaardig (bn)	kötü huylu	[køty hujlu]
goedaardig (bn)	iyi huylu	[iji hujlu]
koorts (de)	sıtma	[sıtma]
malaria (de)	malarya	[malarja]
gangreen (het)	kangren	[kangren]
zeeziekte (de)	deniz tutması	[deniz tutması]
epilepsie (de)	epilepsi	[epilepsi]
epidemie (de)	salgın	[salgın]
tyfus (de)	tifüs	[tifys]
tuberculose (de)	verem	[verem]
cholera (de)	kolera	[kolera]
pest (de)	veba	[veba]

72. Symptomen. Behandelingen. Deel 1

symptoom (het)	belirti	[belirti]
temperatuur (de)	ateş	[ateʃ]
verhoogde temperatuur (de)	yüksek ateş	[juksek ateʃ]
polsslag (de)	nabız	[nabız]
duizeling (de)	baş dönmesi	[baʃ dønmesi]
heet (erg warm)	ateşli	[ateʃli]
koude rillingen (mv.)	üşüme	[yʃyme]
bleek (bn)	solgun	[solgun]
hoest (de)	öksürük	[øksyryk]
hoesten (ww)	öksürmek	[øksyrmek]
niezen (ww)	hapşırmak	[hapʃırmak]
flauwte (de)	baygınlık	[bajgınlık]

flauwvallen (ww)	bayılmak	[bajılmak]
blauwe plek (de)	çürük	[ʧuryk]
buil (de)	şişlik	[ʃiʃlik]
zich stoten (ww)	çarpmak	[ʧarpmak]
kneuzing (de)	yara	[jara]
kneuzen (gekneusd zijn)	yaralamak	[jaralamak]

hinken (ww)	topallamak	[topallamak]
verstuiking (de)	çıkık	[ʧıkık]
verstuiken (enkel, enz.)	çıkmak	[ʧıkmak]
breuk (de)	kırık, fraktür	[kırık], [fraktyr]
een breuk oplopen	kırılmak	[kırılmak]

snijwond (de)	kesik	[kesik]
zich snijden (ww)	bir yerini kesmek	[bir jerini kesmek]
bloeding (de)	kanama	[kanama]

| brandwond (de) | yanık | [janık] |
| zich branden (ww) | yanmak | [janmak] |

prikken (ww)	batırmak	[batırmak]
zich prikken (ww)	batırmak	[batırmak]
blesseren (ww)	yaralamak	[jaralamak]
blessure (letsel)	yara, zarar	[jara], [zarar]
wond (de)	yara	[jara]
trauma (het)	sarsıntı	[sarsıntı]

ijlen (ww)	sayıklamak	[sajıklamak]
stotteren (ww)	kekelemek	[kekelemek]
zonnesteek (de)	güneş çarpması	[gyneʃ ʧarpması]

73. Symptomen. Behandelingen. Deel 2

| pijn (de) | acı | [adʒı] |
| splinter (de) | kıymık | [kıjmık] |

zweet (het)	ter	[ter]
zweten (ww)	terlemek	[terlemek]
braking (de)	kusma	[kusma]
stuiptrekkingen (mv.)	kramp	[kramp]

zwanger (bn)	hamile	[hamile]
geboren worden (ww)	doğmak	[doomak]
geboorte (de)	doğum	[doum]
baren (ww)	doğurmak	[dourmak]
abortus (de)	çocuk düşürme	[ʧodʒuk dyʃyrme]

ademhaling (de)	respirasyon	[respirasjon]
inademing (de)	soluk alma	[soluk alma]
uitademing (de)	soluk verme	[soluk verme]
uitademen (ww)	soluk vermek	[soluk vermek]
inademen (ww)	bir soluk almak	[bir soluk almak]
invalide (de)	malul	[malyl]
gehandicapte (de)	sakat	[sakat]

drugsverslaafde (de)	uyuşturucu bağımlısı	[ujuʃturudʒu baɪmlɪsɪ]
doof (bn)	sağır	[saɪr]
stom (bn)	dilsiz	[dilsiz]
doofstom (bn)	sağır ve dilsiz	[saɪr ve dilsiz]
krankzinnig (bn)	deli	[deli]
krankzinnige (man)	deli adam	[deli adam]
krankzinnige (vrouw)	deli kadın	[deli kadın]
krankzinnig worden	çıldırmak	[tʃɪldɪrmak]
gen (het)	gen	[gen]
immuniteit (de)	bağışıklık	[baɪʃɪklɪk]
erfelijk (bn)	irsi, kalıtsal	[irsi], [kalɪtsal]
aangeboren (bn)	doğuştan	[douʃtan]
virus (het)	virüs	[virys]
microbe (de)	mikrop	[mikrop]
bacterie (de)	bakteri	[bakteri]
infectie (de)	enfeksiyon	[enfeksijon]

74. Symptomen. Behandelingen. Deel 3

ziekenhuis (het)	hastane	[hastane]
patiënt (de)	hasta	[hasta]
diagnose (de)	teşhis	[teʃhis]
genezing (de)	çare	[tʃare]
medische behandeling (de)	tedavi	[tedavi]
onder behandeling zijn	tedavi görmek	[tedavi gørmek]
behandelen (ww)	tedavi etmek	[tedavi etmek]
zorgen (zieken ~)	hastaya bakmak	[hastaja bakmak]
ziekenzorg (de)	hasta bakımı	[hasta bakımı]
operatie (de)	ameliyat	[amelijat]
verbinden (een arm ~)	pansuman yapmak	[pansuman japmak]
verband (het)	pansuman	[pansuman]
vaccin (het)	aşılama	[aʃɪlama]
inenten (vaccineren)	aşı yapmak	[aʃɪ japmak]
injectie (de)	iğne	[i:ine]
een injectie geven	iğne yapmak	[i:ine japmak]
aanval (de)	atak	[atak]
amputatie (de)	ampütasyon	[ampytasjon]
amputeren (ww)	ameliyatla almak	[amelijatla almak]
coma (het)	koma	[koma]
in coma liggen	komada olmak	[komada olmak]
intensieve zorg, ICU (de)	yoğun bakım	[joun bakım]
zich herstellen (ww)	iyileşmek	[ijileʃmek]
toestand (de)	durum	[durum]
bewustzijn (het)	bilinç	[bilintʃ]
geheugen (het)	hafıza	[hafıza]
trekken (een kies ~)	çekmek	[tʃekmek]

| vulling (de) | dolgu | [dolgu] |
| vullen (ww) | dolgu yapmak | [dolgu japmak] |

| hypnose (de) | hipnoz | [hipnoz] |
| hypnotiseren (ww) | hipnotize etmek | [hipnotize etmek] |

75. Artsen

dokter, arts (de)	doktor	[doktor]
ziekenzuster (de)	hemşire	[hemʃire]
lijfarts (de)	özel doktor	[øzel doktor]

tandarts (de)	dişçi	[diʃtʃi]
oogarts (de)	göz doktoru	[gøz doktoru]
therapeut (de)	pratisyen doktor	[pratisjen doktor]
chirurg (de)	cerrah	[dʒerrah]

psychiater (de)	psikiyatr	[psikijatr]
pediater (de)	çocuk doktoru	[tʃodʒuk doktoru]
psycholoog (de)	psikolog	[psikolog]
gynaecoloog (de)	kadın doktoru	[kadın doktoru]
cardioloog (de)	kardiyoloji uzmanı	[kardiolodʒi uzmanı]

76. Geneeskunde. Medicijnen. Accessoires

geneesmiddel (het)	ilaç	[ilatʃ]
middel (het)	deva	[deva]
voorschrijven (ww)	yazmak	[jazmak]
recept (het)	reçete	[retʃete]

tablet (de/het)	hap	[hap]
zalf (de)	merhem	[merhem]
ampul (de)	ampul	[ampul]
drank (de)	solüsyon	[solysjon]
siroop (de)	şurup	[ʃurup]
pil (de)	kapsül	[kapsyl]
poeder (de/het)	toz	[toz]

verband (het)	bandaj	[bandaʒ]
watten (mv.)	pamuk	[pamuk]
jodium (het)	iyot	[ijot]

pleister (de)	yara bandı	[jara bandı]
pipet (de)	damlalık	[damlalık]
thermometer (de)	derece	[deredʒe]
spuit (de)	şırınga	[ʃıringa]

| rolstoel (de) | tekerlekli sandalye | [tekerlekli sandalje] |
| krukken (mv.) | koltuk değneği | [koltuk deeneˈi] |

| pijnstiller (de) | anestetik | [anestetik] |
| laxeermiddel (het) | müshil | [myshil] |

spiritus (de)	ispirto	[ispirto]
medicinale kruiden (mv.)	şifalı bitkiler	[ʃifalı bitkiler]
kruiden- (abn)	bitkisel	[bitkisel]

77. Roken. Tabaksproducten

tabak (de)	tütün	[tytyn]
sigaret (de)	sigara	[sigara]
sigaar (de)	puro	[puro]
pijp (de)	pipo	[pipo]
pakje (~ sigaretten)	paket sigara	[paket sigara]

lucifers (mv.)	kibrit	[kibrit]
luciferdoosje (het)	kibrit kutusu	[kibrit kutusu]
aansteker (de)	çakmak	[ʧakmak]
asbak (de)	küllük	[kyllyk]
sigarettendoosje (het)	sigara tabakası	[sigara tabakası]

| sigarettenpijpje (het) | ağızlık | [aızlık] |
| filter (de/het) | filtre | [filtre] |

roken (ww)	içmek	[iʧmek]
een sigaret opsteken	sigara yakmak	[sigara jakmak]
roken (het)	sigara içme	[sigara iʧme]
roker (de)	sigara tiryakisi	[sigara tirijakisı]

peuk (de)	izmarit	[izmarit]
rook (de)	duman	[duman]
as (de)	kül	[kyl]

HET MENSELIJKE LEEFGEBIED

Stad

78. Stad. Het leven in de stad

stad (de)	kent, şehir	[kent], [ʃehir]
hoofdstad (de)	başkent	[baʃkent]
dorp (het)	köy	[køj]
plattegrond (de)	şehir planı	[ʃehir planı]
centrum (ov. een stad)	şehir merkezi	[ʃehir merkezi]
voorstad (de)	varoş	[varoʃ]
voorstads- (abn)	banliyö	[banljø]
randgemeente (de)	şehir kenarı	[ʃehir kenarı]
omgeving (de)	çevre	[ʧevre]
blok (huizenblok)	mahalle	[mahale]
woonwijk (de)	yerleşim bölgesi	[jerleʃim bølgesi]
verkeer (het)	trafik	[trafik]
verkeerslicht (het)	trafik ışıkları	[trafik ıʃıkları]
openbaar vervoer (het)	toplu taşıma	[toplu taʃıma]
kruispunt (het)	kavşak	[kavʃak]
zebrapad (oversteekplaats)	yaya geçidi	[jaja geʧidi]
onderdoorgang (de)	yeraltı geçidi	[jeraltı geʧidi]
oversteken (de straat ~)	geçmek	[geʧmek]
voetganger (de)	yaya	[jaja]
trottoir (het)	yaya kaldırımı	[jaja kaldırımı]
brug (de)	köprü	[køpry]
dijk (de)	rıhtım	[rıhtım]
fontein (de)	çeşme	[ʧeʃme]
allee (de)	park yolu	[park jolu]
park (het)	park	[park]
boulevard (de)	bulvar	[bulvar]
plein (het)	meydan	[mejdan]
laan (de)	geniş cadde	[geniʃ dʒadde]
straat (de)	sokak, cadde	[sokak], [dʒadde]
zijstraat (de)	ara sokak	[ara sokak]
doodlopende straat (de)	çıkmaz sokak	[ʧıkmaz sokak]
huis (het)	ev	[ev]
gebouw (het)	bina	[bina]
wolkenkrabber (de)	gökdelen	[gøkdelen]
gevel (de)	cephe	[dʒephe]
dak (het)	çatı	[ʧatı]

venster (het)	pencere	[pendʒere]
boog (de)	kemer	[kemer]
pilaar (de)	sütün	[sytyn]
hoek (ov. een gebouw)	köşe	[køʃe]

vitrine (de)	vitrin	[vitrin]
gevelreclame (de)	levha	[levha]
affiche (de/het)	afiş	[afiʃ]
reclameposter (de)	reklam panosu	[reklam panosu]
aanplakbord (het)	reklam panosu	[reklam panosu]

vuilnis (de/het)	çöp	[tʃøp]
vuilnisbak (de)	çöp tenekesi	[tʃøp tenekesi]
afval weggooien (ww)	çöp atmak	[tʃøp atmak]
stortplaats (de)	çöplük	[tʃøplyk]

telefooncel (de)	telefon kulübesi	[telefon kylybesi]
straatlicht (het)	fener direği	[fener direi]
bank (de)	bank	[bank]

politieagent (de)	erkek polis	[erkek polis]
politie (de)	polis	[polis]
zwerver (de)	dilenci	[dilendʒi]
dakloze (de)	evsiz	[evsiz]

79. Stedelijke instellingen

winkel (de)	mağaza	[maaza]
apotheek (de)	eczane	[edʒzane]
optiek (de)	optik	[optik]
winkelcentrum (het)	alışveriş merkezi	[alıʃveriʃ merkezi]
supermarkt (de)	süpermarket	[sypermarket]

bakkerij (de)	ekmekçi dükkânı	[ekmektʃi dykkanı]
bakker (de)	fırıncı	[fırındʒı]
banketbakkerij (de)	pastane	[pastane]
kruidenier (de)	bakkaliye	[bakkalije]
slagerij (de)	kasap dükkanı	[kasap dykkanı]

| groentewinkel (de) | manav | [manav] |
| markt (de) | çarşı | [tʃarʃı] |

koffiehuis (het)	kahvehane	[kahvehane]
restaurant (het)	restoran	[restoran]
bar (de)	birahane	[birahane]
pizzeria (de)	pizzacı	[pizadʒı]

kapperssalon (de/het)	kuaför salonu	[kuafør salonu]
postkantoor (het)	postane	[postane]
stomerij (de)	kuru temizleme	[kuru temizleme]
fotostudio (de)	fotoğraf stüdyosu	[fotoraf stydjosu]

| schoenwinkel (de) | ayakkabı mağazası | [ajakkabı maazası] |
| boekhandel (de) | kitabevi | [kitabevi] |

sportwinkel (de)	spor mağazası	[spor maazası]
kledingreparatie (de)	elbise tamiri	[elbise tamiri]
kledingverhuur (de)	giysi kiralama	[gijsı kiralama]
videotheek (de)	film kiralama	[film kiralama]

circus (de/het)	sirk	[sirk]
dierentuin (de)	hayvanat bahçesi	[hajvanat bahʧesi]
bioscoop (de)	sinema	[sinema]
museum (het)	müze	[myze]
bibliotheek (de)	kütüphane	[kytyphane]

theater (het)	tiyatro	[tijatro]
opera (de)	opera	[opera]
nachtclub (de)	gece kulübü	[gedʒe kulyby]
casino (het)	kazino	[kazino]

moskee (de)	cami	[dʒami]
synagoge (de)	sinagog	[sinagog]
kathedraal (de)	katedral	[katedral]
tempel (de)	ibadethane	[ibadethane]
kerk (de)	kilise	[kilise]

instituut (het)	enstitü	[enstity]
universiteit (de)	üniversite	[yniversite]
school (de)	okul	[okul]

gemeentehuis (het)	belediye	[beledije]
stadhuis (het)	belediye	[beledije]
hotel (het)	otel	[otel]
bank (de)	banka	[banka]

ambassade (de)	elçilik	[elʧilik]
reisbureau (het)	seyahat acentesi	[sejahat adʒentesi]
informatieloket (het)	danışma bürosu	[danıʃma byrosu]
wisselkantoor (het)	döviz bürosu	[døviz byrosu]

| metro (de) | metro | [metro] |
| ziekenhuis (het) | hastane | [hastane] |

| benzinestation (het) | benzin istasyonu | [benzin istasjonu] |
| parking (de) | park yeri | [park jeri] |

80. Borden

gevelreclame (de)	levha	[levha]
opschrift (het)	yazı	[jazı]
poster (de)	poster, afiş	[poster], [afiʃ]
wegwijzer (de)	işaret	[iʃaret]
pijl (de)	ok	[ok]

waarschuwing (verwittiging)	ikaz, uyarı	[ikaz], [ujarı]
waarschuwingsbord (het)	uyarı	[ujarı]
waarschuwen (ww)	uyarmak	[ujarmak]
vrije dag (de)	tatil günü	[tatil gyny]

| dienstregeling (de) | tarife | [tarife] |
| openingsuren (mv.) | çalışma saatleri | [tʃalɯʃma saatleri] |

WELKOM!	HOŞ GELDİNİZ	[hoʃ geldiniz]
INGANG	GİRİŞ	[giriʃ]
UITGANG	ÇIKIŞ	[tʃɯkɯʃ]

DUWEN	İTİNİZ	[itiniz]
TREKKEN	ÇEKİNİZ	[tʃekiniz]
OPEN	AÇIK	[atʃɯk]
GESLOTEN	KAPALI	[kapalɯ]

| DAMES | BAYAN | [bajan] |
| HEREN | BAY | [baj] |

KORTING	İNDİRİM	[indirim]
UITVERKOOP	UCUZLUK	[udʒuzluk]
NIEUW!	YENİ	[jeni]
GRATIS	BEDAVA	[bedava]

PAS OP!	DİKKAT!	[dikkat]
VOLGEBOEKT	BOŞ YER YOK	[boʃ jer jok]
GERESERVEERD	REZERVE	[rezerve]

ADMINISTRATIE	MÜDÜR	[mydyr]
ALLEEN VOOR	PERSONEL HARİCİ	[personel haridʒi
PERSONEEL	GİREMEZ	giremez]

GEVAARLIJKE HOND	DİKKAT KÖPEK VAR	[dikkat køpek var]
VERBODEN TE ROKEN!	SİGARA İÇİLMEZ	[sigara itʃilmez]
NIET AANRAKEN!	DOKUNMAK YASAKTIR	[dokunmak jasaktɯr]

GEVAARLIJK	TEHLİKELİ	[tehlikeli]
GEVAAR	TEHLİKE	[tehlike]
HOOGSPANNING	YÜKSEK GERİLİM	[juksek gerilim]
VERBODEN TE ZWEMMEN	SUYA GİRMEK YASAKTIR	[suja girmek jasaktɯr]
BUITEN GEBRUIK	HİZMET DIŞI	[hizmet dɯʃɯ]

ONTVLAMBAAR	YANICI MADDE	[janidʒi madde]
VERBODEN	YASAKTIR	[jasaktɯr]
DOORGANG VERBODEN	GİRMEK YASAKTIR	[girmek jasaktɯr]
OPGELET PAS GEVERFD	DİKKAT ISLAK BOYA	[dikkat ɯslak boja]

81. Stedelijk vervoer

bus, autobus (de)	otobüs	[otobys]
tram (de)	tramvay	[tramvaj]
trolleybus (de)	troleybüs	[trolejbys]
route (de)	rota	[rota]
nummer (busnummer, enz.)	numara	[numara]

rijden met …	… gitmek	[gitmek]
stappen (in de bus ~)	… binmek	[binmek]
afstappen (ww)	… inmek	[inmek]

halte (de)	durak	[durak]
volgende halte (de)	sonraki durak	[sonraki durak]
eindpunt (het)	son durak	[son durak]
dienstregeling (de)	tarife	[tarife]
wachten (ww)	beklemek	[beklemek]

kaartje (het)	bilet	[bilet]
reiskosten (de)	bilet fiyatı	[bilet fijatı]

kassier (de)	kasiyer	[kasijer]
kaartcontrole (de)	bilet kontrolü	[bilet kontroly]
controleur (de)	kondüktör	[kondyktør]

te laat zijn (ww)	gecikmek	[gedʒikmek]
missen (de bus ~)	... kaçırmak	[katʃırmak]
zich haasten (ww)	acele etmek	[adʒele etmek]

taxi (de)	taksi	[taksi]
taxichauffeur (de)	taksici	[taksidʒi]
met de taxi (bw)	taksiyle	[taksijle]
taxistandplaats (de)	taksi durağı	[taksi duraı]
een taxi bestellen	taksi çağırmak	[taksi tʃaırmak]
een taxi nemen	taksi tutmak	[taksi tutmak]

verkeer (het)	trafik	[trafik]
file (de)	trafik sıkışıklığı	[trafik sıkıʃıklı:ı]
spitsuur (het)	bitirim ikili	[bitirim ikili]
parkeren (on.ww.)	park etmek	[park etmek]
parkeren (ov.ww.)	park etmek	[park etmek]
parking (de)	park yeri	[park jeri]

metro (de)	metro	[metro]
halte (bijv. kleine treinhalte)	istasyon	[istasjon]
de metro nemen	metroya binmek	[metroja binmek]
trein (de)	tren	[tren]
station (treinstation)	istasyon	[istasjon]

82. Bezienswaardigheden

monument (het)	anıt	[anıt]
vesting (de)	kale	[kale]
paleis (het)	saray	[saraj]
kasteel (het)	şato	[ʃato]
toren (de)	kule	[kule]
mausoleum (het)	anıtkabir	[anıtkabir]

architectuur (de)	mimarlık	[mimarlık]
middeleeuws (bn)	ortaçağ	[ortatʃaa]
oud (bn)	antik, eski	[antik], [eski]
nationaal (bn)	milli	[milli]
bekend (bn)	meşhur	[meʃhur]

toerist (de)	turist	[turist]
gids (de)	rehber	[rehber]

rondleiding (de)	gezi	[gezi]
tonen (ww)	göstermek	[gøstermek]
vertellen (ww)	anlatmak	[anlatmak]

vinden (ww)	bulmak	[bulmak]
verdwalen (de weg kwijt zijn)	kaybolmak	[kajbolmak]
plattegrond (~ van de metro)	şema	[ʃema]
plattegrond (~ van de stad)	plan	[plan]

souvenir (het)	hediye	[hedije]
souvenirwinkel (de)	hediyelik eşya mağazası	[hedijelik eʃja maazası]
foto's maken	fotoğraf çekmek	[fotoraf tʃekmek]
zich laten fotograferen	fotoğraf çektirmek	[fotoraf tʃektirmek]

83. Winkelen

kopen (ww)	satın almak	[satın almak]
aankoop (de)	satın alınan şey	[satın alınan ʃej]
winkelen (ww)	alışverişe gitmek	[alıʃveriʃe gitmek]
winkelen (het)	alışveriş	[alıʃveriʃ]

| open zijn (ov. een winkel, enz.) | çalışmak | [tʃalıʃmak] |
| gesloten zijn (ww) | kapanmak | [kapanmak] |

schoeisel (het)	ayakkabı	[ajakkabı]
kleren (mv.)	elbise	[elbise]
cosmetica (mv.)	kozmetik	[kozmetik]
voedingswaren (mv.)	gıda ürünleri	[gıda jurynleri]
geschenk (het)	hediye	[hedije]

| verkoper (de) | satıcı | [satıdʒı] |
| verkoopster (de) | satıcı kadın | [satıdʒı kadın] |

kassa (de)	kasa	[kasa]
spiegel (de)	ayna	[ajna]
toonbank (de)	tezgâh	[tezgjah]
paskamer (de)	deneme kabini	[deneme kabini]

aanpassen (ww)	prova yapmak	[prova japmak]
passen (ov. kleren)	uymak	[ujmak]
bevallen (prettig vinden)	hoşlanmak	[hoʃlanmak]

prijs (de)	fiyat	[fijat]
prijskaartje (het)	fiyat etiketi	[fijat etiketleri]
kosten (ww)	değerinde olmak	[deerinde olmak]
Hoeveel?	Kaç?	[katʃ]
korting (de)	indirim	[indirim]

niet duur (bn)	masrafsız	[masrafsıs]
goedkoop (bn)	ucuz	[udʒuz]
duur (bn)	pahalı	[pahalı]
Dat is duur.	bu pahalıdır	[bu pahalıdır]
verhuur (de)	kira	[kira]

huren (smoking, enz.)	kiralamak	[kiralamak]
krediet (het)	kredi	[kredi]
op krediet (bw)	krediyle	[kredijle]

84. Geld

geld (het)	para	[para]
ruil (de)	kambiyo	[kambijo]
koers (de)	kur	[kur]
geldautomaat (de)	bankamatik	[bankamatik]
muntstuk (de)	para	[para]

| dollar (de) | dolar | [dolar] |
| euro (de) | Euro | [juro] |

lire (de)	liret	[liret]
Duitse mark (de)	Alman markı	[alman markı]
frank (de)	frank	[frank]
pond sterling (het)	İngiliz sterlini	[ingiliz sterlini]
yen (de)	yen	[jen]

schuld (geldbedrag)	borç	[bortʃ]
schuldenaar (de)	borçlu	[bortʃlu]
uitlenen (ww)	borç vermek	[bortʃ vermek]
lenen (geld ~)	borç almak	[bortʃ almak]

bank (de)	banka	[banka]
bankrekening (de)	hesap	[hesap]
op rekening storten	para yatırmak	[para jatırmak]
opnemen (ww)	hesaptan çekmek	[hesaptan tʃekmek]

kredietkaart (de)	kredi kartı	[kredi kartı]
baar geld (het)	nakit para	[nakit para]
cheque (de)	çek	[tʃek]
een cheque uitschrijven	çek yazmak	[tʃek jazmak]
chequeboekje (het)	çek defteri	[tʃek defteri]

portefeuille (de)	cüzdan	[dʒyzdan]
geldbeugel (de)	para cüzdanı	[para dʒyzdanı]
safe (de)	para kasası	[para kasası]

erfgenaam (de)	mirasçı	[mirastʃı]
erfenis (de)	miras	[miras]
fortuin (het)	varlık	[varlık]

huur (de)	kira	[kira]
huurprijs (de)	ev kirası	[ev kirası]
huren (huis, kamer)	kiralamak	[kiralamak]

prijs (de)	fiyat	[fijat]
kostprijs (de)	maliyet	[malijet]
som (de)	toplam	[toplam]
uitgeven (geld besteden)	harcamak	[hardʒamak]
kosten (mv.)	masraflar	[masraflar]

| bezuinigen (ww) | idareli kullanmak | [idareli kullanmak] |
| zuinig (bn) | tutumlu | [tutumlu] |

betalen (ww)	ödemek	[ødemek]
betaling (de)	ödeme	[ødeme]
wisselgeld (het)	para üstü	[para justy]

belasting (de)	vergi	[vergi]
boete (de)	ceza	[dʒeza]
beboeten (bekeuren)	ceza kesmek	[dʒeza kesmek]

85. Post. Postkantoor

postkantoor (het)	postane	[postane]
post (de)	posta	[posta]
postbode (de)	postacı	[postadʒı]
openingsuren (mv.)	çalışma saatleri	[ʧalıʃma saatleri]

brief (de)	mektup	[mektup]
aangetekende brief (de)	taahhütlü mektup	[ta:hhytly mektup]
briefkaart (de)	kart	[kart]
telegram (het)	telgraf	[telgraf]
postpakket (het)	koli	[koli]
overschrijving (de)	para havalesi	[para havalesi]

ontvangen (ww)	almak	[almak]
sturen (zenden)	göndermek	[gøndermek]
verzending (de)	gönderme	[gønderme]

adres (het)	adres	[adres]
postcode (de)	endeks, indeks	[endeks], [indeks]
verzender (de)	gönderen	[gønderen]
ontvanger (de)	alıcı	[alıdʒı]

| naam (de) | ad, isim | [ad], [isim] |
| achternaam (de) | soyadı | [sojadı] |

tarief (het)	tarife	[tarife]
standaard (bn)	normal	[normal]
zuinig (bn)	ekonomik	[ekonomik]

gewicht (het)	ağırlık	[aırlık]
afwegen (op de weegschaal)	tartmak	[tartmak]
envelop (de)	zarf	[zarf]
postzegel (de)	pul	[pul]

Woning. Huis. Thuis

86. Huis. Woning

huis (het)	ev	[ev]
thuis (bw)	evde	[evde]
cour (de)	avlu	[avlu]
omheining (de)	parmaklık	[parmaklık]
baksteen (de)	tuğla	[tuula]
van bakstenen	tuğla	[tuula]
steen (de)	taş	[taʃ]
stenen (bn)	taş, taştan	[taʃ], [taʃtan]
beton (het)	beton	[beton]
van beton	beton	[beton]
nieuw (bn)	yeni	[jeni]
oud (bn)	eski	[eski]
vervallen (bn)	bakımsız, harap	[bakımsız], [harap]
modern (bn)	modern	[modern]
met veel verdiepingen	çok katlı	[tʃok katlı]
hoog (bn)	yüksek	[juksek]
verdieping (de)	kat	[kat]
met een verdieping	tek katlı	[tek katlı]
laagste verdieping (de)	alt kat	[alt kat]
bovenverdieping (de)	üst kat	[yst kat]
dak (het)	çatı	[tʃatı]
schoorsteen (de)	baca	[badʒa]
dakpan (de)	kiremit	[kiremit]
pannen- (abn)	kiremitli	[kiremitli]
zolder (de)	çatı arası	[tʃatı arası]
venster (het)	pencere	[pendʒere]
glas (het)	cam	[dʒam]
vensterbank (de)	pencere kenarı	[pendʒere kenarı]
luiken (mv.)	kepenk	[kepenk]
muur (de)	duvar	[duvar]
balkon (het)	balkon	[balkon]
regenpijp (de)	yağmur borusu	[jaamur borusu]
boven (bw)	yukarıda	[jukarıda]
naar boven gaan (ww)	üst kata çıkmak	[yst kata tʃıkmak]
afdalen (on.ww.)	aşağı inmek	[aʃaı inmek]
verhuizen (ww)	taşınmak	[taʃınmak]

87. Huis. Ingang. Lift

ingang (de)	giriş	[giriʃ]
trap (de)	merdiven	[merdiven]
treden (mv.)	basamaklar	[basamaklar]
trapleuning (de)	korkuluk	[korkuluk]
hal (de)	hol	[hol]

postbus (de)	posta kutusu	[posta kutusu]
vuilnisbak (de)	çöp tenekesi	[tʃøp tenekesi]
vuilniskoker (de)	çöp bacası	[tʃøp badʒası]

lift (de)	asansör	[asansør]
goederenlift (de)	yük asansörü	[juk asansøry]
liftcabine (de)	asansör kabini	[asansør kabini]
de lift nemen	asansöre binmek	[asansørle binmek]

appartement (het)	daire	[daire]
bewoners (mv.)	oturanlar	[oturanlar]
buurman (de)	komşu	[komʃu]
buurvrouw (de)	komşu	[komʃu]
buren (mv.)	komşular	[komʃular]

88. Huis. Elektriciteit

elektriciteit (de)	elektrik	[elektrik]
lamp (de)	ampul	[ampul]
schakelaar (de)	elektrik düğmesi	[elektrik dyjmesi]
zekering (de)	sigorta	[sigorta]

draad (de)	tel	[tel]
bedrading (de)	elektrik hatları	[elektrik hatları]
elektriciteitsmeter (de)	elektrik sayacı	[elektrik sajadʒı]
gegevens (mv.)	gösterge değeri	[gøsterge deeri]

89. Huis. Deuren. Sloten

deur (de)	kapı	[kapı]
toegangspoort (de)	bahçe kapısı	[bahtʃe kapısı]
deurkruk (de)	kol	[kol]
ontsluiten (ontgrendelen)	sürgüyü açmak	[syrgyju atʃmak]
openen (ww)	açmak	[atʃmak]
sluiten (ww)	kapamak	[kapamak]

sleutel (de)	anahtar	[anahtar]
sleutelbos (de)	anahtarlık	[anahtarlık]
knarsen (bijv. scharnier)	gıcırdamak	[gıdʒırdamak]
knarsgeluid (het)	gıcırtı	[gıdʒırtı]
scharnier (het)	menteşe	[menteʃe]
deurmat (de)	paspas	[paspas]
slot (het)	kilit	[kilit]

sleutelgat (het)	anahtar deliği	[anahtar deli:i]
grendel (de)	kapı sürgüsü	[kapı syrgysy]
schuif (de)	sürme	[syrme]
hangslot (het)	asma kilit	[asma kilit]

aanbellen (ww)	zil çalmak	[zil ʧalmak]
bel (geluid)	zil sesi	[zil sesi]
deurbel (de)	zil	[zil]
belknop (de)	düğme	[dyjme]
geklop (het)	kapıyı çalma	[kapıjı ʧalma]
kloppen (ww)	kapıyı çalmak	[kapıjı ʧalmak]

code (de)	kod	[kod]
cijferslot (het)	şifreli kilit	[ʃifreli kilit]
parlofoon (de)	kapı telefonu	[kapı telefonu]
nummer (het)	numara	[numara]
naambordje (het)	levha	[levha]
deurspion (de)	kapı gözü	[kapı gøzy]

90. Huis op het platteland

dorp (het)	köy	[køj]
moestuin (de)	sebze bahçesi	[sebze bahʧesi]
hek (het)	duvar	[duvar]
houten hekwerk (het)	çit	[ʧit]
tuinpoortje (het)	çit, bahçe kapısı	[ʧit], [bahʧe kapısı]

graanschuur (de)	tahıl ambarı	[tahıl ambarı]
wortelkelder (de)	mahzen	[mahzen]
schuur (de)	kulübe	[kulybe]
waterput (de)	kuyu	[kuju]

kachel (de)	soba	[soba]
de kachel stoken	yakmak	[jakmak]
brandhout (het)	yakacak odun	[jakadʒak odun]
houtblok (het)	odun	[odun]

veranda (de)	veranda	[veranda]
terras (het)	teras	[teras]
bordes (het)	eşik	[eʃik]
schommel (de)	salıncak	[salındʒak]

91. Villa. Herenhuis

landhuisje (het)	kır evi	[kır evi]
villa (de)	villâ	[villa]
vleugel (de)	kanat	[kanat]

tuin (de)	bahçe	[bahʧe]
park (het)	park	[park]
oranjerie (de)	limonluk	[limonlyk]
onderhouden (tuin, enz.)	bakmak	[bakmak]

zwembad (het)	havuz	[havuz]
gym (het)	spor salonu	[spor salonu]
tennisveld (het)	tenis kortu	[tenis kortu]
bioscoopkamer (de)	ev sinema salonu	[ev sinema salonu]
garage (de)	garaj	[garaʒ]
privé-eigendom (het)	özel mülkiyet	[øzel mylkijet]
eigen terrein (het)	özel arsa	[øzel arsa]
waarschuwing (de)	ikaz	[ikaz]
waarschuwingsbord (het)	ikaz yazısı	[ikaz jazısı]
bewaking (de)	güvenlik	[gyvenlik]
bewaker (de)	güvenlik görevlisi	[gyvenlik gørevlisi]
inbraakalarm (het)	hırsız alarmı	[hırsız alarmı]

92. Kasteel. Paleis

kasteel (het)	şato	[ʃato]
paleis (het)	saray	[saraj]
vesting (de)	kale	[kale]
ringmuur (de)	kale duvarı	[kale duvarı]
toren (de)	kule	[kule]
donjon (de)	ana kule	[ana kule]
valhek (het)	kale kapısı	[kale kapısı]
onderaardse gang (de)	yeraltı yolu	[jeraltı jolu]
slotgracht (de)	hendek	[hendek]
ketting (de)	zincir	[zindʒir]
schietgat (het)	mazgal	[mazgal]
prachtig (bn)	muhteşem	[muhteʃem]
majestueus (bn)	azametli	[azametli]
onneembaar (bn)	fethedilmez	[fethedilmez]
middeleeuws (bn)	ortaçağ	[ortatʃaa]

93. Appartement

appartement (het)	daire	[daire]
kamer (de)	oda	[oda]
slaapkamer (de)	yatak odası	[jatak odası]
eetkamer (de)	yemek odası	[jemek odası]
salon (de)	misafir odası	[misafir odası]
studeerkamer (de)	çalışma odası	[tʃalıʃma odası]
gang (de)	antre	[antre]
badkamer (de)	banyo odası	[banjo odası]
toilet (het)	tuvalet	[tuvalet]
plafond (het)	tavan	[tavan]
vloer (de)	taban, yer	[taban], [jer]
hoek (de)	köşesi	[køʃesi]

94. Appartement. Schoonmaken

schoonmaken (ww)	toplamak	[toplamak]
opbergen (in de kast, enz.)	istiflemek	[istiflemek]
stof (het)	toz	[toz]
stoffig (bn)	tozlu	[tozlu]
stoffen (ww)	toz almak	[toz almak]
stofzuiger (de)	elektrik süpürgesi	[elektrik sypyrgesi]
stofzuigen (ww)	elektrik süpürgesi ile süpürmek	[elektrik sypyrgesi ile sypyrmek]

vegen (de vloer ~)	süpürmek	[sypyrmek]
veegsel (het)	süprüntü	[syprynty]
orde (de)	düzen	[dyzen]
wanorde (de)	karışıklık	[karıʃıklık]

zwabber (de)	paspas	[paspas]
poetsdoek (de)	bez	[bez]
veger (de)	süpürge	[sypyrge]
stofblik (het)	faraş	[faraʃ]

95. Meubels. Interieur

meubels (mv.)	mobilya	[mobilja]
tafel (de)	masa	[masa]
stoel (de)	sandalye	[sandalje]
bed (het)	yatak	[jatak]
bankstel (het)	kanape	[kanape]
fauteuil (de)	koltuk	[koltuk]

boekenkast (de)	kitaplık	[kitaplık]
boekenrek (het)	kitap rafı	[kitap rafı]

kledingkast (de)	elbise dolabı	[elbise dolabı]
kapstok (de)	duvar askısı	[duvar askısı]
staande kapstok (de)	portmanto	[portmanto]

commode (de)	komot	[komot]
salontafeltje (het)	sehpa	[sehpa]

spiegel (de)	ayna	[ajna]
tapijt (het)	halı	[halı]
tapijtje (het)	kilim	[kilim]

haard (de)	şömine	[ʃømine]
kaars (de)	mum	[mum]
kandelaar (de)	mumluk	[mumluk]

gordijnen (mv.)	perdeler	[perdler]
behang (het)	duvar kağıdı	[duvar kaıdı]
jaloezie (de)	jaluzi	[ʒalyzi]
bureaulamp (de)	masa lambası	[masa lambası]
wandlamp (de)	lamba	[lamba]

| staande lamp (de) | ayaklı lamba | [ajaklı lamba] |
| luchter (de) | avize | [avize] |

poot (ov. een tafel, enz.)	ayak	[ajak]
armleuning (de)	kol	[kol]
rugleuning (de)	arkalık	[arkalık]
la (de)	çekmece	[ʧekmedʒe]

96. Beddengoed

beddengoed (het)	çamaşır	[ʧamaʃır]
kussen (het)	yastık	[jastık]
kussenovertrek (de)	yastık kılıfı	[jastık kılıfı]
deken (de)	battaniye	[battanije]
laken (het)	çarşaf	[ʧarʃaf]
sprei (de)	örtü	[ørty]

97. Keuken

keuken (de)	mutfak	[mutfak]
gas (het)	gaz	[gaz]
gasfornuis (het)	gaz sobası	[gaz sobası]
elektrisch fornuis (het)	elektrik ocağı	[elektrik odʒaı]
oven (de)	fırın	[fırın]
magnetronoven (de)	mikrodalga fırın	[mikrodalga fırın]

koelkast (de)	buzdolabı	[buzdolabı]
diepvriezer (de)	derin dondurucu	[derin dondurudʒu]
vaatwasmachine (de)	bulaşık makinesi	[bulaʃık makinesi]

vleesmolen (de)	kıyma makinesi	[kıjma makinesi]
vruchtenpers (de)	meyve sıkacağı	[mejve sıkadʒaı]
toaster (de)	tost makinesi	[tost makinesi]
mixer (de)	mikser	[mikser]

koffiemachine (de)	kahve makinesi	[kahve makinesi]
koffiepot (de)	cezve	[dʒezve]
koffiemolen (de)	kahve değirmeni	[kahve deirmeni]

fluitketel (de)	çaydanlık	[ʧajdanlık]
theepot (de)	demlik	[demlik]
deksel (de/het)	kapak	[kapak]
theezeefje (het)	süzgeci	[syzgedʒi]

lepel (de)	kaşık	[kaʃık]
theelepeltje (het)	çay kaşığı	[ʧaj kaʃı:ı]
eetlepel (de)	yemek kaşığı	[jemek kaʃı:ı]
vork (de)	çatal	[ʧatal]
mes (het)	bıçak	[bıʧak]

| vaatwerk (het) | mutfak gereçleri | [mutfak geretʃleri] |
| bord (het) | tabak | [tabak] |

schoteltje (het)	fincan tabağı	[findʒan tabaı]
likeurglas (het)	kadeh	[kade]
glas (het)	bardak	[bardak]
kopje (het)	fincan	[findʒan]

suikerpot (de)	şekerlik	[ʃekerlik]
zoutvat (het)	tuzluk	[tuzluk]
pepervat (het)	biberlik	[biberlik]
boterschaaltje (het)	tereyağı tabağı	[terejaı tabaı]

pan (de)	tencere	[tendʒere]
bakpan (de)	tava	[tava]
pollepel (de)	kepçe	[keptʃe]
vergiet (de/het)	süzgeç	[syzgetʃ]
dienblad (het)	tepsi	[tepsi]

fles (de)	şişe	[ʃiʃe]
glazen pot (de)	kavanoz	[kavanoz]
blik (conserven~)	teneke	[teneke]

flesopener (de)	şişe açacağı	[ʃiʃe atʃadʒaı]
blikopener (de)	konserve açacağı	[konserve atʃadʒaı]
kurkentrekker (de)	tirbuşon	[tirbyʃon]
filter (de/het)	filtre	[filtre]
filteren (ww)	filtre etmek	[filtre etmek]

huisvuil (het)	çöp	[tʃøp]
vuilnisemmer (de)	çöp kovası	[tʃøp kovası]

98. Badkamer

badkamer (de)	banyo odası	[banjo odası]
water (het)	su	[su]
kraan (de)	musluk	[musluk]
warm water (het)	sıcak su	[sıdʒak su]
koud water (het)	soğuk su	[souk su]

tandpasta (de)	diş macunu	[diʃ madʒunu]
tanden poetsen (ww)	dişlerini fırçalamak	[diʃlerini fırtʃalamak]
tandenborstel (de)	diş fırçası	[diʃ fırtʃası]

zich scheren (ww)	tıraş olmak	[tıraʃ olmak]
scheercrème (de)	tıraş köpüğü	[tıraʃ køpyy]
scheermes (het)	jilet	[ʒilet]

wassen (ww)	yıkamak	[jıkamak]
een bad nemen	yıkanmak	[jıkanmak]
douche (de)	duş	[duʃ]
een douche nemen	duş almak	[duʃ almak]

bad (het)	banyo	[banjo]
toiletpot (de)	klozet	[klozet]
wastafel (de)	küvet	[kyvet]
zeep (de)	sabun	[sabun]

zeepbakje (het)	sabunluk	[sabunluk]
spons (de)	sünger	[synger]
shampoo (de)	şampuan	[ʃampuan]
handdoek (de)	havlu	[havlu]
badjas (de)	bornoz	[bornoz]

was (bijv. handwas)	çamaşır yıkama	[ʧamaʃır jıkama]
wasmachine (de)	çamaşır makinesi	[ʧamaʃır makinesi]
de was doen	çamaşırları yıkamak	[ʧamaʃırları jıkamak]
waspoeder (de)	çamaşır deterjanı	[ʧamaʃir deterʒanı]

99. Huishoudelijke apparaten

televisie (de)	televizyon	[televizjon]
cassettespeler (de)	teyp	[tejp]
videorecorder (de)	video	[video]
radio (de)	radyo	[radjo]
speler (de)	çalar	[ʧalar]

videoprojector (de)	projeksiyon makinesi	[proʒeksion makinesi]
home theater systeem (het)	ev sinema	[evj sinema]
DVD-speler (de)	DVD oynatıcı	[dividi ojnatıdʒı]
versterker (de)	amplifikatör	[amplifikatør]
spelconsole (de)	oyun konsolu	[ojun konsolu]

videocamera (de)	video kamera	[videokamera]
fotocamera (de)	fotoğraf makinesi	[fotoraf makinesi]
digitale camera (de)	dijital fotoğraf makinesi	[diʒital fotoraf makinesi]

stofzuiger (de)	elektrik süpürgesi	[elektrik sypyrgesi]
strijkijzer (het)	ütü	[yty]
strijkplank (de)	ütü masası	[yty masası]

telefoon (de)	telefon	[telefon]
mobieltje (het)	cep telefonu	[dʒep telefonu]
schrijfmachine (de)	daktilo	[daktilo]
naaimachine (de)	dikiş makinesi	[dikiʃ makinesi]

microfoon (de)	mikrofon	[mikrofon]
koptelefoon (de)	kulaklık	[kulaklık]
afstandsbediening (de)	uzaktan kumanda	[uzaktan kumanda]

CD (de)	CD	[sidi]
cassette (de)	teyp kaseti	[tejp kaseti]
vinylplaat (de)	vinil plak	[vinil plak]

100. Reparaties. Renovatie

renovatie (de)	tamirat	[tamirat]
renoveren (ww)	tamir etmek	[tamir etmek]
repareren (ww)	onarmak	[onarmak]
op orde brengen	düzene sokmak	[dyzene sokmak]

overdoen (ww)	yeniden yapmak	[jeniden japmak]
verf (de)	boya	[boja]
verven (muur ~)	boyamak	[bojamak]
schilder (de)	boyacı	[bojadʒı]
kwast (de)	fırça	[fırʧa]
kalk (de)	badana	[badana]
kalken (ww)	badanalamak	[badanalamak]
behang (het)	duvar kağıdı	[duvar kaıdı]
behangen (ww)	duvar kağıdı yapıştırmak	[duvar kaıdı japıʃtırmak]
lak (de/het)	vernik	[vernik]
lakken (ww)	vernik sürmek	[vernik syrmek]

101. Loodgieterswerk

water (het)	su	[su]
warm water (het)	sıcak su	[sıdʒak su]
koud water (het)	soğuk su	[souk su]
kraan (de)	musluk	[musluk]
druppel (de)	damla	[damla]
druppelen (ww)	damlamak	[damlamak]
lekken (een lek hebben)	sızıntı yapmak	[sızıntı japmak]
lekkage (de)	sızıntı	[sızıntı]
plasje (het)	su birikintisi	[su birikintisi]
buis, leiding (de)	boru	[boru]
stopkraan (de)	valf	[valf]
verstopt raken (ww)	tıkanmak	[tıkanmak]
gereedschap (het)	aletler	[aletler]
Engelse sleutel (de)	açma anahtarı	[aʧma anahtarı]
losschroeven (ww)	sökmek	[søkmek]
aanschroeven (ww)	vidalamak	[vidalamak]
ontstoppen (riool, enz.)	temizlemek	[temizlemek]
loodgieter (de)	tesisatçı	[tesisatʧı]
kelder (de)	bodrum	[bodrum]
riolering (de)	kanalizasyon	[kanalizasjon]

102. Brand. Vuurzee

brand (de)	ateş	[ateʃ]
vlam (de)	alev	[alev]
vonk (de)	kıvılcım	[kıvıldʒım]
rook (de)	duman	[duman]
fakkel (de)	kundak	[kundak]
kampvuur (het)	kamp ateşi	[kamp ateʃi]
benzine (de)	benzin	[benzin]
kerosine (de)	gaz yağı	[gaz jaı]

brandbaar (bn)	yanar	[janar]
ontplofbaar (bn)	patlayıcı	[patlajıdʒı]
VERBODEN TE ROKEN!	SİGARA İÇİLMEZ	[sigara itʃilmez]

veiligheid (de)	emniyet	[emnijet]
gevaar (het)	tehlike	[tehlike]
gevaarlijk (bn)	tehlikeli	[tehlikeli]

in brand vliegen (ww)	ateş almak	[ateʃ almak]
explosie (de)	patlama	[patlama]
in brand steken (ww)	yangın çıkarmak	[jangın tʃıkarmak]
brandstichter (de)	kundakçı	[kundaktʃı]
brandstichting (de)	kundakçılık	[kundaktʃılık]

vlammen (ww)	alevlenmek	[alevlenmek]
branden (ww)	yanmak	[janmak]
afbranden (ww)	yakıp kül etmek	[jakıp kyl etmek]

brandweerman (de)	itfaiyeci	[itfajedʒi]
brandweerwagen (de)	itfaiye arabası	[itfaje arabası]
brandweer (de)	itfaiye	[itfaje]
uitschuifbare ladder (de)	yangın merdiveni	[jangın merdivenı]

brandslang (de)	hortum	[hortum]
brandblusser (de)	yangın tüpü	[jangın typy]
helm (de)	baret	[baret]
sirene (de)	siren	[siren]

roepen (ww)	bağırmak	[baırmak]
hulp roepen	imdat istemek	[imdat istemek]
redder (de)	cankurtaran	[dʒankurtaran]
redden (ww)	kurtarmak	[kurtarmak]

aankomen (per auto, enz.)	gelmek	[gelmek]
blussen (ww)	söndürmek	[søndyrmek]
water (het)	su	[su]
zand (het)	kum	[kum]

ruïnes (mv.)	harabeler	[harabeler]
instorten (gebouw, enz.)	yıkılmak	[jıkılmak]
ineenstorten (ww)	aşağı düşmek	[aʃaı dyʃmek]
inzakken (ww)	çökmek	[tʃøkmek]

| brokstuk (het) | kırıntı | [kırıntı] |
| as (de) | kül | [kyl] |

| verstikken (ww) | boğulmak | [boulmak] |
| omkomen (ww) | ölmek | [ølmek] |

MENSELIJKE ACTIVITEITEN

Baan. Business. Deel 1

103. Kantoor. Op kantoor werken

kantoor (het)	ofis	[ofis]
kamer (de)	ofis, büro	[ofis], [byro]
receptie (de)	resepsiyon	[resepsijon]
secretaris (de)	sekreter	[sekreter]
directeur (de)	müdür	[mydyr]
manager (de)	menejer	[menedʒer]
boekhouder (de)	muhasebeci	[muhasebedʒi]
werknemer (de)	eleman, görevli	[eleman], [gørevli]
meubilair (het)	mobilya	[mobilja]
tafel (de)	masa	[masa]
bureaustoel (de)	koltuk	[koltuk]
ladeblok (het)	keson	[keson]
kapstok (de)	portmanto	[portmanto]
computer (de)	bilgisayar	[bilgisajar]
printer (de)	yazıcı	[jazɪdʒɪ]
fax (de)	faks	[faks]
kopieerapparaat (het)	fotokopi makinesi	[fotokopi makinesi]
papier (het)	kağıt	[kaɪt]
kantoorartikelen (mv.)	kırtasiye	[kɪrtasije]
muismat (de)	fare altlığı	[fare altlɪːɪ]
blad (het)	kağıt	[kaɪt]
ordner (de)	dosya	[dosja]
catalogus (de)	katalog	[katalog]
telefoongids (de)	kılavuz	[kɪlavuz]
documentatie (de)	belgeler	[belgeler]
brochure (de)	broşür	[broʃyr]
flyer (de)	beyanname	[bejanname]
monster (het), staal (de)	numune	[numune]
training (de)	eğitim toplantısı	[eitim toplantısı]
vergadering (de)	toplantı	[toplantı]
lunchpauze (de)	öğle paydosu	[øːle pajdosu]
een kopie maken	kopya yapmak	[kopja japmak]
de kopieën maken	çoğaltmak	[tʃoaltmak]
een fax ontvangen	faks almak	[faks almak]
een fax versturen	faks çekmek	[faks tʃekmek]
opbellen (ww)	telefonla aramak	[telefonla aramak]

| antwoorden (ww) | cevap vermek | [dʒevap vermek] |
| doorverbinden (ww) | bağlamak | [baalamak] |

afspreken (ww)	ayarlamak	[ajarlamak]
demonstreren (ww)	göstermek	[gøstermek]
absent zijn (ww)	bulunmamak	[bulunmamak]
afwezigheid (de)	bulunmama	[bulunmama]

104. Bedrijfsprocessen. Deel 1

bedrijf (business)	işletme	[iʃletme]
zaak (de), beroep (het)	meslek, iş	[meslek], [iʃ]
firma (de)	firma	[firma]
bedrijf (maatschap)	şirket	[ʃirket]
corporatie (de)	kurum, kuruluş	[kurum], [kuruluʃ]
onderneming (de)	şirket, girişim	[ʃirket], [giriʃim]
agentschap (het)	acente, ajans	[adʒente], [aʒans]

overeenkomst (de)	anlaşma	[anlaʃma]
contract (het)	kontrat	[kontrat]
transactie (de)	anlaşma	[anlaʃma]
bestelling (de)	sipariş	[sipariʃ]
voorwaarde (de)	şart	[ʃart]

in het groot (bw)	toptan	[toptan]
groothandels- (abn)	toptan olarak	[toptan olarak]
groothandel (de)	toptan satış	[toptan satıʃ]
kleinhandels- (abn)	perakende	[perakende]
kleinhandel (de)	perakende satış	[perakende satıʃ]

concurrent (de)	rakip	[rakip]
concurrentie (de)	rekabet	[rekabet]
concurreren (ww)	rekabet etmek	[rekabet etmek]

| partner (de) | ortak | [ortak] |
| partnerschap (het) | ortaklık | [ortaklık] |

crisis (de)	kriz	[kriz]
bankroet (het)	iflâs	[iflas]
bankroet gaan (ww)	iflâs etmek	[iflas etmek]
moeilijkheid (de)	zorluk	[zorluk]
probleem (het)	problem	[problem]
catastrofe (de)	felâket	[felaket]

economie (de)	ekonomi	[ekonomi]
economisch (bn)	ekonomik	[ekonomik]
economische recessie (de)	ekonomik gerileme	[ekonomik gerileme]

| doel (het) | amaç | [amatʃ] |
| taak (de) | görev | [gørev] |

handelen (handel drijven)	ticaret yapmak	[tidʒaret japmak]
netwerk (het)	zinciri	[zindʒiri]
voorraad (de)	stok	[stok]

assortiment (het)	çeşitlilik	[ʧeʃitlilik]
leider (de)	lider	[lider]
groot (bn)	iri	[iri]
monopolie (het)	tekel	[tekel]

theorie (de)	teori	[teori]
praktijk (de)	pratik	[pratik]
ervaring (de)	tecrübe	[tedʒrybe]
tendentie (de)	eğilim	[eilim]
ontwikkeling (de)	gelişme	[geliʃme]

105. Bedrijfsprocessen. Deel 2

| voordeel (het) | kâr | [kjar] |
| voordelig (bn) | kârlı | [kjarlı] |

delegatie (de)	delegasyon	[delegasjon]
salaris (het)	maaş	[maaʃ]
corrigeren (fouten ~)	düzeltmek	[dyzeltmek]
zakenreis (de)	iş gezisi	[iʃ gezisi]
commissie (de)	komisyon	[komisjon]

controleren (ww)	kontrol etmek	[kontrol etmek]
conferentie (de)	konferans	[konferans]
licentie (de)	lisans	[lisans]
betrouwbaar (partner, enz.)	güvenilir	[gyvenilir]

aanzet (de)	girişim	[girʃim]
norm (bijv. ~ stellen)	norm	[norm]
omstandigheid (de)	olay, durum	[olaj], [durum]
taak, plicht (de)	görev	[gørev]

organisatie (bedrijf, zaak)	şirket	[ʃirket]
organisatie (proces)	organize etme	[organize etme]
georganiseerd (bn)	organize edilmiş	[organize edilmiʃ]
afzegging (de)	iptal	[iptal]
afzeggen (ww)	iptal etmek	[iptal etmek]
verslag (het)	rapor	[rapor]

patent (het)	patent	[patent]
patenteren (ww)	patentini almak	[patentini almak]
plannen (ww)	planlamak	[planlamak]

premie (de)	prim	[prim]
professioneel (bn)	profesyonel	[profesjonel]
procedure (de)	prosedür	[prosedyr]

onderzoeken (contract, enz.)	gözden geçirmek	[gøzden geʧirmek]
berekening (de)	hesap	[hesap]
reputatie (de)	ün, nam	[yn], [nam]
risico (het)	risk	[risk]

| beheren (managen) | yönetmek | [jønetmek] |
| informatie (de) | bilgi | [bilgi] |

| eigendom (bezit) | mülkiyet | [mylkijet] |
| unie (de) | birlik | [birlik] |

levensverzekering (de)	hayat sigortası	[hajat sigortası]
verzekeren (ww)	sigorta ettirmek	[sigorta ettirmek]
verzekering (de)	sigorta	[sigorta]

veiling (de)	açık artırma	[atʃık artırma]
verwittigen (ww)	bildirmek	[bildirmek]
beheer (het)	yönetim	[jønetim]
dienst (de)	hizmet	[hizmet]

forum (het)	forum	[forum]
functioneren (ww)	işlemek	[iʃlemek]
stap, etappe (de)	aşama	[aʃama]
juridisch (bn)	hukuki	[hukuki]
jurist (de)	hukukçu	[hukuktʃu]

106. Productie. Werken

industriële installatie (fabriek)	imalathane	[imalataane]
fabriek (de)	fabrika	[fabrika]
werkplaatsruimte (de)	atölye	[atølje]
productielocatie (de)	yapımevi	[japımevi]

industrie (de)	sanayi	[sanaji]
industrieel (bn)	sanayi	[sanaji]
zware industrie (de)	ağır sanayi	[aır sanaji]
lichte industrie (de)	hafif sanayi	[hafif sanai]

productie (de)	ürünler	[yrynler]
produceren (ww)	üretmek	[yretmek]
grondstof (de)	ham madde	[ham madde]

voorman, ploegbaas (de)	ekip başı	[ekip baʃı]
ploeg (de)	ekip	[ekip]
arbeider (de)	işçi	[iʃtʃi]

werkdag (de)	iş günü	[iʃ gyny]
pauze (de)	ara	[ara]
samenkomst (de)	toplantı	[toplantı]
bespreken (spreken over)	görüşmek	[gøryʃmek]

plan (het)	plan	[plan]
het plan uitvoeren	planı gerçekleştirmek	[planı gertʃekleʃtirmek]
productienorm (de)	istihsal normu	[istihsal normu]
kwaliteit (de)	kalite	[kalite]
controle (de)	kontrol	[kontrol]
kwaliteitscontrole (de)	kalite kontrolü	[kalite kontroly]

arbeidsveiligheid (de)	iş güvenliği	[iʃ gyvenli:i]
discipline (de)	disiplin	[disiplin]
overtreding (de)	bozma	[bozma]
overtreden (ww)	ihlal etmek	[ihlal etmek]

staking (de)	grev	[grev]
staker (de)	grevci	[grevʤi]
staken (ww)	grev yapmak	[grev japmak]
vakbond (de)	sendika	[sendika]

uitvinden (machine, enz.)	icat etmek	[idʒat etmek]
uitvinding (de)	icat	[idʒat]
onderzoek (het)	araştırma	[araʃtırma]
verbeteren (beter maken)	iyileştirmek	[ijileʃtirmek]
technologie (de)	teknoloji	[teknoloʒi]
technische tekening (de)	teknik resim	[teknik resim]

vracht (de)	yük	[juk]
lader (de)	yükleyici	[juklejidʒi]
laden (vrachtwagen)	yüklemek	[juklemek]
laden (het)	yükleme	[jukleme]
lossen (ww)	boşaltmak	[boʃaltmak]
lossen (het)	boşaltma	[boʃaltma]

transport (het)	ulaştırma	[ulaʃtırma]
transportbedrijf (de)	ulaştırma şirketi	[ulaʃtırma ʃirketi]
transporteren (ww)	taşımak	[taʃımak]

goederenwagon (de)	yük vagonu	[juk vagonu]
tank (bijv. ketelwagen)	sarnıç	[sarnıʧ]
vrachtwagen (de)	kamyon	[kamjon]

| machine (de) | tezgâh | [tezgjah] |
| mechanisme (het) | mekanizma | [mekanizma] |

industrieel afval (het)	artıklar	[artıklar]
verpakking (de)	ambalajlama	[ambalaʒlama]
verpakken (ww)	ambalajlamak	[ambaʒlamak]

107. Contract. Overeenstemming

contract (het)	kontrat	[kontrat]
overeenkomst (de)	sözleşme	[søzleʃme]
bijlage (de)	ek, ilave	[ek], [ilave]

een contract sluiten	sözleşme imzalamak	[søzleʃme imzalamak]
handtekening (de)	imza	[imza]
ondertekenen (ww)	imzalamak	[imzalamak]
stempel (de)	mühür	[myhyr]

voorwerp (het) van de overeenkomst	sözleşme madde	[søzleʃme madde]
clausule (de)	madde	[madde]
partijen (mv.)	taraflar	[taraflar]
vestigingsadres (het)	resmi adres	[resmi adres]

| het contract verbreken (overtreden) | sözleşmeyi ihlal etmek | [søzleʃmeji ihlal etmek] |
| verplichting (de) | yükümlülük | [jukymlylyk] |

verantwoordelijkheid (de)	sorumluluk	[sorumluluk]
overmacht (de)	fors majör	[fors maʒør]
geschil (het)	tartışma	[tartıʃma]
sancties (mv.)	cezalar	[ʤezalar]

108. Import & Export

import (de)	ithalat	[ithalat]
importeur (de)	ithalatçı	[ithalatʧı]
importeren (ww)	ithal etmek	[ithal etmek]
import- (abn)	ithal	[ithal]

uitvoer (export)	ihracat	[ihraʧat]
exporteur (de)	ihracatçı	[ihradʒatʧı]
exporteren (ww)	ihraç etmek	[ihratʃ etmek]
uitvoer- (bijv., ~goederen)	ihraç	[ihratʃ]

| goederen (mv.) | mal | [mal] |
| partij (de) | parti | [parti] |

gewicht (het)	ağırlık	[aırlık]
volume (het)	hacim	[hadʒim]
kubieke meter (de)	metre küp	[metre kyp]

producent (de)	üretici	[yretidʒi]
transportbedrijf (de)	ulaştırma şirketi	[ulaʃtırma ʃirketi]
container (de)	konteyner	[kontejner]

grens (de)	sınır	[sınır]
douane (de)	gümrük	[gymryk]
douanerecht (het)	gümrük vergisi	[gymryk vergisi]
douanier (de)	gümrükçü	[gymryktʃu]
smokkelen (het)	kaçakçılık	[katʃaktʃılık]
smokkelwaar (de)	kaçak mal	[katʃak mal]

109. Financiën

aandeel (het)	hisse senedi	[hisse senedi]
obligatie (de)	tahvil	[tahvil]
wissel (de)	senet	[senet]

| beurs (de) | borsa | [borsa] |
| aandelenkoers (de) | hisse senedi kuru | [hisse senedi kuru] |

| dalen (ww) | ucuzlamak | [udʒuzlamak] |
| stijgen (ww) | pahalanmak | [pahalanmak] |

| deel (het) | pay | [paj] |
| meerderheidsbelang (het) | çoğunluk hissesi | [tʃounluk hissesi] |

| investeringen (mv.) | yatırım | [jatırım] |
| investeren (ww) | yatırım yapmak | [jatırım japmak] |

| procent (het) | yüzde | [juzde] |
| rente (de) | faiz | [faiz] |

winst (de)	kâr	[kjar]
winstgevend (bn)	kârlı	[kjarlı]
belasting (de)	vergi	[vergi]

valuta (vreemde ~)	döviz	[døviz]
nationaal (bn)	milli	[milli]
ruil (de)	kambiyo	[kambijo]

| boekhouder (de) | muhasebeci | [muhasebedʒi] |
| boekhouding (de) | muhasebe | [muhasebe] |

bankroet (het)	batkı, iflâs	[batkı], [iflas]
ondergang (de)	batma	[batma]
faillissement (het)	iflâs	[iflas]
geruïneerd zijn (ww)	iflâs etmek	[iflas etmek]
inflatie (de)	enflasyon	[enflasjon]
devaluatie (de)	devalüasyon	[devalyasjon]

kapitaal (het)	sermaye	[sermaje]
inkomen (het)	gelir	[gelir]
omzet (de)	muamele	[muamele]
middelen (mv.)	kaynaklar	[kajnaklar]
financiële middelen (mv.)	finansal kaynaklar	[finansal kajnaklar]
operationele kosten (mv.)	sabit masraflar	[sabit masraflar]
reduceren (kosten ~)	azaltmak	[azaltmak]

110. Marketing

marketing (de)	pazarlama	[pazarlama]
markt (de)	piyasa	[pijasa]
marktsegment (het)	pazar dilimi	[pazar dilimi]
product (het)	ürün	[yryn]
goederen (mv.)	mal	[mal]

merk (het)	marka	[marka]
handelsmerk (het)	ticari marka	[tidʒari marka]
beeldmerk (het)	logo, işaret	[logo], [iʃaret]
logo (het)	logo	[logo]
vraag (de)	talep	[talep]
aanbod (het)	teklif	[teklif]
behoefte (de)	ihtiyaç	[ihtijatʃ]
consument (de)	tüketici	[tyketidʒi]

analyse (de)	analiz	[analiz]
analyseren (ww)	analiz etmek	[analiz etmek]
positionering (de)	konumlandırma	[konumlandırma]
positioneren (ww)	konumlandırmak	[konumlandırmak]

prijs (de)	fiyat	[fijat]
prijspolitiek (de)	fiyat politikası	[fijat politikası]
prijsvorming (de)	fiyat tespiti	[fijat tespiti]

111. Reclame

reclame (de)	reklam	[reklam]
adverteren (ww)	reklam yapmak	[reklam japmak]
budget (het)	bütçe	[bytʃe]
advertentie, reclame (de)	reklam	[reklam]
TV-reclame (de)	televizyon reklamı	[televizjon reklamı]
radioreclame (de)	radyo reklamı	[radjo reklamı]
buitenreclame (de)	dış reklam	[dıʃ reklam]
massamedia (de)	kitle iletişim	[kitle iletiʃim]
periodiek (de)	süreli yayın	[syreli jajın]
imago (het)	imaj	[imaʒ]
slagzin (de)	reklâm sloganı	[reklam sloganı]
motto (het)	slogan, parola	[slogan], [parola]
campagne (de)	kampanya	[kampanja]
reclamecampagne (de)	reklam kampanyası	[reklam kampanjası]
doelpubliek (het)	hedef kitle	[hedef kitle]
visitekaartje (het)	kartvizit	[kartvizit]
flyer (de)	beyanname	[bejanname]
brochure (de)	broşür	[broʃyr]
folder (de)	kitapçık	[kitaptʃık]
nieuwsbrief (de)	bülten	[bylten]
gevelreclame (de)	levha	[levha]
poster (de)	poster, afiş	[poster], [afiʃ]
aanplakbord (het)	reklam panosu	[reklam panosu]

112. Bankieren

bank (de)	banka	[banka]
bankfiliaal (het)	banka şubesi	[banka ʃubesı]
bankbediende (de)	danışman	[danıʃman]
manager (de)	yönetici	[jønetidʒi]
bankrekening (de)	hesap	[hesap]
rekeningnummer (het)	hesap numarası	[hesap numarası]
lopende rekening (de)	çek hesabı	[tʃek hesabı]
spaarrekening (de)	mevduat hesabı	[mevduat hesabı]
een rekening openen	hesap açmak	[hesap atʃmak]
de rekening sluiten	hesap kapatmak	[hesap kapatmak]
op rekening storten	para yatırmak	[para jatırmak]
opnemen (ww)	hesaptan çekmek	[hesaptan tʃekmek]
storting (de)	mevduat	[mevduat]
een storting maken	depozito vermek	[depozito vermek]
overschrijving (de)	havale	[havale]

een overschrijving maken	havale etmek	[havale etmek]
som (de)	toplam	[toplam]
Hoeveel?	Kaç?	[katʃ]
handtekening (de)	imza	[imza]
ondertekenen (ww)	imzalamak	[imzalamak]
kredietkaart (de)	kredi kartı	[kredi kartı]
code (de)	kod	[kod]
kredietkaartnummer (het)	kredi kartı numarası	[kredi kartı numarası]
geldautomaat (de)	bankamatik	[bankamatik]
cheque (de)	çek	[tʃek]
een cheque uitschrijven	çek yazmak	[tʃek jazmak]
chequeboekje (het)	çek defteri	[tʃek defteri]
lening, krediet (de)	kredi	[kredi]
een lening aanvragen	krediye başvurmak	[kredije baʃvurmak]
een lening nemen	kredi almak	[kredi almak]
een lening verlenen	kredi vermek	[kredi vermek]
garantie (de)	garanti	[garanti]

113. Telefoon. Telefoongesprek

telefoon (de)	telefon	[telefon]
mobieltje (het)	cep telefonu	[dʒep telefonu]
antwoordapparaat (het)	telesekreter	[telesekreter]
bellen (ww)	telefonla aramak	[telefonla aramak]
belletje (telefoontje)	arama, görüşme	[arama], [gøryʃme]
een nummer draaien	numarayı aramak	[numarajı aramak]
Hallo!	Alo!	[alø]
vragen (ww)	sormak	[sormak]
antwoorden (ww)	cevap vermek	[dʒevap vermek]
horen (ww)	duymak	[dujmak]
goed (bw)	iyi	[iji]
slecht (bw)	kötü	[køty]
storingen (mv.)	parazit	[parazit]
hoorn (de)	telefon ahizesi	[telefon ahizesi]
opnemen (ww)	açmak telefonu	[atʃmak telefonu]
ophangen (ww)	telefonu kapatmak	[telefonu kapatmak]
bezet (bn)	meşgul	[meʃgul]
overgaan (ww)	çalmak	[tʃalmak]
telefoonboek (het)	telefon rehberi	[telefon rehberi]
lokaal (bn)	şehiriçi	[ʃehiritʃi]
interlokaal (bn)	şehirlerarası	[ʃehirlerarası]
buitenlands (bn)	uluslararası	[uluslar arası]

114. Mobiele telefoon

mobieltje (het)	cep telefonu	[dʒep telefonu]
scherm (het)	ekran	[ekran]
toets, knop (de)	düğme	[dyjme]
simkaart (de)	SIM kartı	[sim kartı]

batterij (de)	pil	[pil]
leeg zijn (ww)	bitmek	[bitmek]
acculader (de)	şarj cihazı	[ʃarʒ dʒihazı]

menu (het)	menü	[meny]
instellingen (mv.)	ayarlar	[ajarlar]
melodie (beltoon)	melodi	[melodi]
selecteren (ww)	seçmek	[setʃmek]

rekenmachine (de)	hesaplamalar	[hesaplamanar]
voicemail (de)	söz postası	[søz postası]
wekker (de)	çalar saat	[tʃalar saat]
contacten (mv.)	rehber	[rehber]

| SMS-bericht (het) | SMS mesajı | [esemes mesaʒı] |
| abonnee (de) | abone | [abone] |

115. Schrijfbehoeften

| balpen (de) | tükenmez kalem | [tykenmez kalem] |
| vulpen (de) | dolma kalem | [dolma kalem] |

potlood (het)	kurşun kalem	[kurʃun kalem]
marker (de)	fosforlu kalem	[fosforlu kalem]
viltstift (de)	keçeli kalem	[ketʃeli kalem]

| notitieboekje (het) | not defteri | [not defteri] |
| agenda (boekje) | ajanda | [aʒanda] |

liniaal (de/het)	cetvel	[dʒetvel]
rekenmachine (de)	hesap makinesi	[hesap makinesi]
gom (de)	silgi	[silgi]
punaise (de)	raptiye	[raptije]
paperclip (de)	ataş	[ataʃ]

lijm (de)	yapıştırıcı	[japıʃtırıdʒı]
nietmachine (de)	zımba	[zımba]
perforator (de)	delgeç	[delgetʃ]
potloodslijper (de)	kalemtıraş	[kalem tıraʃ]

116. Verschillende soorten documenten

| verslag (het) | rapor | [rapor] |
| overeenkomst (de) | sözleşme | [søzleʃme] |

aanvraagformulier (het)	başvuru formu	[baʃvuru formu]
origineel, authentiek (bn)	gerçek, hakiki	[gertʃek], [hakiki]
badge, kaart (de)	yaka kartı	[jaka kartı]
visitekaartje (het)	kartvizit	[kartvizit]

certificaat (het)	sertifika	[sertifika]
cheque (de)	çek	[tʃek]
rekening (in restaurant)	hesap	[hesap]
grondwet (de)	anayasa	[anajasa]

contract (het)	anlaşma	[anlaʃma]
kopie (de)	kopya	[kopja]
exemplaar (het)	nüsha	[nysha]

douaneaangifte (de)	gümrük beyannamesi	[gymryk bejannamesi]
document (het)	belge	[belge]
rijbewijs (het)	sürücü belgesi	[syrydʒy belgesi]
bijlage (de)	ek, ilave	[ek], [ilave]
formulier (het)	anket	[anket]

identiteitskaart (de)	kimlik kartı	[kimlik kartı]
aanvraag (de)	sorgu, soru	[sorgu], [soru]
uitnodigingskaart (de)	davetiye	[davetije]
factuur (de)	fatura	[fatura]

wet (de)	kanun	[kanun]
brief (de)	mektup	[mektup]
briefhoofd (het)	antetli kağıt	[antetli kaıt]
lijst (de)	liste	[liste]
manuscript (het)	el yazısı	[el jazısı]
nieuwsbrief (de)	bülten	[bylten]
briefje (het)	tezkere	[tezkere]

pasje (voor personeel, enz.)	giriş kartı	[giriʃ kartı]
paspoort (het)	pasaport	[pasaport]
vergunning (de)	izin kağıdı	[izin kaıdı]
CV, curriculum vitae (het)	özet	[øzet]
schuldbekentenis (de)	borç senedi	[bortʃ senedi]
kwitantie (de)	makbuz	[makbuz]

bon (kassabon)	fiş	[fiʃ]
rapport (het)	rapor	[rapor]

tonen (paspoort, enz.)	göstermek	[gøstermek]
ondertekenen (ww)	imzalamak	[imzalamak]
handtekening (de)	imza	[imza]
stempel (de)	mühür	[myhyr]

tekst (de)	metin	[metin]
biljet (het)	bilet	[bilet]

doorhalen (doorstrepen)	çizmek	[tʃizmek]
invullen (een formulier ~)	doldurmak	[doldurmak]

vrachtbrief (de)	irsaliye	[irsalije]
testament (het)	vasiyetname	[vasijetname]

117. Soorten bedrijven

uitzendbureau (het)	iş bulma bürosu	[iʃ bulma byrosu]
bewakingsfirma (de)	güvenlik şirketi	[gyvenlik ʃirketi]
persbureau (het)	haber ajansı	[haber aʒansı]
reclamebureau (het)	reklam acentesi	[reklam adʒentesi]
antiek (het)	antika	[antika]
verzekering (de)	sigorta	[sigorta]
naaiatelier (het)	atölye	[atølje]
banken (mv.)	bankacılık	[bankadʒılık]
bar (de)	bar	[bar]
bouwbedrijven (mv.)	yapı, inşaat	[japı], [inʃaat]
juwelen (mv.)	mücevherat	[mydʒevherat]
juwelier (de)	mücevherci	[mydʒevherʒi]
wasserette (de)	çamaşırhane	[tʃamaʃırhane]
alcoholische dranken (mv.)	alkollü içecekler	[alkolly itʃedʒekler]
nachtclub (de)	gece kulübü	[gedʒe kulyby]
handelsbeurs (de)	borsa	[borsa]
bierbrouwerij (de)	bira fabrikası	[bira fabrikası]
uitvaartcentrum (het)	cenaze evi	[dʒenaze evi]
casino (het)	kazino	[kazino]
zakencentrum (het)	iş merkezi	[iʃ merkezi]
bioscoop (de)	sinema	[sinema]
airconditioning (de)	klimalar	[klimalar]
handel (de)	satış, ticaret	[satıʃ], [tidʒaret]
luchtvaartmaatschappij (de)	hava yolları şirketi	[hava jolları ʃirketi]
adviesbureau (het)	danışmanlık	[danıʃmanlık]
koerierdienst (de)	kurye acentesi	[kurje adʒentesi]
tandheelkunde (de)	dişçilik	[diʃtʃiklik]
design (het)	dizayn	[dizajn]
business school (de)	ticaret okulu	[tidʒaret okulu]
magazijn (het)	depo	[depo]
kunstgalerie (de)	sanat galerisi	[sanat galerisi]
ijsje (het)	dondurma	[dondurma]
hotel (het)	otel	[otel]
vastgoed (het)	emlak	[emlak]
drukkerij (de)	basımcılık	[basımdʒılık]
industrie (de)	sanayi	[sanaji]
Internet (het)	internet	[internet]
investeringen (mv.)	yatırım	[jatırım]
krant (de)	gazete	[gazete]
boekhandel (de)	kitabevi	[kitabevi]
lichte industrie (de)	hafif sanayi	[hafif sanai]
winkel (de)	mağaza, dükkan	[maaza], [dykkan]
uitgeverij (de)	yayınevi	[jajınevi]
medicijnen (mv.)	tıp	[tıp]

meubilair (het)	mobilya	[mobilja]
museum (het)	müze	[myze]
olie (aardolie)	petrol	[petrol]
apotheek (de)	eczane	[edʒzane]
farmacie (de)	eczacılık	[edʒzadʒılık]
zwembad (het)	havuz	[havuz]
stomerij (de)	kuru temizleme	[kuru temizleme]
voedingswaren (mv.)	gıda ürünleri	[gıda jurynleri]
reclame (de)	reklam	[reklam]
radio (de)	radyo	[radjo]
afvalinzameling (de)	atık toplama	[atık toplama]
restaurant (het)	restoran	[restoran]
tijdschrift (het)	dergi	[dergi]
schoonheidssalon (de/het)	güzellik salonu	[gyzellik salonu]
financiële diensten (mv.)	mali hizmetler	[mali hizmetler]
juridische diensten (mv.)	hukuk müşaviri	[hukuk myʃaviri]
boekhouddiensten (mv.)	muhasebe hizmetleri	[muhasebe hizmetleri]
audit diensten (mv.)	muhasebe denetim servisi	[muhasebe denetim servisi]
sport (de)	spor	[spor]
supermarkt (de)	süpermarket	[sypermarket]
televisie (de)	televizyon	[televizjon]
theater (het)	tiyatro	[tijatro]
toerisme (het)	turizm	[turizm]
transport (het)	taşımacılık	[taʃımadʒılık]
postorderbedrijven (mv.)	postayla satış	[postajla satıʃ]
kleding (de)	elbise	[elbise]
dierenarts (de)	veteriner	[veteriner]

Baan. Business. Deel 2

118. Show. Tentoonstelling

beurs (de)	fuar	[fuar]
vakbeurs, handelsbeurs (de)	ticari gösteri	[tidʒari gøsteri]
deelneming (de)	katılım	[katılım]
deelnemen (ww)	katılmak	[katılmak]
deelnemer (de)	katılımcı	[katılımdʒı]
directeur (de)	müdür	[mydyr]
organisatiecomité (het)	müdürlük	[mydyrlyk]
organisator (de)	düzenleyici	[dyzenlejidʒi]
organiseren (ww)	düzenlemek	[dyzenlemek]
deelnemingsaanvraag (de)	katılım formu	[katılım formu]
invullen (een formulier ~)	doldurmak	[doldurmak]
details (mv.)	detaylar	[detajlar]
informatie (de)	bilgi	[bilgi]
prijs (de)	fiyat	[fijat]
inclusief (bijv. ~ BTW)	dahil	[dahil]
inbegrepen (alles ~)	dahil etmek	[dahil etmek]
betalen (ww)	ödemek	[ødemek]
registratietarief (het)	kayıt ücreti	[kajıt ydʒreti]
ingang (de)	giriş	[giriʃ]
paviljoen (het), hal (de)	pavyon	[pavjon]
registreren (ww)	kaydetmek	[kajdetmek]
badge, kaart (de)	yaka kartı	[jaka kartı]
beursstand (de)	fuar standı	[fuar standı]
reserveren (een stand ~)	rezerve etmek	[rezerve etmek]
vitrine (de)	vitrin	[vitrin]
licht (het)	spot	[spot]
design (het)	dizayn	[dizajn]
plaatsen (ww)	yerleştirmek	[jerleʃtirmek]
distributeur (de)	distribütör	[distribytør]
leverancier (de)	üstenci	[ystendʒi]
land (het)	ülke	[ylke]
buitenlands (bn)	yabancı	[jabandʒı]
product (het)	ürün	[yryn]
associatie (de)	cemiyet	[dʒemijet]
conferentiezaal (de)	konferans salonu	[konferans salonu]
congres (het)	kongre	[kongre]

wedstrijd (de)	yarışma	[jarıʃma]
bezoeker (de)	ziyaretçi	[zijaretʃi]
bezoeken (ww)	ziyaret etmek	[zijaret etmek]
afnemer (de)	müşteri	[myʃteri]

119. Massamedia

krant (de)	gazete	[gazete]
tijdschrift (het)	dergi	[dergi]
pers (gedrukte media)	basın	[basın]
radio (de)	radyo	[radjo]
radiostation (het)	radyo istasyonu	[radjo istasjonu]
televisie (de)	televizyon	[televizjon]

presentator (de)	sunucu	[sunudʒu]
nieuwslezer (de)	spiker	[spiker]
commentator (de)	yorumcu	[jorumdʒu]

journalist (de)	gazeteci	[gazetedʒi]
correspondent (de)	muhabir	[muhabir]
fotocorrespondent (de)	foto muhabiri	[foto muhabirli:]
reporter (de)	muhabir	[muhabir]

redacteur (de)	editör	[editør]
chef-redacteur (de)	baş editör	[baʃ editør]
zich abonneren op	abone olmak	[abone olmak]
abonnement (het)	abonelik	[abonelik]
abonnee (de)	abone	[abone]
lezen (ww)	okumak	[okumak]
lezer (de)	okur	[okur]

oplage (de)	tiraj	[tiraʒ]
maand-, maandelijks (bn)	aylık	[ajlık]
wekelijks (bn)	haftalık	[haftalık]
nummer (het)	numara	[numara]
vers (~ van de pers)	son	[son]

kop (de)	başlık	[baʃlık]
korte artikel (het)	kısa makale	[kısa makale]
rubriek (de)	köşe yazısı	[køʃe jazısı]
artikel (het)	makale	[makale]
pagina (de)	sayfa	[sajfa]

reportage (de)	röportaj	[røportaʒ]
gebeurtenis (de)	olay	[olaj]
sensatie (de)	sansasyon	[sansasjon]
schandaal (het)	skandal	[skandal]
schandalig (bn)	rezil, utanılacak	[rezil], [utanıladʒak]
groot (~ schandaal, enz.)	büyük	[byjuk]

programma (het)	yayın	[jajın]
interview (het)	mülakat	[mylakat]
live uitzending (de)	canlı yayın	[dʒanlı jajın]
kanaal (het)	kanal	[kanal]

120. Landbouw

landbouw (de)	tarım	[tarım]
boer (de)	köylü	[køjly]
boerin (de)	köylü kadın	[køjly kadın]
landbouwer (de)	çiftçi	[ʧifʧi]
tractor (de)	traktör	[traktør]
maaidorser (de)	biçerdöver	[biʧerdøver]
ploeg (de)	saban	[saban]
ploegen (ww)	sürmek	[syrmek]
akkerland (het)	sürülmüş tarla	[syrylmyʃ tarla]
voor (de)	saban izi	[saban izi]
zaaien (ww)	ekmek	[ekmek]
zaaimachine (de)	ekme makinesi	[ekme makinesi]
zaaien (het)	ekme	[ekme]
zeis (de)	tırpan	[tırpan]
maaien (ww)	tırpanlamak	[tırpanlamak]
schop (de)	kürek	[kyrek]
spitten (ww)	kazmak	[kazmak]
schoffel (de)	çapa	[ʧapa]
wieden (ww)	çapalamak	[ʧapalamak]
onkruid (het)	yabani ot	[jabani ot]
gieter (de)	bahçe kovası	[bahʧe kovası]
begieten (water geven)	sulamak	[sulamak]
bewatering (de)	sulama	[sulama]
riek, hooivork (de)	dirgen	[dirgen]
hark (de)	tırmık	[tırmık]
kunstmest (de)	gübre	[gybre]
bemesten (ww)	gübrelemek	[gybrelemek]
mest (de)	gübre	[gybre]
veld (het)	tarla	[tarla]
wei (de)	çayırlık	[ʧajırlık]
moestuin (de)	sebze bahçesi	[sebze bahʧesi]
boomgaard (de)	meyve bahçesi	[mejve bahʧesi]
weiden (ww)	otlamak	[otlamak]
herder (de)	çoban	[ʧoban]
weiland (de)	otlak	[otlak]
veehouderij (de)	hayvancılık	[hajvandʒılık]
schapenteelt (de)	koyun yetiştirme	[kojun jetiʃtirme]
plantage (de)	plantasyon	[plantasjon]
rijtje (het)	tahta	[tahta]
broeikas (de)	sera	[sera]

| droogte (de) | kuraklık | [kuraklık] |
| droog (bn) | kurak | [kurak] |

graan (het)	tahıl	[tahıl]
graangewassen (mv.)	buğdaygiller	[buudajgiller]
oogsten (ww)	hasat yapmak	[hasat japmak]

molenaar (de)	değirmenci	[deirmendʒi]
molen (de)	değirmen	[deirmen]
malen (graan ~)	öğütmek	[øjutmek]
bloem (bijv. tarwebloem)	un	[un]
stro (het)	saman	[saman]

121. Gebouw. Bouwproces

bouwplaats (de)	inşaat alanı	[inʃaat alanı]
bouwen (ww)	inşa etmek	[inʃa etmek]
bouwvakker (de)	inşaat işçisi	[inʃaat iʧisı]

project (het)	proje	[proʒe]
architect (de)	mimar	[mimar]
arbeider (de)	işçi	[iʃʧi]

fundering (de)	temel	[temel]
dak (het)	çatı	[ʧatı]
heipaal (de)	kazık	[kazık]
muur (de)	duvar	[duvar]

| betonstaal (het) | beton demiri | [beton demiri] |
| steigers (mv.) | yapı iskelesi | [japı iskelesi] |

beton (het)	beton	[beton]
graniet (het)	granit	[granit]
steen (de)	taş	[taʃ]
baksteen (de)	tuğla	[tuula]

zand (het)	kum	[kum]
cement (de/het)	çimento	[ʧimento]
pleister (het)	sıva	[sıva]
pleisteren (ww)	sıvalamak	[sıvalamak]

verf (de)	boya	[boja]
verven (muur ~)	boyamak	[bojamak]
ton (de)	varil	[varil]

kraan (de)	vinç	[vinʧ]
heffen, hijsen (ww)	kaldırmak	[kaldırmak]
neerlaten (ww)	indirmek	[indirmek]

bulldozer (de)	buldozer	[buldozer]
graafmachine (de)	ekskavatör	[ekskavatør]
graafbak (de)	kepçe	[kepʧe]
graven (tunnel, enz.)	kazmak	[kazmak]
helm (de)	baret, kask	[baret], [kask]

122. Wetenschap. Onderzoek. Wetenschappers

wetenschap (de)	bilim	[bilim]
wetenschappelijk (bn)	bilimsel, ilmi	[bilimsel], [ilmi]
wetenschapper (de)	bilim adamı	[bilim adamı]
theorie (de)	teori	[teori]
axioma (het)	aksiyom	[aksijom]
analyse (de)	analiz	[analiz]
analyseren (ww)	analiz etmek	[analiz etmek]
argument (het)	kanıt	[kanıt]
substantie (de)	madde	[madde]
hypothese (de)	hipotez	[hipotez]
dilemma (het)	ikilem	[ikilem]
dissertatie (de)	tez	[tez]
dogma (het)	dogma	[dogma]
doctrine (de)	doktrin	[doktrin]
onderzoek (het)	araştırma	[araʃtırma]
onderzoeken (ww)	araştırmak	[araʃtırmak]
toetsing (de)	deneme	[deneme]
laboratorium (het)	laboratuvar	[laboratuvar]
methode (de)	metot	[metot]
molecule (de/het)	molekül	[molekyl]
monitoring (de)	gözleme	[gøzleme]
ontdekking (de)	buluş	[buluʃ]
postulaat (het)	varsayım	[varsajım]
principe (het)	prensip	[prensip]
voorspelling (de)	tahmin	[tahmin]
een prognose maken	tahmin etmek	[tahmin etmek]
synthese (de)	sentez	[sentez]
tendentie (de)	eğilim	[eilim]
theorema (het)	teorem	[teorem]
leerstellingen (mv.)	ilke, öğreti	[ilke], [øːreti]
feit (het)	gerçek	[gertʃek]
expeditie (de)	bilimsel gezisi	[bilimzel gezisi]
experiment (het)	deney	[denej]
academicus (de)	akademisyen	[akademisjen]
bachelor (bijv. BA, LLB)	bakalorya	[bakalorja]
doctor (de)	doktor	[doktor]
universitair docent (de)	doçent	[dotʃent]
master, magister (de)	master	[master]
professor (de)	profesör	[profesør]

Beroepen en ambachten

123. Zoeken naar werk. Ontslag

baan (de)	iş	[iʃ]
werknemers (mv.)	kadro	[kadro]
personeel (het)	personel	[personel]

carrière (de)	kariyer	[karjer]
vooruitzichten (mv.)	istikbal	[istikbal]
meesterschap (het)	ustalık	[ustalık]

keuze (de)	seçme	[setʃme]
uitzendbureau (het)	iş bulma bürosu	[iʃ bulma byrosu]
CV, curriculum vitae (het)	özet	[øzet]
sollicitatiegesprek (het)	mülakat	[mylakat]
vacature (de)	açık yer	[atʃık jer]

salaris (het)	maaş	[maaʃ]
vaste salaris (het)	sabit maaş	[sabit maaʃ]
loon (het)	ödeme	[ødeme]

betrekking (de)	görev, iş	[gørev], [iʃ]
taak, plicht (de)	görev	[gørev]
takenpakket (het)	görev listesi	[gørev listesi]
bezig (~ zijn)	meşgul	[meʃgul]

ontslagen (ww)	işten çıkarmak	[iʃten tʃıkarmak]
ontslag (het)	işten çıkarma	[iʃten tʃıkarma]

werkloosheid (de)	işsizlik	[iʃsizlik]
werkloze (de)	işsiz	[iʃsiz]
pensioen (het)	emekli maaşı	[emekli maaʃı]
met pensioen gaan	emekli olmak	[emekli olmak]

124. Zakenmensen

directeur (de)	müdür	[mydyr]
beheerder (de)	yönetici	[jønetidʒi]
hoofd (het)	yönetmen	[jønetmen]

baas (de)	şef	[ʃef]
superieuren (mv.)	şefler	[ʃefler]
president (de)	başkan	[baʃkan]
voorzitter (de)	başkan	[baʃkan]

adjunct (de)	yardımcı	[jardımdʒı]
assistent (de)	asistan	[asistan]

| secretaris (de) | sekreter | [sekreter] |
| persoonlijke assistent (de) | özel sekreter | [øzel sekreter] |

zakenman (de)	iş adamı	[iʃ adamı]
ondernemer (de)	girişimci	[giriʃimdʒi]
oprichter (de)	kurucu	[kurudʒu]
oprichten	kurmak	[kurmak]
(een nieuw bedrijf ~)		

stichter (de)	müessis	[myessis]
partner (de)	ortak	[ortak]
aandeelhouder (de)	hissedar	[hissedar]

miljonair (de)	milyoner	[miljoner]
miljardair (de)	milyarder	[miljarder]
eigenaar (de)	sahip	[sahip]
landeigenaar (de)	toprak sahibi	[toprak sahibi]

klant (de)	müşteri	[myʃteri]
vaste klant (de)	devamlı müşteri	[devamlı myʃteri]
koper (de)	alıcı, müşteri	[alıdʒı], [myʃteri]
bezoeker (de)	ziyaretçi	[zijaretʃi]
professioneel (de)	profesyonel	[profesjonel]
expert (de)	eksper	[eksper]
specialist (de)	uzman	[uzman]

| bankier (de) | bankacı | [bankadʒı] |
| makelaar (de) | borsa simsarı | [borsa sımsarı] |

kassier (de)	kasiyer	[kasijer]
boekhouder (de)	muhasebeci	[muhasebedʒi]
bewaker (de)	güvenlik görevlisi	[gyvenlik gørevlisı]

investeerder (de)	yatırımcı	[jatırımdʒı]
schuldenaar (de)	borçlu	[bortʃlu]
crediteur (de)	alacaklı	[aladʒaklı]
lener (de)	ödünç alan	[ødyntʃ alan]

| importeur (de) | ithalatçı | [ithalatʃı] |
| exporteur (de) | ihracatçı | [ihradʒatʃı] |

producent (de)	üretici	[yretidʒi]
distributeur (de)	distribütör	[distribytør]
bemiddelaar (de)	aracı	[aradʒı]

adviseur, consulent (de)	danışman	[danıʃman]
vertegenwoordiger (de)	temsilci	[temsildʒi]
agent (de)	acente, ajan	[adʒente], [aʒan]
verzekeringsagent (de)	sigorta acentesi	[sigorta adʒentesi]

125. Dienstverlenende beroepen

| kok (de) | aşçı | [aʃtʃı] |
| chef-kok (de) | aşçıbaşı | [aʃtʃıbaʃı] |

bakker (de)	fırıncı	[fırındʒı]
barman (de)	barmen	[barmen]
kelner, ober (de)	garson	[garson]
serveerster (de)	kadın garson	[kadın garson]

advocaat (de)	avukat	[avukat]
jurist (de)	hukukçu	[hukuktʃu]
notaris (de)	noter	[noter]

elektricien (de)	elektrikçi	[elektriktʃi]
loodgieter (de)	tesisatçı	[tesisatʃı]
timmerman (de)	dülger	[dylger]

masseur (de)	masör	[masør]
masseuse (de)	masör	[masør]
dokter, arts (de)	doktor, hekim	[doktor], [hekim]

taxichauffeur (de)	taksici	[taksidʒi]
chauffeur (de)	şoför	[ʃofør]
koerier (de)	kurye	[kurje]

kamermeisje (het)	hizmetçi	[hizmetʃi]
bewaker (de)	güvenlik görevlisi	[gyvenlik gørevlisı]
stewardess (de)	hostes	[hostes]

meester (de)	öğretmen	[ø:retmen]
bibliothecaris (de)	kütüphane memuru	[kytyphane memuru]
vertaler (de)	çevirmen	[tʃevirmen]
tolk (de)	tercüman	[terdʒyman]
gids (de)	rehber	[rehber]

kapper (de)	kuaför	[kuafør]
postbode (de)	postacı	[postadʒı]
verkoper (de)	satıcı	[satıdʒı]

tuinman (de)	bahçıvan	[bahtʃıvan]
huisbediende (de)	hizmetçi	[hizmetʃi]
dienstmeisje (het)	kadın hizmetçi	[kadın hizmetʃi]
schoonmaakster (de)	temizlikçi	[temizliktʃi]

126. Militaire beroepen en rangen

soldaat (rang)	er	[er]
sergeant (de)	çavuş	[tʃavuʃ]
luitenant (de)	teğmen	[teemen]
kapitein (de)	yüzbaşı	[juzbaʃı]

majoor (de)	binbaşı	[binbaʃı]
kolonel (de)	albay	[albaj]
generaal (de)	general	[general]
maarschalk (de)	mareşal	[mareʃal]
admiraal (de)	amiral	[amiral]
militair (de)	askeri	[askeri]
soldaat (de)	asker	[asker]

officier (de)	subay	[subaj]
commandant (de)	komutan	[komutan]

grenswachter (de)	sınır muhafızı	[sınır muhafızı]
marconist (de)	telsiz operatörü	[telsiz operatøry]
verkenner (de)	keşif eri	[keʃif eri]
sappeur (de)	istihkam eri	[istihkam eri]
schutter (de)	atıcı	[atıdʒı]
stuurman (de)	seyrüseferci	[sejryseferdʒi]

127. Ambtenaren. Priesters

koning (de)	kral	[kral]
koningin (de)	kraliçe	[kralitʃe]

prins (de)	prens	[prens]
prinses (de)	prenses	[prenses]

tsaar (de)	çar	[tʃar]
tsarina (de)	çariçe	[tʃaritʃe]

president (de)	başkan	[baʃkan]
minister (de)	bakan	[bakan]
eerste minister (de)	başbakan	[baʃbakan]
senator (de)	senatör	[senatør]

diplomaat (de)	diplomat	[diplomat]
consul (de)	konsolos	[konsolos]
ambassadeur (de)	büyükelçi	[byjukeltʃi]
adviseur (de)	danışman	[danıʃman]

ambtenaar (de)	memur	[memur]
prefect (de)	belediye başkanı	[beledije baʃkanı]
burgemeester (de)	belediye başkanı	[beledije baʃkanı]

rechter (de)	yargıç	[jargıtʃ]
aanklager (de)	savcı	[savdʒı]

missionaris (de)	misyoner	[misjoner]
monnik (de)	keşiş	[keʃiʃ]
abt (de)	başrahip	[baʃrahip]
rabbi, rabbijn (de)	haham	[haham]

vizier (de)	vezir	[vezir]
sjah (de)	şah	[ʃah]
sjeik (de)	şeyh	[ʃejh]

128. Agrarische beroepen

imker (de)	arıcı	[arıdʒı]
herder (de)	çoban	[tʃoban]
landbouwkundige (de)	tarım uzmanı	[tarım uzmanı]

| veehouder (de) | hayvan besleyicisi | [hajvan beslejidʒisi] |
| dierenarts (de) | veteriner | [veteriner] |

landbouwer (de)	çiftçi	[tʃiftʃi]
wijnmaker (de)	şarap üreticisi	[ʃarap yretidʒisi]
zoöloog (de)	zoolog	[zoolog]
cowboy (de)	kovboy	[kovboj]

129. Kunst beroepen

| acteur (de) | aktör | [aktør] |
| actrice (de) | aktris | [aktris] |

| zanger (de) | şarkıcı | [ʃarkıdʒı] |
| zangeres (de) | şarkıcı | [ʃarkıdʒı] |

| danser (de) | dansçı | [danstʃı] |
| danseres (de) | dansöz | [dansøz] |

| artiest (mann.) | sanatçı | [sanatʃı] |
| artiest (vrouw.) | sanatçı | [sanatʃı] |

muzikant (de)	müzisyen	[myzisjen]
pianist (de)	piyanocu	[pijanodʒu]
gitarist (de)	gitarcı	[gitaradʒı]

orkestdirigent (de)	orkestra şefi	[okrestra ʃefi]
componist (de)	besteci	[bestedʒi]
impresario (de)	emprezaryo	[emprezarjo]

filmregisseur (de)	yönetmen	[jønetmen]
filmproducent (de)	yapımcı	[japımdʒı]
scenarioschrijver (de)	senaryo yazarı	[senarjo jazarı]
criticus (de)	eleştirmen	[eleʃtirmen]

schrijver (de)	yazar	[jazar]
dichter (de)	şair	[ʃair]
beeldhouwer (de)	heykelci	[hejkeldʒi]
kunstenaar (de)	ressam	[ressam]

jongleur (de)	hokkabaz	[hokkabaz]
clown (de)	palyaço	[paljatʃo]
acrobaat (de)	cambaz	[dʒambaz]
goochelaar (de)	sihirbaz	[sihirbaz]

130. Verschillende beroepen

dokter, arts (de)	doktor, hekim	[doktor], [hekim]
ziekenzuster (de)	hemşire	[hemʃire]
psychiater (de)	psikiyatr	[psikijatr]
tandarts (de)	dişçi	[diʃtʃi]
chirurg (de)	cerrah	[dʒerrah]

astronaut (de)	astronot	[astronot]
astronoom (de)	astronom	[astronom]
piloot (de)	pilot	[pilot]

chauffeur (de)	şoför	[ʃofør]
machinist (de)	makinist	[makinist]
mecanicien (de)	mekanik	[mekanik]

mijnwerker (de)	maden işçisi	[maden iʃtʃisi]
arbeider (de)	işçi	[iʃtʃi]
bankwerker (de)	tesisatçı	[tesisatʃı]
houtbewerker (de)	marangoz	[marangoz]
draaier (de)	tornacı	[tornadʒı]
bouwvakker (de)	inşaat işçisi	[inʃaat iʃtʃısı]
lasser (de)	kaynakçı	[kajnaktʃı]

professor (de)	profesör	[profesør]
architect (de)	mimar	[mimar]
historicus (de)	tarihçi	[tarihtʃi]
wetenschapper (de)	bilim adamı	[bilim adamı]
fysicus (de)	fizik bilgini	[fizik bilgini]
scheikundige (de)	kimyacı	[kimjadʒı]

archeoloog (de)	arkeolog	[arkeolog]
geoloog (de)	jeolog	[ʒeolog]
onderzoeker (de)	araştırmacı	[araʃtırmadʒi]

| babysitter (de) | çocuk bakıcısı | [tʃodʒuk bakıdʒısı] |
| leraar, pedagoog (de) | öğretmen | [ø:retmen] |

redacteur (de)	editör	[editør]
chef-redacteur (de)	baş editör	[baʃ editør]
correspondent (de)	muhabir	[muhabir]
typiste (de)	daktilocu	[daktilodʒu]

designer (de)	dizayncı	[dizajndʒı]
computerexpert (de)	bilgisayarcı	[bilgisajardʒı]
programmeur (de)	programcı	[programdʒı]
ingenieur (de)	mühendis	[myhendis]

matroos (de)	denizci	[denizdʒi]
zeeman (de)	tayfa	[tajfa]
redder (de)	cankurtaran	[dʒankurtaran]

brandweerman (de)	itfaiyeci	[itfajedʒi]
politieagent (de)	erkek polis	[erkek polis]
nachtwaker (de)	bekçi	[bektʃi]
detective (de)	hafiye	[hafije]

douanier (de)	gümrükçü	[gymryktʃu]
lijfwacht (de)	koruma görevlisi	[koruma gørevlis]
gevangenisbewaker (de)	gardiyan	[gardijan]
inspecteur (de)	müfettiş	[myfettiʃ]

| sportman (de) | sporcu | [spordʒu] |
| trainer (de) | antrenör | [antrenør] |

115

slager, beenhouwer (de)	kasap	[kasap]
schoenlapper (de)	ayakkabıcı	[ajakkabɪdʒɪ]
handelaar (de)	tüccar	[tydʒar]
lader (de)	yükleyici	[juklejidʒi]
kledingstilist (de)	modelci	[modeldʒi]
model (het)	manken	[manken]

131. Beroepen. Sociale status

scholier (de)	erkek öğrenci	[erkek ø:rendʒi]
student (de)	öğrenci	[ø:rendʒi]
filosoof (de)	felsefeci	[felsefedʒi]
econoom (de)	iktisatçı	[iktisatʃɪ]
uitvinder (de)	mucit	[mudʒit]
werkloze (de)	işsiz	[iʃsiz]
gepensioneerde (de)	emekli	[emekli]
spion (de)	ajan, casus	[aʒan], [dʒasus]
gedetineerde (de)	tutuklu	[tutuklu]
staker (de)	grevci	[grevdʒi]
bureaucraat (de)	bürokrat	[byrokrat]
reiziger (de)	gezgin	[gezgin]
homoseksueel (de)	homoseksüel	[homoseksyel]
hacker (computerkraker)	hekır	[hekɪr]
bandiet (de)	haydut	[hajdut]
huurmoordenaar (de)	kiralık katil	[kiralık katil]
drugsverslaafde (de)	uyuşturucu bağımlısı	[ujuʃturudʒu baımlısı]
drugshandelaar (de)	uyuşturucu taciri	[ujuʃturudʒu tadʒiri]
prostituee (de)	fahişe	[fahiʃe]
pooier (de)	kadın tüccarı	[kadın tydʒarı]
tovenaar (de)	büyücü	[byjudʒy]
tovenares (de)	büyücü kadın	[byjudʒy kadın]
piraat (de)	korsan	[korsan]
slaaf (de)	köle	[køle]
samoerai (de)	samuray	[samuraj]
wilde (de)	vahşi	[vahʃi]

Sport

132. Soorten sporten. Sporters

sportman (de)	sporcu	[spordʒu]
soort sport (de/het)	spor çeşidi	[spor ʧeʃidi]
basketbal (het)	basketbol	[basketbol]
basketbalspeler (de)	basketbolcu	[basketboldʒu]
baseball (het)	beyzbol	[bejzbol]
baseballspeler (de)	beyzbolcu	[bejzboldʒu]
voetbal (het)	futbol	[futbol]
voetballer (de)	futbolcu	[futboldʒu]
doelman (de)	kaleci	[kaledʒi]
hockey (het)	hokey	[hokej]
hockeyspeler (de)	hokeyci	[hokejdʒi]
volleybal (het)	voleybol	[volejbol]
volleybalspeler (de)	voleybolcu	[volejboldʒu]
boksen (het)	boks	[boks]
bokser (de)	boksör	[boksør]
worstelen (het)	güreş	[gyreʃ]
worstelaar (de)	güreşçi	[gyreʃʧi]
karate (de)	karate	[karate]
karateka (de)	karateci	[karatedʒi]
judo (de)	judo	[ʒydo]
judoka (de)	judocu	[ʒydodʒu]
tennis (het)	tenis	[tenis]
tennisspeler (de)	tenisçi	[tenisʧi]
zwemmen (het)	yüzme	[juzme]
zwemmer (de)	yüzücü	[juzydʒy]
schermen (het)	eskrim	[eskrim]
schermer (de)	eskrimci	[eskrimdʒi]
schaak (het)	satranç	[satranʧ]
schaker (de)	satranç oyuncusu	[satranʧ ojundʒusu]
alpinisme (het)	dağcılık	[daadʒɯlɯk]
alpinist (de)	dağcı, alpinist	[daadʒɯ], [alpinist]
hardlopen (het)	koşu	[koʃu]

renner (de)	koşucu	[koʃudʒu]
atletiek (de)	atletizm	[atletizm]
atleet (de)	atlet	[atlet]

| paardensport (de) | atlı spor | [atlı spor] |
| ruiter (de) | binici | [binidʒi] |

kunstschaatsen (het)	artistik patinaj	[artistik patinaʒ]
kunstschaatser (de)	artistik patinajcı	[artistik patinaʒdʒı]
kunstschaatsster (de)	artistik patinajcı	[artistik patinaʒdʒı]

gewichtheffen (het)	halter	[halter]
gewichtheffer (de)	halterci	[halterdʒi]
autoraces (mv.)	araba yarışı	[araba jarıʃı]
coureur (de)	yarışçı	[jarıʃʧı]

| wielersport (de) | bisiklet sporu | [bisiklet sporu] |
| wielrenner (de) | bisikletçi | [bisikletʃi] |

verspringen (het)	uzun atlama	[uzun atlama]
polsstokspringen (het)	sırıkla atlama	[sırıkla atlama]
verspringer (de)	atlayıcı	[atlajıdʒı]

133. Soorten sporten. Diversen

Amerikaans voetbal (het)	Amerikan futbolu	[amerikan futbolu]
badminton (het)	badminton	[badminton]
biatlon (de)	biatlon	[biatlon]
biljart (het)	bilardo	[bilardo]

bobsleeën (het)	bobsley, yarış kızağı	[bobslej], [jarıʃ kızaı]
bodybuilding (de)	vücut geliştirme	[vydʒut geliʃtirme]
waterpolo (het)	su topu	[su topu]
handbal (de)	hentbol	[hentbol]
golf (het)	golf	[golf]

roeisport (de)	kürek sporu	[kyrek sporu]
duiken (het)	dalgıçlık	[dalgıtʃlık]
langlaufen (het)	kros kayağı	[kros kajaı]
tafeltennis (het)	masa tenisi	[masa tenisi]

zeilen (het)	yelken sporu	[jelken sporu]
rally (de)	ralli	[ralli]
rugby (het)	ragbi, rugby	[ragbi]
snowboarden (het)	snowboard	[snoubord]
boogschieten (het)	okçuluk	[oktʃuluk]

134. Fitnessruimte

lange halter (de)	halter	[halter]
halters (mv.)	dambillar	[dambillar]
training machine (de)	spor aleti	[spor aleti]

hometrainer (de)	egzersiz bisikleti	[egzersiz bisikleti]
loopband (de)	koşu bandı	[koʃu bandı]

rekstok (de)	barfiks	[barfiks]
brug (de) gelijke leggers	barparalel	[barparalel]
paardsprong (de)	at	[at]
mat (de)	mat	[mat]

springtouw (het)	ip atlama	[ip atlama]
aerobics (de)	aerobik	[aerobik]
yoga (de)	yoga	[joga]

135. Hockey

hockey (het)	hokey	[hokej]
hockeyspeler (de)	hokeyci	[hokejdʒi]
hockey spelen	hokey oynamak	[hokej ojnamak]
ijs (het)	buz	[buz]

puck (de)	top	[top]
hockeystick (de)	hokey sopası	[hokej sopası]
schaatsen (mv.)	paten	[paten]

boarding (de)	kenar	[kenar]
schot (het)	atış	[atıʃ]

doelman (de)	kaleci	[kaledʒi]
goal (de)	gol	[gol]
een goal scoren	gol atmak	[gol atmak]

periode (de)	devre	[devre]
reservebank (de)	yedek kulübesi	[jedek kulybesi]

136. Voetbal

voetbal (het)	futbol	[futbol]
voetballer (de)	futbolcu	[futboldʒu]
voetbal spelen	futbol oynamak	[futbol ojnamak]

eredivisie (de)	üst lig	[yst lig]
voetbalclub (de)	futbol kulübü	[futbol kylyby]
trainer (de)	antrenör	[antrenør]
eigenaar (de)	sahip	[sahip]

team (het)	takım	[takım]
aanvoerder (de)	takım kaptanı	[takım kaptanı]
speler (de)	oyuncu	[ojundʒu]
reservespeler (de)	yedek oyuncu	[jedek ojundʒu]

aanvaller (de)	forvet	[forvet]
centrale aanvaller (de)	santrafor	[santrafor]
doelpuntmaker (de)	golcü	[goldʒy]

| verdediger (de) | müdafi | [mydafi] |
| middenvelder (de) | orta saha oyuncusu | [orta saha ojundʒusu] |

match, wedstrijd (de)	maç	[matʃ]
elkaar ontmoeten (ww)	karşılaşmak	[karʃılaʃmak]
finale (de)	final	[final]
halve finale (de)	yarı final	[jarı final]
kampioenschap (het)	şampiyona	[ʃampiona]

helft (de)	yarı	[jarı]
eerste helft (de)	birinci periyod	[birindʒi period]
pauze (de)	ara	[ara]

doel (het)	kale	[kale]
doelman (de)	kaleci	[kaledʒi]
doelpaal (de)	yan direk	[jan direk]
lat (de)	üst direk	[yst direk]
doelnet (het)	file	[file]
een goal incasseren	gol yemek	[gol jemek]

bal (de)	top	[top]
pass (de)	pas	[pas]
schot (het), schop (de)	vuruş	[vuruʃ]
schieten (de bal ~)	vuruş yapmak	[vuruʃ japmak]
vrije schop (directe ~)	ceza vuruşu	[dʒeza vuruʃu]
hoekschop, corner (de)	köşe vuruşu	[køʃe vuruʃu]

aanval (de)	atak, hücum	[atak], [hydʒum]
tegenaanval (de)	kontratak	[kontratak]
combinatie (de)	kombinasyon	[kombinasjon]

scheidsrechter (de)	hakem	[hakem]
fluiten (ww)	düdük çalmak	[dydyk tʃalmak]
fluitsignaal (het)	düdük	[dydyk]
overtreding (de)	ihlal	[ihlal]
een overtreding maken	ihlal etmek	[ihlal etmek]
uit het veld te sturen	oyundan atmak	[ojundan atmak]

gele kaart (de)	sarı kart	[sarı kart]
rode kaart (de)	kırmızı kart	[kırmızı kart]
diskwalificatie (de)	diskalifiye	[diskalifije]
diskwalificeren (ww)	diskalifiye etmek	[diskalifije etmek]

strafschop, penalty (de)	penaltı	[penaltı]
muur (de)	baraj	[baraʒ]
scoren (ww)	atmak	[atmak]
goal (de), doelpunt (het)	gol	[gol]
een goal scoren	gol atmak	[gol atmak]

vervanging (de)	değişiklik	[deiʃiklik]
vervangen (ov.ww.)	değiştirmek	[deiʃtirmek]
regels (mv.)	kurallar	[kurallar]
tactiek (de)	taktik	[taktik]

| stadion (het) | stadyum | [stadjum] |
| tribune (de) | tribün | [tribyn] |

fan, supporter (de)	fan, taraftar	[fan], [taraftar]
schreeuwen (ww)	bağırmak	[baırmak]
scorebord (het)	tabela	[tabela]
stand (~ is 3-1)	skor	[skor]
nederlaag (de)	yenilgi	[jenilgi]
verliezen (ww)	kaybetmek	[kajbetmek]
gelijkspel (het)	beraberlik	[beraberlik]
in gelijk spel eindigen	berabere kalmak	[berabere kalmak]
overwinning (de)	zafer	[zafer]
overwinnen (ww)	yenmek	[jenmek]
kampioen (de)	şampiyon	[ʃampion]
best (bn)	en iyi	[en iji]
feliciteren (ww)	tebrik etmek	[tebrik etmek]
commentator (de)	yorumcu	[jorumdʒu]
becommentariëren (ww)	yorum yapmak	[jorum japmak]
uitzending (de)	yayın	[jajın]

137. Alpine skiën

ski's (mv.)	kayak	[kajak]
skiën (ww)	kayak yapmak	[kajak japmak]
skigebied (het)	kayak merkezi	[kajak merkezi]
skilift (de)	kayak teleferiği	[kajak teleferi:i]
skistokken (mv.)	kayak sopaları	[kajak sopaları]
helling (de)	yamaç	[jamatʃ]
slalom (de)	slalom	[slalom]

138. Tennis. Golf

golf (het)	golf	[golf]
golfclub (de)	golf kulübü	[golf kulyby]
golfer (de)	golf oyuncusu	[golf ojundʒusu]
hole (de)	çukur	[tʃukur]
golfclub (de)	golf sopası	[golf sopası]
trolley (de)	golf arabası	[golf arabası]
tennis (het)	tenis	[tenis]
tennisveld (het)	tenis kortu	[tenis kortu]
opslag (de)	servis	[servis]
serveren, opslaan (ww)	servis yapmak	[servis japmak]
racket (het)	raket	[raket]
net (het)	file	[file]
bal (de)	top	[top]

139. Schaken

schaak (het)	satranç	[satrantʃ]
schaakstukken (mv.)	satranç taşları	[satrantʃ taʃları]
schaker (de)	satranç oyuncusu	[satrantʃ ojundʒusu]
schaakbord (het)	satranç tahtası	[satrantʃ tahtası]
schaakstuk (het)	satranç taşı	[satrantʃ taʃı]
witte stukken (mv.)	beyazlar	[bejazlar]
zwarte stukken (mv.)	siyahlar	[sijahlar]
pion (de)	piyon	[pijon]
loper (de)	fil	[fil]
paard (het)	at	[at]
toren (de)	kale	[kale]
dame, koningin (de)	vezir	[vezir]
koning (de)	şah	[ʃah]
zet (de)	hamle	[hamle]
zetten (ww)	hamle yapmak	[hamle japmak]
opofferen (ww)	feda etmek	[feda etmek]
rokade (de)	rok yapma	[rok japma]
schaak (het)	şah	[ʃah]
schaakmat (het)	mat	[mat]
schaakwedstrijd (de)	satranç turnuvası	[satrantʃ turnuvası]
grootmeester (de)	büyük üstat	[byjuk ystat]
combinatie (de)	kombinasyon	[kombinasjon]
partij (de)	parti	[parti]
dammen (de)	dama	[dama]

140. Boksen

boksen (het)	boks	[boks]
boksgevecht (het)	boks maçı	[boks matʃı]
bokswedstrijd (de)	boks maçı	[boks matʃı]
ronde (de)	raunt	[raunt]
ring (de)	ring	[ring]
gong (de)	gong	[gong]
stoot (de)	yumruk	[jumruk]
knock-down (de)	knockdown	[nokdaun]
knock-out (de)	nakavt	[nakavt]
knock-out slaan (ww)	nakavt etmek	[nakavt etmek]
bokshandschoen (de)	boks eldiveni	[boks eldiveni]
referee (de)	hakem	[hakem]
lichtgewicht (het)	hafif sıklet	[hafif sıklet]
middengewicht (het)	orta sıklet	[orta sıklet]
zwaargewicht (het)	ağır sıklet	[aır sıklet]

141. Sporten. Diversen

Olympische Spelen (mv.)	Olimpiyat Oyunları	[olimpijat ojunları]
winnaar (de)	galip, kazanan	[galip], [kazanan]
overwinnen (ww)	yenmek	[jenmek]
winnen (ww)	kazanmak	[kazanmak]

| leider (de) | birinci | [birindʒi] |
| leiden (ww) | birinci olmak | [birindʒi olmak] |

eerste plaats (de)	birincilik	[birindʒilik]
tweede plaats (de)	ikincilik	[ikindʒilik]
derde plaats (de)	üçüncülük	[ytʃundʒylyk]

medaille (de)	madalya	[madalja]
trofee (de)	ganimet	[ganimet]
beker (de)	kupa	[kupa]
prijs (de)	ödül	[ødyl]
hoofdprijs (de)	büyük ödülü	[byjuk ødyly]

| record (het) | rekor | [rekor] |
| een record breken | rekor kırmak | [rekor kırmak] |

| finale (de) | final | [final] |
| finale (bn) | final | [final] |

| kampioen (de) | şampiyon | [ʃampion] |
| kampioenschap (het) | şampiyona | [ʃampiona] |

stadion (het)	stadyum	[stadjum]
tribune (de)	tribün	[tribyn]
fan, supporter (de)	fan, taraftar	[fan], [taraftar]
tegenstander (de)	rakip	[rakip]

| start (de) | start | [start] |
| finish (de) | finiş | [finiʃ] |

| nederlaag (de) | yenilgi | [jenilgi] |
| verliezen (ww) | kaybetmek | [kajbetmek] |

rechter (de)	hakem	[hakem]
jury (de)	jüri	[ʒyri]
stand (~ is 3-1)	skor	[skor]
gelijkspel (het)	beraberlik	[beraberlik]
in gelijk spel eindigen	berabere kalmak	[berabere kalmak]
punt (het)	sayı	[sajı]
uitslag (de)	sonuç	[sonutʃ]

| periode (de) | devre | [devre] |
| pauze (de) | ara | [ara] |

doping (de)	doping	[doping]
straffen (ww)	ceza vermek	[dʒeza vermek]
diskwalificeren (ww)	diskalifiye etmek	[diskalifije etmek]
toestel (het)	alet	[alet]

speer (de)	cirit	[dʒirit]
kogel (de)	gülle	[gylle]
bal (de)	top	[top]
doel (het)	hedef	[hedef]
schietkaart (de)	hedef	[hedef]
schieten (ww)	ateş etmek	[ateʃ etmek]
precies (bijv. precieze schot)	tam	[tam]
trainer, coach (de)	antrenör	[antrenør]
trainen (ww)	çalıştırmak	[tʃalɪʃtɪrmak]
zich trainen (ww)	antrenman yapmak	[antrenman japmak]
training (de)	antrenman	[antrenman]
gymnastiekzaal (de)	spor salonu	[spor salonu]
oefening (de)	egzersiz	[egzersiz]
opwarming (de)	ısınma	[ɪsɪnma]

Onderwijs

142. School

school (de)	okul	[okul]
schooldirecteur (de)	okul müdürü	[okul mydyry]
leerling (de)	öğrenci	[ø:rendʒi]
leerlinge (de)	kız öğrenci	[kız ø:rendʒi]
scholier (de)	öğrenci	[ø:rendʒi]
scholiere (de)	kız öğrenci	[kız ø:rendʒi]
leren (lesgeven)	öğretmek	[ø:retmek]
studeren (bijv. een taal ~)	öğrenmek	[ø:renmek]
van buiten leren	ezberlemek	[ezberlemek]
leren (bijv. ~ tellen)	öğrenmek	[ø:renmek]
in school zijn	okula gitmek	[okula gitmek]
(schooljongen zijn)		
alfabet (het)	alfabe	[alfabe]
vak (schoolvak)	ders	[ders]
klaslokaal (het)	sınıf	[sınıf]
les (de)	ders	[ders]
pauze (de)	teneffüs	[teneffys]
bel (de)	zil	[zil]
schooltafel (de)	okul sırası	[okul sırası]
schoolbord (het)	kara tahta	[kara tahta]
cijfer (het)	not	[not]
goed cijfer (het)	iyi not	[iji not]
slecht cijfer (het)	kötü not	[køty not]
een cijfer geven	not vermek	[not vermek]
fout (de)	hata	[hata]
fouten maken	hata yapmak	[hata japmak]
corrigeren (fouten ~)	düzeltmek	[dyzeltmek]
spiekbriefje (het)	kopya	[kopja]
huiswerk (het)	ev ödevi	[ev ødevi]
oefening (de)	egzersiz	[egzersiz]
aanwezig zijn (ww)	bulunmak	[bulunmak]
absent zijn (ww)	bulunmamak	[bulunmamak]
bestraffen (een stout kind ~)	cezalandırmak	[dʒezalandırmak]
bestraffing (de)	ceza	[dʒeza]
gedrag (het)	davranış	[davranıʃ]

cijferlijst (de)	karne	[karne]
potlood (het)	kurşun kalem	[kurʃun kalem]
gom (de)	silgi	[silgi]
krijt (het)	tebeşir	[tebeʃir]
pennendoos (de)	kalemlik	[kalemlik]

boekentas (de)	çanta	[ʧanta]
pen (de)	tükenmez kalem	[tykenmez kalem]
schrift (de)	defter	[defter]
leerboek (het)	ders kitabı	[ders kitabı]
passer (de)	pergel	[pergel]

technisch tekenen (ww)	çizmek	[ʧizmek]
technische tekening (de)	teknik resim	[teknik resim]

gedicht (het)	şiir	[ʃi:ir]
van buiten (bw)	ezbere	[ezbere]
van buiten leren	ezberlemek	[ezberlemek]

vakantie (de)	okul tatili	[okul tatili]
met vakantie zijn	tatilde olmak	[tatilde olmak]

toets (schriftelijke ~)	sınav	[sınaf]
opstel (het)	kompozisyon	[kompozisjon]
dictee (het)	dikte	[dikte]

examen (het)	sınav	[sınaf]
examen afleggen	sınav olmak	[sınav olmak]
experiment (het)	deney	[denej]

143. Hogeschool. Universiteit

academie (de)	akademi	[akademi]
universiteit (de)	üniversite	[yniversite]
faculteit (de)	fakülte	[fakylte]

student (de)	öğrenci	[ø:rendʒi]
studente (de)	öğrenci	[ø:rendʒi]
leraar (de)	öğretmen	[ø:retmen]

collegezaal (de)	dersane	[dersane]
afgestudeerde (de)	mezun	[mezun]

diploma (het)	diploma	[diploma]
dissertatie (de)	tez	[tez]

onderzoek (het)	inceleme	[indʒeleme]
laboratorium (het)	laboratuvar	[laboratuvar]

college (het)	ders	[ders]
medestudent (de)	sınıf arkadaşı	[sınıf arkadaʃı]

studiebeurs (de)	burs	[burs]
academische graad (de)	akademik derece	[akademik deredʒe]

144. Wetenschappen. Disciplines

wiskunde (de)	matematik	[matematik]
algebra (de)	cebir	[dʒebir]
meetkunde (de)	geometri	[geometri]
astronomie (de)	astronomi	[astronomi]
biologie (de)	biyoloji	[bioloʒi]
geografie (de)	coğrafya	[dʒoorafja]
geologie (de)	jeoloji	[ʒeoloʒi]
geschiedenis (de)	tarih	[tarih]
geneeskunde (de)	tıp	[tıp]
pedagogiek (de)	pedagoji	[pedagoʒi]
rechten (mv.)	hukuk	[hukuk]
fysica, natuurkunde (de)	fizik	[fizik]
scheikunde (de)	kimya	[kimja]
filosofie (de)	felsefe	[felsefe]
psychologie (de)	psikoloji	[psikoloʒi]

145. Schrift. Spelling

grammatica (de)	gramer	[gramer]
vocabulaire (het)	kelime hazinesi	[kelime hazinesi]
fonetiek (de)	fonetik	[fonetik]
zelfstandig naamwoord (het)	isim	[isim]
bijvoeglijk naamwoord (het)	sıfat	[sıfat]
werkwoord (het)	fiil	[fi:il]
bijwoord (het)	zarf	[zarf]
voornaamwoord (het)	zamir	[zamir]
tussenwerpsel (het)	ünlem	[ynlem]
voorzetsel (het)	edat, ilgeç	[edat], [ilgetʃ]
stam (de)	kelime kökü	[kelime køky]
achtervoegsel (het)	sonek	[sonek]
voorvoegsel (het)	ön ek	[øn ek]
lettergreep (de)	hece	[hedʒe]
achtervoegsel (het)	son ek	[son ek]
nadruk (de)	vurgu	[vurgu]
afkappingsteken (het)	apostrof	[apostrof]
punt (de)	nokta	[nokta]
komma (de/het)	virgül	[virgyl]
puntkomma (de)	noktalı virgül	[noktalı virgyl]
dubbelpunt (de)	iki nokta	[iki nokta]
beletselteken (het)	üç nokta	[ytʃ nokta]
vraagteken (het)	soru işareti	[soru iʃareti]
uitroepteken (het)	ünlem işareti	[ynlem iʃareti]

aanhalingstekens (mv.)	tırnak	[tırnak]
tussen aanhalingstekens (bw)	tırnak içinde	[tırnak itʃinde]
haakjes (mv.)	parantez	[parantez]
tussen haakjes (bw)	parantez içinde	[parantez itʃinde]

streepje (het)	kısa çizgi	[kısa tʃizgi]
gedachtestreepje (het)	tire	[tire]
spatie	boşluk, ara	[boʃluk], [ara]
(~ tussen twee woorden)		

| letter (de) | harf | [harf] |
| hoofdletter (de) | büyük harf | [byjuk harf] |

| klinker (de) | ünlü, sesli | [ynly], [sesli] |
| medeklinker (de) | ünsüz, sessiz | [ynsyz], [sessiz] |

zin (de)	cümle	[dʒymle]
onderwerp (het)	özne	[øzne]
gezegde (het)	yüklem	[juklem]

regel (in een tekst)	satır	[satır]
op een nieuwe regel (bw)	yeni satırdan	[jeni satırdan]
alinea (de)	paragraf	[paragraf]

woord (het)	söz, kelime	[søz], [kelime]
woordgroep (de)	kelime grubu	[kelime grubu]
uitdrukking (de)	deyim, ifade	[dejim], [ifade]
synoniem (het)	eşanlamlı sözcük	[eʃanlamlı søzdʒyk]
antoniem (het)	karşıt anlamlı sözcük	[karʃıt anlamlı søzdʒyk]

regel (de)	kural	[kural]
uitzondering (de)	istisna	[istisna]
correct (bijv. ~e spelling)	doğru	[dooru]

vervoeging, conjugatie (de)	fiil çekimi	[fi:il tʃekimi]
verbuiging, declinatie (de)	isim çekimi	[isim tʃekimi]
naamval (de)	hal	[hal]
vraag (de)	soru	[soru]
onderstrepen (ww)	altını çizmek	[altını tʃizmek]
stippellijn (de)	noktalar	[noktalar]

146. Vreemde talen

taal (de)	dil	[dil]
vreemd (bn)	yabancı	[jabandʒı]
vreemde taal (de)	yabancı dil	[jabandʒı dil]
leren (bijv. van buiten ~)	öğrenim görmek	[ø:renim gørmek]
studeren (Nederlands ~)	öğrenmek	[ø:renmek]

lezen (ww)	okumak	[okumak]
spreken (ww)	konuşmak	[konuʃmak]
begrijpen (ww)	anlamak	[anlamak]
schrijven (ww)	yazmak	[jazmak]
snel (bw)	çabuk	[tʃabuk]

| langzaam (bw) | yavaş | [javaʃ] |
| vloeiend (bw) | akıcı bir şekilde | [akıdʒı bir ʃekilde] |

regels (mv.)	kurallar	[kurallar]
grammatica (de)	gramer	[gramer]
vocabulaire (het)	kelime hazinesi	[kelime hazinesi]
fonetiek (de)	fonetik	[fonetik]

leerboek (het)	ders kitabı	[ders kitabı]
woordenboek (het)	sözlük	[søzlyk]
leerboek (het) voor zelfstudie	öz eğitim rehberi	[øz eitim rehberi]
taalgids (de)	konuşma kılavuzu	[konuʃma kılavuzu]

cassette (de)	kaset	[kaset]
videocassette (de)	videokaset	[videokaset]
CD (de)	CD	[sidi]
DVD (de)	DVD	[dividi]

alfabet (het)	alfabe	[alfabe]
spellen (ww)	hecelemek	[hedʒelemek]
uitspraak (de)	telâffuz	[telaffyz]

accent (het)	aksan	[aksan]
met een accent (bw)	aksan ile	[aksan ile]
zonder accent (bw)	aksansız	[aksansız]

| woord (het) | kelime | [kelime] |
| betekenis (de) | mana | [mana] |

cursus (de)	kurslar	[kurslar]
zich inschrijven (ww)	yazılmak	[jazılmak]
leraar (de)	öğretmen	[ø:retmen]

vertaling (een ~ maken)	çeviri	[tʃeviri]
vertaling (tekst)	tercüme	[terdʒyme]
vertaler (de)	çevirmen	[tʃevirmen]
tolk (de)	tercüman	[terdʒyman]

| polyglot (de) | birçok dil bilen | [birtʃok dil bilen] |
| geheugen (het) | hafıza | [hafıza] |

147. Sprookjesfiguren

| Sinterklaas (de) | Noel Baba | [noel baba] |
| zeemeermin (de) | denizkızı | [denizkızı] |

magiër, tovenaar (de)	sihirbaz	[sihirbaz]
goede heks (de)	peri	[sihirbaz]
magisch (bn)	sihirli	[sihirli]
toverstokje (het)	sihirli değnek	[sihirli deenek]

sprookje (het)	masal	[masal]
wonder (het)	harika	[harika]
dwerg (de)	cüce	[dʒydʒe]

veranderen in ... (anders worden)	... dönüşmek	[dønyʃmek]
geest (de)	hayalet	[hajalet]
spook (het)	hortlak	[hortlak]
monster (het)	canavar	[dʒanavar]
draak (de)	ejderha	[eʒderha]
reus (de)	dev	[dev]

148. Dierenriem

Ram (de)	Koç	[kotʃ]
Stier (de)	Boğa	[boa]
Tweelingen (mv.)	İkizler	[ikizler]
Kreeft (de)	Yengeç	[jengetʃ]
Leeuw (de)	Aslan	[aslan]
Maagd (de)	Başak	[baʃak]

Weegschaal (de)	Terazi	[terazi]
Schorpioen (de)	Akrep	[akrep]
Boogschutter (de)	Yay	[jaj]
Steenbok (de)	Oğlak	[oolak]
Waterman (de)	Kova	[kova]
Vissen (mv.)	Balık	[balɪk]

karakter (het)	karakter	[karakter]
karaktertrekken (mv.)	karakter özellikleri	[karakter øzellikleri]
gedrag (het)	davranış	[davranɪʃ]
waarzeggen (ww)	fal bakmak	[fal bakmak]
waarzegster (de)	falcı	[faldʒɪ]
horoscoop (de)	yıldız falı	[jɪldɪz falɪ]

Kunst

149. Theater

theater (het)	tiyatro	[tijatro]
opera (de)	opera	[opera]
operette (de)	operet	[operet]
ballet (het)	bale	[bale]
affiche (de/het)	afiş	[afiʃ]
theatergezelschap (het)	trup	[trup]
tournee (de)	turne	[turne]
op tournee zijn	turneye çıkmak	[turneje tʃɪkmak]
repeteren (ww)	prova yapmak	[prova japmak]
repetitie (de)	prova	[prova]
repertoire (het)	repertuvar	[repertuvar]
voorstelling (de)	temsil	[temsil]
spektakel (het)	gösteri	[gøsteri]
toneelstuk (het)	tiyatro oyunu	[tijatro ojunu]
biljet (het)	bilet	[bilet]
kassa (de)	bilet gişesi	[bilet giʃesi]
foyer (de)	hol	[hol]
garderobe (de)	vestiyer	[vestijer]
garderobe nummer (het)	vestiyer numarası	[vestijer numarası]
verrekijker (de)	dürbün	[dyrbyn]
plaatsaanwijzer (de)	yer gösterici	[jer gøsteridʒi]
parterre (de)	parter	[parter]
balkon (het)	balkon	[balkon]
gouden rang (de)	birinci balkon	[birindʒi balkon]
loge (de)	loca	[lodʒa]
rij (de)	sıra	[sıra]
plaats (de)	yer	[jer]
publiek (het)	izleyiciler	[izlejidʒiler]
kijker (de)	izleyici	[izlejidʒi]
klappen (ww)	alkışlamak	[alkıʃlamak]
applaus (het)	alkış	[alkıʃ]
ovatie (de)	şiddetli alkışlar	[ʃiddetli alkıʃlar]
toneel (op het ~ staan)	sahne	[sahne]
gordijn, doek (het)	perde	[perde]
toneeldecor (het)	sahne dekoru	[sahne dekoru]
backstage (de)	kulis	[kulis]
scène (de)	sahne	[sahne]
bedrijf (het)	perde	[perde]
pauze (de)	perde arası	[perde arası]

150. Bioscoop

acteur (de)	aktör	[aktør]
actrice (de)	aktris	[aktris]
bioscoop (de)	sinema	[sinema]
speelfilm (de)	film	[film]
aflevering (de)	bölüm, kısım	[bølym], [kısım]
detectivefilm (de)	dedektif filmi	[dedektif filmi]
actiefilm (de)	aksiyon filmi	[aksijon filmi]
avonturenfilm (de)	macera filmi	[madʒera filmi]
sciencefictionfilm (de)	bilim kurgu filmi	[bilim kurgu filmi]
griezelfilm (de)	korku filmi	[korku filmi]
komedie (de)	komedi filmi	[komedi filmi]
melodrama (het)	melodram	[melodram]
drama (het)	dram	[dram]
speelfilm (de)	kurgusal film	[kurgusal film]
documentaire (de)	belgesel film	[belgesel film]
tekenfilm (de)	çizgi film	[ʧizgi film]
stomme film (de)	sessiz film	[sessiz film]
rol (de)	rol	[rol]
hoofdrol (de)	başrol	[baʃrol]
spelen (ww)	oynamak	[ojnamak]
filmster (de)	sinema yıldızı	[sinema jıldızı]
bekend (bn)	meşhur	[meʃhur]
beroemd (bn)	ünlü	[ynly]
populair (bn)	popüler	[popyler]
scenario (het)	senaryo	[senarjo]
scenarioschrijver (de)	senaryo yazarı	[senarjo jazarı]
regisseur (de)	yönetmen	[jønetmen]
filmproducent (de)	yapımcı	[japımdʒı]
assistent (de)	asistan	[asistan]
cameraman (de)	kameraman	[kameraman]
stuntman (de)	dublör	[dublør]
stuntdubbel (de)	dublör	[dublør]
een film maken	film çekmek	[film ʧekmek]
auditie (de)	oyuncu seçmesi	[ojundʒu seʧmesi]
opnamen (mv.)	çekimler	[ʧekimler]
filmploeg (de)	çekim ekibi	[ʧekim ekibi]
filmset (de)	plato	[plato]
filmcamera (de)	film kamerası	[filim kamerası]
bioscoop (de)	sinema	[sinema]
scherm (het)	ekran	[ekran]
een film vertonen	film göstermek	[film gøstermek]
geluidsspoor (de)	ses yolu	[ses jolu]
speciale effecten (mv.)	özel efektler	[øzel efektler]

ondertiteling (de)	altyazı	[altjazı]
voortiteling, aftiteling (de)	filmin tanıtma yazıları	[filmin tanıtma jazıları]
vertaling (de)	çeviri	[tʃeviri]

151. Schilderij

kunst (de)	sanat	[sanat]
schone kunsten (mv.)	güzel sanatlar	[gyzel sanatlar]
kunstgalerie (de)	sanat galerisi	[sanat galerisi]
kunsttentoonstelling (de)	resim sergisi	[resim sergisi]

schilderkunst (de)	ressamlık	[ressamlık]
grafiek (de)	grafik sanatı	[grafik sanatı]
abstracte kunst (de)	soyut sanat	[sojut sanat]
impressionisme (het)	izlenimcilik	[izlenimdʒilik]

schilderij (het)	tablo, resim	[tablo], [resim]
tekening (de)	resim	[resim]
poster (de)	poster, afiş	[poster], [afiʃ]

illustratie (de)	çizim, resim	[tʃizim], [resim]
miniatuur (de)	minyatür	[minjatyr]
kopie (de)	kopya	[kopja]
reproductie (de)	reprodüksiyon	[reprodyksijon]

mozaïek (het)	mozaik	[mozaik]
gebrandschilderd glas (het)	vitray	[vitraj]
fresco (het)	fresk	[fresk]
gravure (de)	gravür	[gravyr]

buste (de)	büst	[byst]
beeldhouwwerk (het)	heykel	[hejkel]
beeld (bronzen ~)	yontu	[jontu]
gips (het)	alçı, sıva	[altʃı], [sıva]
gipsen (bn)	alçıdan	[altʃıdan]

portret (het)	portre	[portre]
zelfportret (het)	kendi portresi	[kendi portresi]
landschap (het)	peyzaj	[pejzaʒ]
stilleven (het)	natürmort	[natyrmort]
karikatuur (de)	karikatür	[karikatyr]
schets (de)	taslak	[taslak]

verf (de)	boya	[boja]
aquarel (de)	suluboya	[suluboja]
olieverf (de)	yağlı boya	[jaalı boja]
potlood (het)	kurşun kalem	[kurʃun kalem]
Oost-Indische inkt (de)	çini mürekkebi	[tʃini myrekkebi]
houtskool (de)	kömür	[kømyr]

tekenen (met krijt)	resim çizmek	[resim tʃizmek]
schilderen (ww)	resim yapmak	[resim japmak]
poseren (ww)	poz vermek	[poz vermek]
naaktmodel (man)	model	[model]

naaktmodel (vrouw)	model	[model]
kunstenaar (de)	ressam	[ressam]
kunstwerk (het)	eser	[eser]
meesterwerk (het)	şaheser	[ʃaheser]
studio, werkruimte (de)	atölye	[atølje]

schildersdoek (het)	keten bezi	[keten bezi]
schildersezel (de)	sehpa	[sehpa]
palet (het)	palet	[palet]

lijst (een vergulde ~)	çerçeve	[tʃertʃeve]
restauratie (de)	restorasyon	[restorasjon]
restaureren (ww)	restore etmek	[restore etmek]

152. Literatuur & Poëzie

literatuur (de)	edebiyat	[edebijat]
auteur (de)	yazar	[jazar]
pseudoniem (het)	takma ad	[takma ad]

boek (het)	kitap	[kitap]
boekdeel (het)	cilt	[dʒilt]
inhoudsopgave (de)	içindekiler listesi	[itʃindekiler listesi]
pagina (de)	sayfa	[sajfa]
hoofdpersoon (de)	ana karakter	[ana karakter]
handtekening (de)	imza	[imza]

verhaal (het)	öykü	[øjky]
novelle (de)	uzun öykü	[uzun øjky]
roman (de)	roman	[roman]
werk (literatuur)	eser	[eser]
fabel (de)	fabl	[fabl]
detectiveroman (de)	polisiye roman	[polisje roman]

gedicht (het)	şiir	[ʃiːir]
poëzie (de)	şiirler	[ʃiːirler]
epos (het)	uzun şiir	[uzun ʃiir]
dichter (de)	şair	[ʃair]

fictie (de)	edebiyat	[edebijat]
sciencefiction (de)	bilim kurgu	[bilim kurgu]
avonturenroman (de)	maceralar	[madʒeralar]
opvoedkundige literatuur (de)	eğitim edebiyatı	[eitim edebijatı]
kinderliteratuur (de)	çocuk edebiyatı	[tʃodʒuk edebijatı]

153. Circus

circus (de/het)	sirk	[sirk]
chapiteau circus (de/het)	gezici sirk	[gezidʒi sirk]
programma (het)	program	[program]
voorstelling (de)	gösteri	[gøsteri]
nummer (circus ~)	oyun	[ojun]

arena (de)	arena	[arena]
pantomime (de)	pantomim	[pantomim]
clown (de)	palyaço	[paljaʧo]

acrobaat (de)	cambaz	[dʒambaz]
acrobatiek (de)	akrobasi	[akrobasi]
gymnast (de)	jimnastikçi	[ʒimnastikʧi]
gymnastiek (de)	jimnastik	[ʒimnastik]
salto (de)	perende	[perende]

sterke man (de)	atlet	[atlet]
temmer (de)	hayvan terbiyecisi	[hajvan terbijedʒisi]
ruiter (de)	binici	[binidʒi]
assistent (de)	asistan	[asistan]

stunt (de)	akrobasi	[akrobasi]
goocheltruc (de)	hokkabazlık	[hokkabazlık]
goochelaar (de)	sihirbaz	[sihirbaz]

jongleur (de)	hokkabaz	[hokkabaz]
jongleren (ww)	hokkabazlık yapmak	[hokkabazlık japmak]
dierentrainer (de)	terbiyeci	[terbijedʒi]
dressuur (de)	terbiye	[terbije]
dresseren (ww)	terbiye etmek	[terbije etmek]

154. Muziek. Popmuziek

muziek (de)	müzik	[myzik]
muzikant (de)	müzisyen	[myzisjen]
muziekinstrument (het)	müzik aleti	[myzik aleti]
spelen (bijv. gitaar ~)	... çalmak	[ʧalmak]

gitaar (de)	gitar	[gitar]
viool (de)	keman	[keman]
cello (de)	viyolonsel	[violonsel]
contrabas (de)	kontrabas	[kontrabas]
harp (de)	arp	[arp]

piano (de)	piyano	[pijano]
vleugel (de)	kuyruklu piyano	[kujruklu pijano]
orgel (het)	organ	[organ]

blaasinstrumenten (mv.)	nefesli çalgılar	[nefesli ʧalgılar]
hobo (de)	obua	[obua]
saxofoon (de)	saksofon	[saksofon]
klarinet (de)	klarnet	[klarnet]
fluit (de)	flüt	[flyt]
trompet (de)	trompet	[trompet]

| accordeon (de/het) | akordeon | [akordeon] |
| trommel (de) | davul | [davul] |

| duet (het) | düet, düo | [dyet], [dyo] |
| trio (het) | trio | [trio] |

kwartet (het)	kuartet, dörtlü	[kuartet], [dørtly]
koor (het)	koro	[koro]
orkest (het)	orkestra	[orkestra]

popmuziek (de)	pop müzik	[pop myzik]
rockmuziek (de)	rock müzik	[rok myzik]
rockgroep (de)	rock grubu	[rok grubu]
jazz (de)	caz	[dʒaz]

| idool (het) | idol | [idol] |
| bewonderaar (de) | hayran | [hajran] |

concert (het)	konser	[konser]
symfonie (de)	senfoni	[senfoni]
compositie (de)	beste	[beste]
componeren (muziek ~)	bestelemek	[bestelemek]

zang (de)	şarkı söyleme	[ʃarkı søjleme]
lied (het)	şarkı	[ʃarkı]
melodie (de)	melodi	[melodi]
ritme (het)	ritm	[ritm]
blues (de)	caz	[dʒaz]

bladmuziek (de)	ciltlenmemiş notalar	[dʒiltlenmemiʃ notalar]
dirigeerstok (baton)	orkestra şefinin çubuğu	[orkestra ʃefinin tʃubuu]
strijkstok (de)	keman yayı	[keman jajı]
snaar (de)	tel	[tel]
koffer (de)	kutu	[kutu]

Rusten. Entertainment. Reizen

155. Trip. Reizen

toerisme (het)	turizm	[turizm]
toerist (de)	turist	[turist]
reis (de)	seyahat	[sejahat]
avontuur (het)	macera	[madʒera]
tocht (de)	gezi	[gezi]
vakantie (de)	izin	[izin]
met vakantie zijn	izinli olmak	[izinli olmak]
rust (de)	istirahat	[istirahat]
trein (de)	tren	[tren]
met de trein	trenle	[trenle]
vliegtuig (het)	uçak	[utʃak]
met het vliegtuig	uçakla	[utʃakla]
met de auto	arabayla	[arabajla]
per schip (bw)	gemide	[gemide]
bagage (de)	bagaj	[bagaʒ]
valies (de)	bavul	[bavul]
bagagekarretje (het)	bagaj arabası	[bagaʒ arabası]
paspoort (het)	pasaport	[pasaport]
visum (het)	vize	[vize]
kaartje (het)	bilet	[bilet]
vliegticket (het)	uçak bileti	[utʃak bileti]
reisgids (de)	rehber	[rehber]
kaart (de)	harita	[harita]
gebied (landelijk ~)	alan	[alan]
plaats (de)	yer	[jer]
exotische bestemming (de)	egzotik	[ekzotik]
exotisch (bn)	egzotik	[ekzotik]
verwonderlijk (bn)	şaşırtıcı	[ʃaʃırtıdʒı]
groep (de)	grup	[grup]
rondleiding (de)	gezi	[gezi]
gids (de)	rehber	[rehber]

156. Hotel

hotel (het)	otel	[otel]
motel (het)	motel	[motel]
3-sterren	üç yıldızlı	[ytʃ jıldızlı]

5-sterren	beş yıldızlı	[beʃ jıldızlı]
overnachten (ww)	kalmak	[kalmak]
kamer (de)	oda	[oda]
eenpersoonskamer (de)	tek kişilik oda	[tek kiʃilik oda]
tweepersoonskamer (de)	iki kişilik oda	[iki kiʃilik oda]
een kamer reserveren	oda ayırtmak	[oda aırtmak]
halfpension (het)	yarım pansiyon	[jarım pansjon]
volpension (het)	tam pansiyon	[tam pansjon]
met badkamer	banyolu	[banjolu]
met douche	duşlu	[duʃlu]
satelliet-tv (de)	uydu televizyonu	[ujdu televizjonu]
airconditioner (de)	klima	[klima]
handdoek (de)	havlu	[havlu]
sleutel (de)	anahtar	[anahtar]
administrateur (de)	idareci	[idaredʒi]
kamermeisje (het)	hizmetçi	[hizmetʃi]
piccolo (de)	hamal	[hamal]
portier (de)	kapıcı	[kapıdʒı]
restaurant (het)	restoran	[restoran]
bar (de)	bar	[bar]
ontbijt (het)	kahvaltı	[kahvaltı]
avondeten (het)	akşam yemeği	[akʃam jemei]
buffet (het)	açık büfe	[atʃık byfe]
hal (de)	lobi	[lobi]
lift (de)	asansör	[asansør]
NIET STOREN	RAHATSIZ ETMEYIN	[rahatsız etmejin]
VERBODEN TE ROKEN!	SİGARA İÇİLMEZ	[sigara itʃilmez]

157. Boeken. Lezen

boek (het)	kitap	[kitap]
auteur (de)	müellif	[myellif]
schrijver (de)	yazar	[jazar]
schrijven (een boek)	yazmak	[jazmak]
lezer (de)	okur	[okur]
lezen (ww)	okumak	[okumak]
lezen (het)	okuma	[okuma]
stil (~ lezen)	içinden	[itʃinden]
hardop (~ lezen)	sesli	[sesli]
uitgeven (boek ~)	yayımlamak	[jajımlamak]
uitgeven (het)	yayım	[jajım]
uitgever (de)	yayımcı	[jajımdʒı]
uitgeverij (de)	yayınevi	[jajınevi]
verschijnen (bijv. boek)	çıkmak	[tʃıkmak]

| verschijnen (het) | yayınlanma | [jajınlanma] |
| oplage (de) | tiraj | [tiraჳ] |

| boekhandel (de) | kitabevi | [kitabevi] |
| bibliotheek (de) | kütüphane | [kytyphane] |

novelle (de)	uzun öykü	[uzun øjky]
verhaal (het)	öykü	[øjky]
roman (de)	roman	[roman]
detectiveroman (de)	polisiye roman	[polisje roman]

memoires (mv.)	anılar	[anılar]
legende (de)	efsane	[efsane]
mythe (de)	mit	[mit]

gedichten (mv.)	şiir	[ʃi:ir]
autobiografie (de)	otobiyografi	[otobijografi]
bloemlezing (de)	seçkin eserler	[setʃkin eserler]
sciencefiction (de)	bilim kurgu	[bilim kurgu]

naam (de)	isim	[isim]
inleiding (de)	giriş	[giriʃ]
voorblad (het)	başlık sayfası	[baʃlık sajfası]

hoofdstuk (het)	bölüm	[bølym]
fragment (het)	parça	[partʃa]
episode (de)	kısım	[kısım]

intrige (de)	konu, tema	[konu], [tema]
inhoud (de)	içindekiler	[itʃindekiler]
inhoudsopgave (de)	içindekiler listesi	[itʃindekiler listesi]
hoofdpersonage (het)	ana karakter	[ana karakter]

boekdeel (het)	cilt	[dʒilt]
omslag (de/het)	kapak	[kapak]
boekband (de)	cilt	[dʒilt]
bladwijzer (de)	kitap ayracı	[kitap ajradʒı]

pagina (de)	sayfa	[sajfa]
bladeren (ww)	göz atmak	[gøz atmak]
marges (mv.)	kenar boşluğu	[kenar boʃluu]
annotatie (de)	not	[not]
opmerking (de)	dipnot	[dipnot]

tekst (de)	metin	[metin]
lettertype (het)	yazı tipi	[jazı tipi]
drukfout (de)	baskı hatası	[baskı hatası]

vertaling (de)	çeviri	[tʃeviri]
vertalen (ww)	çevirmek	[tʃevirmek]
origineel (het)	asıl, orijinal	[asıl], [oriჳinal]

beroemd (bn)	ünlü	[ynly]
onbekend (bn)	meçhul	[metʃhul]
interessant (bn)	ilginç	[ilgintʃ]
bestseller (de)	çok satılan kitap	[tʃok satılan kitap]

139

woordenboek (het)	sözlük	[søzlyk]
leerboek (het)	ders kitabı	[ders kitabı]
encyclopedie (de)	ansiklopedi	[ansiklopedi]

158. Jacht. Vissen

jacht (de)	av	[av]
jagen (ww)	avlamak	[avlamak]
jager (de)	avcı	[avdʒı]

schieten (ww)	ateş etmek	[ateʃ etmek]
geweer (het)	tüfek	[tyfek]
patroon (de)	fişek	[fiʃek]
hagel (de)	saçma	[satʃma]

val (de)	kapan	[kapan]
valstrik (de)	tuzak	[tuzak]
een val zetten	tuzak kurmak	[tuzak kurmak]
stroper (de)	kaçak avcı	[katʃak avdʒı]
wild (het)	av hayvanları	[av hajvanları]
jachthond (de)	av köpeği	[av køpei]
safari (de)	safari	[safari]
opgezet dier (het)	doldurulmuş hayvan	[doldurulmuʃ hajvan]

visser (de)	balıkçı	[balıktʃı]
visvangst (de)	balık avı	[balık avı]
vissen (ww)	balık tutmak	[balık tutmak]
hengel (de)	olta	[olta]
vislijn (de)	olta ipi	[olta ipi]
haak (de)	olta iğnesi	[olta i:inesi]
dobber (de)	olta mantarı	[olta mantarı]
aas (het)	yem	[jem]

de hengel uitwerpen	olta atmak	[olta atmak]
bijten (ov. de vissen)	oltaya vurmak	[oltaja vurmak]
vangst (de)	tutulan balık miktarı	[tutulan balık miktarı]
wak (het)	buzda açılmış oyuk	[buzda atʃilmıʃ ojuk]

net (het)	ağ	[aa]
boot (de)	kayık	[kajık]
vissen met netten	ağ ile yakalamak	[aa ile jakalamak]
het net uitwerpen	ağ atmak	[aa atmak]
het net binnenhalen	ağı çıkarmak	[aı tʃıkarmak]

walvisvangst (de)	balina avcısı	[balina avdʒısı]
walvisvaarder (de)	balina gemisi	[balina gemisi]
harpoen (de)	zıpkın	[zıpkın]

159. Spellen. Biljart

| biljart (het) | bilardo | [bilardo] |
| biljartzaal (de) | bilardo salonu | [bilardo salonu] |

biljartbal (de)	bilardo topu	[bilardo topu]
een bal in het gat jagen	topu cebe sokmak	[topu dʒebe sokmak]
keu (de)	isteka	[isteka]
gat (het)	cep	[dʒep]

160. Spellen. Speelkaarten

ruiten (mv.)	karo	[karo]
schoppen (mv.)	maça	[matʃa]
klaveren (mv.)	kupa	[kupa]
harten (mv.)	sinek	[sinek]
aas (de)	bey	[bej]
koning (de)	kral	[kral]
dame (de)	kız	[kız]
boer (de)	vale	[vale]
speelkaart (de)	kağıt, iskambil kağıdı	[kaıt], [iskambil kaıdı]
kaarten (mv.)	iskambil	[iskambil]
troef (de)	koz	[koz]
pak (het) kaarten	deste	[deste]
uitdelen (kaarten ~)	dağıtmak	[daıtmak]
schudden (de kaarten ~)	karıştırmak	[karıʃtırmak]
beurt (de)	el	[el]
valsspeler (de)	hilebaz	[hilebaz]

161. Casino. Roulette

casino (het)	kazino	[kazino]
roulette (de)	rulet	[rulet]
inzet (de)	miza	[miza]
een bod doen	bahse girmek	[bahse girmek]
rood (de)	kırmızı	[kırmızı]
zwart (de)	siyah	[sijah]
inzetten op rood	kırmızıya oynamak	[kırmızıja ojnamak]
inzetten op zwart	siyaha oynamak	[sijaha ojnamak]
croupier (de)	krupiye	[krupije]
de cilinder draaien	rulet tekerleğini döndürmek	[rulet tekerleini døndyrmek]
spelregels (mv.)	oyun kuralları	[ojun kuralları]
fiche (pokerfiche, etc.)	fiş	[fiʃ]
winnen (ww)	kazanmak	[kazanmak]
winst (de)	kazanç	[kazantʃ]
verliezen (ww)	kaybetmek	[kajbetmek]
verlies (het)	kayıp	[kajıp]
speler (de)	oyuncu	[ojundʒu]
blackjack (kaartspel)	yirmi bir oyunu	[jirmi birj ojunu]

| dobbelspel (het) | barbut | [barbut] |
| speelautomaat (de) | oyun makinesi | [ojun makinesi] |

162. Rusten. Spellen. Diversen

wandelen (on.ww.)	gezmek	[gezmek]
wandeling (de)	gezi	[gezi]
trip (per auto)	yol gezisi	[jol gezisi]
avontuur (het)	macera	[madʒera]
picknick (de)	piknik	[piknik]

spel (het)	oyun	[ojun]
speler (de)	oyuncu	[ojundʒu]
partij (de)	parti	[parti]

collectioneur (de)	koleksiyoncu	[koleksjondʒu]
collectioneren (ww)	toplamak	[toplamak]
collectie (de)	koleksiyon	[koleksjon]

kruiswoordraadsel (het)	bulmaca	[bulmadʒa]
hippodroom (de)	hipodrom	[hipodrom]
discotheek (de)	disko	[disko]

| sauna (de) | sauna | [sauna] |
| loterij (de) | piyango | [pijango] |

trektocht (kampeertocht)	kamp yapma	[kamp japma]
kamp (het)	kamp	[kamp]
tent (de)	çadır	[ʧadır]
kompas (het)	pusula	[pusula]
rugzaktoerist (de)	kampçı	[kampʧı]

bekijken (een film ~)	izlemek	[izlemek]
kijker (televisie~)	izleyici	[izlejidʒi]
televisie-uitzending (de)	televizyon programı	[televizjon programı]

163. Fotografie

| fotocamera (de) | fotoğraf makinesi | [fotoraf makinesi] |
| foto (de) | foto | [foto] |

fotograaf (de)	fotoğrafçı	[fotorafʧı]
fotostudio (de)	fotoğraf stüdyosu	[fotoraf stydjosu]
fotoalbum (het)	fotoğraf albümü	[fotoraf albymy]

lens (de), objectief (het)	objektif	[obʒektif]
telelens (de)	teleobjektif	[teleobʒektif]
filter (de/het)	filtre	[filtre]
lens (de)	lens	[lens]

| optiek (de) | optik | [optik] |
| diafragma (het) | diyafram | [diafram] |

| belichtingstijd (de) | poz | [poz] |
| zoeker (de) | vizör | [vizør] |

digitale camera (de)	dijital fotoğraf makinesi	[diʒital fotoraf makinesi]
statief (het)	üçayak	[ytʃajak]
flits (de)	flâş	[flaʃ]

fotograferen (ww)	fotoğraf çekmek	[fotoraf tʃekmek]
foto's maken	resim çekmek	[resim tʃekmek]
zich laten fotograferen	fotoğraf çektirmek	[fotoraf tʃektirmek]

focus (de)	odak	[odak]
scherpstellen (ww)	odaklamak	[odaklamak]
scherp (bn)	net	[net]
scherpte (de)	netlik	[netlik]

| contrast (het) | kontrast | [kontrast] |
| contrastrijk (bn) | kontrastlı | [kontrastlı] |

kiekje (het)	resim	[resim]
negatief (het)	negatif	[negatif]
filmpje (het)	film	[film]
beeld (frame)	görüntü	[gørynty]
afdrukken (foto's ~)	basmak	[basmak]

164. Strand. Zwemmen

strand (het)	plaj	[plaʒ]
zand (het)	kum	[kum]
leeg (~ strand)	tenha	[tenha]

bruine kleur (de)	bronzlaşmış ten	[bronzlaʃmɪʃ ten]
zonnebaden (ww)	bronzlaşmak	[bronzlaʃmak]
gebruind (bn)	bronzlaşmış	[bronzlaʃmɪʃ]
zonnecrème (de)	güneş kremi	[gyneʃ kremi]

bikini (de)	bikini	[bikini]
badpak (het)	mayo	[majo]
zwembroek (de)	erkek mayosu	[erkek majosu]

zwembad (het)	havuz	[havuz]
zwemmen (ww)	yüzmek	[juzmek]
douche (de)	duş	[duʃ]
zich omkleden (ww)	değişmek	[deiʃmek]
handdoek (de)	havlu	[havlu]

| boot (de) | kayık | [kajık] |
| motorboot (de) | sürat teknesi | [syrat teknesi] |

waterski's (mv.)	su kayağı	[su kajaı]
waterfiets (de)	su bisikleti	[su bisikleti]
surfen (het)	sörfçülük	[sørftʃulyk]
surfer (de)	sörfçü	[sørftʃu]
scuba, aqualong (de)	skuba, oksijen tüpü	[skuba], [oksiʒen typy]

zwemvliezen (mv.)	paletler	[paletler]
duikmasker (het)	maske	[maske]
duiker (de)	dalgıç	[dalgıtʃ]
duiken (ww)	dalmak	[dalmak]
onder water (bw)	su altı	[su altı]
parasol (de)	güneş şemsiyesi	[gyneʃ ʃemsijesi]
ligstoel (de)	şezlong	[ʃezlong]
zonnebril (de)	güneş gözlüğü	[gyneʃ gøzlyju]
luchtmatras (de/het)	şişme yatak	[ʃiʃme jatak]
spelen (ww)	oynamak	[ojnamak]
gaan zwemmen (ww)	suya girmek	[suja girmek]
bal (de)	top	[top]
opblazen (oppompen)	hava basmak	[hava basmak]
lucht-, opblaasbare (bn)	şişme	[ʃiʃme]
golf (hoge ~)	dalga	[dalga]
boei (de)	şamandıra	[ʃamandıra]
verdrinken (ww)	suda boğulmak	[suda boulmak]
redden (ww)	kurtarmak	[kurtarmak]
reddingsvest (de)	can yeleği	[dʒan jelei]
waarnemen (ww)	gözlemlemek	[gøzlemlemek]
redder (de)	cankurtaran	[dʒankurtaran]

TECHNISCHE APPARATUUR. VERVOER

Technische apparatuur

165. Computer

computer (de)	bilgisayar	[bilgisajar]
laptop (de)	dizüstü bilgisayar	[dizysty bilgisajar]
aanzetten (ww)	açmak	[atʃmak]
uitzetten (ww)	kapatmak	[kapatmak]
toetsenbord (het)	klavye	[klavje]
toets (enter~)	tuş	[tuʃ]
muis (de)	fare	[fare]
muismat (de)	fare altlığı	[fare altlı:ı]
knopje (het)	tuş	[tuʃ]
cursor (de)	fare imleci	[fare imledʒi]
monitor (de)	monitör	[monitør]
scherm (het)	ekran	[ekran]
harde schijf (de)	sabit disk	[sabit disk]
volume (het)	sabit disk hacmi	[sabit disk hadʒmi]
van de harde schijf		
geheugen (het)	bellek	[bellek]
RAM-geheugen (het)	RAM belleği	[ram bellei]
bestand (het)	dosya	[dosja]
folder (de)	klasör	[klasør]
openen (ww)	açmak	[atʃmak]
sluiten (ww)	kapatmak	[kapatmak]
opslaan (ww)	kaydetmek	[kajdetmek]
verwijderen (wissen)	silmek	[silmek]
kopiëren (ww)	kopyalamak	[kopjalamak]
sorteren (ww)	sıralamak	[sıralamak]
overplaatsen (ww)	kopyalamak	[kopjalamak]
programma (het)	program	[program]
software (de)	yazılım	[jazılım]
programmeur (de)	programcı	[programdʒı]
programmeren (ww)	program yapmak	[program japmak]
hacker (computerkraker)	hekır	[hekır]
wachtwoord (het)	parola	[parola]
virus (het)	virüs	[virys]
ontdekken (virus ~)	tespit etmek, bulmak	[tespit etmek], [bulmak]

byte (de)	bayt	[bajt]
megabyte (de)	megabayt	[megabajt]

data (de)	veri, data	[veri], [data]
databank (de)	veritabanı	[veritabanı]

kabel (USB-~, enz.)	kablo	[kablo]
afsluiten (ww)	bağlantıyı kesmek	[baalantıı kesmek]
aansluiten op (ww)	bağlamak	[baalamak]

166. Internet. E-mail

internet (het)	internet	[internet]
browser (de)	gözatıcı	[gøzatidʒı]
zoekmachine (de)	arama motoru	[arama motoru]
internetprovider (de)	Internet sağlayıcı	[internet saalaıdʒı]

webmaster (de)	Web master	[veb master]
website (de)	internet sitesi	[internet sitesi]
webpagina (de)	internet sayfası	[internet sajfası]

adres (het)	adres	[adres]
adresboek (het)	adres defteri	[adres defteri]

postvak (het)	posta kutusu	[posta kutusu]
post (de)	posta	[posta]

bericht (het)	mesaj	[mesaʒ]
binnenkomende berichten (mv.)	gelen mesajlar	[gelen mesajlar]
uitgaande berichten (mv.)	giden mesajlar	[giden mesajlar]
verzender (de)	gönderen	[gønderen]
verzenden (ww)	göndermek	[gøndermek]
verzending (de)	gönderme	[gønderme]

ontvanger (de)	alıcı	[alıdʒı]
ontvangen (ww)	almak	[almak]

correspondentie (de)	yazışma	[jazıʃma]
corresponderen (met ...)	yazışmak	[jazıʃmak]

bestand (het)	dosya	[dosja]
downloaden (ww)	indirmek	[indirmek]
creëren (ww)	oluşturmak	[oluʃturmak]
verwijderen (een bestand ~)	silmek	[silmek]
verwijderd (bn)	silinmiş	[silinmiʃ]

verbinding (de)	bağlantı	[baalantı]
snelheid (de)	hız	[hız]
modem (de)	modem	[modem]
toegang (de)	erişim	[eriʃim]
poort (de)	port, giriş yeri	[port], [giriʃ jeri]
aansluiting (de)	bağlantı	[baalantı]
zich aansluiten (ww)	... bağlanmak	[baalanmak]

| selecteren (ww) | seçmek | [setʃmek] |
| zoeken (ww) | aramak | [aramak] |

167. Elektriciteit

elektriciteit (de)	elektrik	[elektrik]
elektrisch (bn)	elektrik, elektrikli	[elektrik], [elektrikli]
elektriciteitscentrale (de)	elektrik istasyonu	[elektrik istasjonu]
energie (de)	enerji	[enerʒi]
elektrisch vermogen (het)	elektrik enerjisi	[elektrik enerʒisi]

lamp (de)	ampul	[ampul]
zaklamp (de)	fener	[fener]
straatlantaarn (de)	sokak lambası	[sokak lambası]

licht (elektriciteit)	ışık	[ıʃık]
aandoen (ww)	açmak	[atʃmak]
uitdoen (ww)	kapatmak	[kapatmak]
het licht uitdoen	ışıkları kapatmak	[ıʃıkları kapatmak]

doorbranden (gloeilamp)	yanıp bitmek	[janıp bitmek]
kortsluiting (de)	kısa devre	[kısa devre]
onderbreking (de)	kopuk tel	[kopuk tel]
contact (het)	kontak	[kontak]

schakelaar (de)	elektrik düğmesi	[elektrik dyjmesi]
stopcontact (het)	priz	[priz]
stekker (de)	fiş	[fiʃ]
verlengsnoer (de)	uzatma kablosu	[uzatma kablosu]

zekering (de)	sigorta	[sigorta]
kabel (de)	tel	[tel]
bedrading (de)	elektrik hatları	[elektrik hatları]

ampère (de)	amper	[amper]
stroomsterkte (de)	akim yeginligi	[akim jeginligi]
volt (de)	volt	[volt]
spanning (de)	gerilim	[gerilim]

| elektrisch toestel (het) | elektrikli alet | [elektrikli alet] |
| indicator (de) | indikatör | [indikatør] |

elektricien (de)	elektrikçi	[elektriktʃi]
solderen (ww)	lehimlemek	[lehimlemek]
soldeerbout (de)	lehim aleti	[lehim aletı]
stroom (de)	akım, cereyan	[akım], [dʒerejan]

168. Gereedschappen

werktuig (stuk gereedschap)	alet	[alet]
gereedschap (het)	aletler	[aletler]
uitrusting (de)	ekipman	[ekipman]

hamer (de)	çekiç	[ʧekiʧ]
schroevendraaier (de)	tornavida	[tornavida]
bijl (de)	balta	[balta]
zaag (de)	testere	[testere]
zagen (ww)	testere ile kesmek	[testere ile kesmek]
schaaf (de)	rende	[rende]
schaven (ww)	rendelemek	[rendelemek]
soldeerbout (de)	lehim aleti	[lehim aletı]
solderen (ww)	lehimlemek	[lehimlemek]
vijl (de)	eğe	[eje]
nijptang (de)	kerpeten	[kerpeten]
combinatietang (de)	pense	[pense]
beitel (de)	keski	[keski]
boorkop (de)	matkap ucu	[matkap udʒu]
boormachine (de)	elektrikli matkap	[elektrikli matkap]
boren (ww)	delmek	[delmek]
mes (het)	bıçak	[bıʧak]
zakmes (het)	çakı	[ʧakı]
lemmet (het)	ağız	[aız]
scherp (bijv. ~ mes)	sivri, keskin	[sivri], [keskin]
bot (bn)	kör	[kør]
bot raken (ww)	körleşmek	[kørleʃmek]
slijpen (een mes ~)	keskinleştirmek	[keskinleʃtirmek]
bout (de)	cıvata	[dʒıvata]
moer (de)	somun	[somun]
schroefdraad (de)	vida dişi	[vida diʃi]
houtschroef (de)	vida	[vida]
spijker (de)	çivi	[ʧivi]
kop (de)	çivi başı	[ʧivi baʃı]
liniaal (de/het)	cetvel	[dʒetvel]
rolmeter (de)	şerit metre	[ʃerit metre]
waterpas (de/het)	su terazisi	[su terazisi]
loep (de)	büyüteç	[byjuteʧ]
meetinstrument (het)	ölçme aleti	[ølʧme aleti]
opmeten (ww)	ölçmek	[ølʧmek]
schaal (meetschaal)	skala, ölçek	[skala], [ølʧek]
gegevens (mv.)	gösterge değeri	[gøsterge deeri]
compressor (de)	kompresör	[kompresør]
microscoop (de)	mikroskop	[mikroskop]
pomp (de)	pompa	[pompa]
robot (de)	robot	[robot]
laser (de)	lazer	[lazer]
moersleutel (de)	somun anahtarı	[somun anahtarı]
plakband (de)	koli bantı	[koli bantı]

lijm (de)	yapıştırıcı	[japɪʃtɪrɪdʒɪ]
schuurpapier (het)	zımpara	[zɪmpara]
veer (de)	yay	[jaj]
magneet (de)	mıknatıs	[mɪknatɪs]
handschoenen (mv.)	eldiven	[eldiven]

touw (bijv. henneptouw)	ip	[ip]
snoer (het)	kordon, ip	[kordon], [ip]
draad (de)	tel	[tel]
kabel (de)	kablo	[kablo]

moker (de)	varyos	[varjos]
breekijzer (het)	levye	[levje]
ladder (de)	merdiven	[merdiven]
trapje (inklapbaar ~)	dayama merdiven	[dajama merdiven]

aanschroeven (ww)	sıkıştırmak	[sɪkɪʃtɪrmak]
losschroeven (ww)	sökmek	[søkmek]
dichtpersen (ww)	sıkıştırmak	[sɪkɪʃtɪrmak]
vastlijmen (ww)	yapıştırmak	[japɪʃtɪrmak]
snijden (ww)	kesmek	[kesmek]

defect (het)	arıza	[arɪza]
reparatie (de)	tamirat	[tamirat]
repareren (ww)	tamir etmek	[tamir etmek]
regelen (een machine ~)	ayarlamak	[ajarlamak]

checken (ww)	kontrol etmek	[kontrol etmek]
controle (de)	kontrol, deneme	[kontrol], [deneme]
gegevens (mv.)	gösterge değeri	[gøsterge deeri]

| degelijk (bijv. ~ machine) | sağlam | [saalam] |
| ingewikkeld (bn) | karmaşık | [karmaʃık] |

roesten (ww)	paslanmak	[paslanmak]
roestig (bn)	paslanmış	[paslanmɪʃ]
roest (de/het)	pas	[pas]

Vervoer

169. Vliegtuig

vliegtuig (het)	uçak	[uʧak]
vliegticket (het)	uçak bileti	[uʧak bileti]
luchtvaartmaatschappij (de)	hava yolları şirketi	[hava jolları ʃirketi]
luchthaven (de)	havaalanı	[havaalanı]
supersonisch (bn)	sesüstü	[sesysty]
gezagvoerder (de)	kaptan pilot	[kaptan pilot]
bemanning (de)	ekip	[ekip]
piloot (de)	pilot	[pilot]
stewardess (de)	hostes	[hostes]
stuurman (de)	seyrüseferci	[sejryseferdʒi]
vleugels (mv.)	kanatlar	[kanatlar]
staart (de)	kuyruk	[kujruk]
cabine (de)	kabin	[kabin]
motor (de)	motor	[motor]
landingsgestel (het)	iniş takımı	[iniʃ takımı]
turbine (de)	türbin	[tyrbin]
propeller (de)	pervane	[pervane]
zwarte doos (de)	kara kutu	[kara kutu]
stuur (het)	kumanda kolu	[kumanda kolu]
brandstof (de)	yakıt	[jakıt]
veiligheidskaart (de)	güvenlik kartı	[gyvenlik kartı]
zuurstofmasker (het)	oksijen maskesi	[oksiʒen maskesi]
uniform (het)	üniforma	[yniforma]
reddingsvest (de)	can yeleği	[dʒan jelei]
parachute (de)	paraşüt	[paraʃyt]
opstijgen (het)	kalkış	[kalkıʃ]
opstijgen (ww)	kalkmak	[kalkmak]
startbaan (de)	kalkış pisti	[kalkıʃ pisti]
zicht (het)	görüş	[gøryʃ]
vlucht (de)	uçuş	[uʧuʃ]
hoogte (de)	yükseklik	[jukseklik]
luchtzak (de)	hava boşluğu	[hava boʃluu]
plaats (de)	yer	[jer]
koptelefoon (de)	kulaklık	[kulaklık]
tafeltje (het)	katlanır tepsi	[katlanır tepsi]
venster (het)	pencere	[pendʒere]
gangpad (het)	koridor	[koridor]

170. Trein

trein (de)	tren	[tren]
elektrische trein (de)	elektrikli tren	[elektrikli tren]
sneltrein (de)	hızlı tren	[hızlı tren]
diesellocomotief (de)	dizel lokomotifi	[dizel lokomotifi]
stoomlocomotief (de)	buharlı lokomotif	[buharlı lokomotif]
rijtuig (het)	vagon	[vagon]
restauratierijtuig (het)	vagon restoran	[vagon restoran]
rails (mv.)	ray	[raj]
spoorweg (de)	demir yolu	[demir jolu]
dwarsligger (de)	travers	[travers]
perron (het)	peron	[peron]
spoor (het)	yol	[jol]
semafoor (de)	semafor	[semafor]
halte (bijv. kleine treinhalte)	istasyon	[istasjon]
machinist (de)	makinist	[makinist]
kruier (de)	hamal	[hamal]
conducteur (de)	kondüktör	[kondyktør]
passagier (de)	yolcu	[joldʒu]
controleur (de)	kondüktör	[kondyktør]
gang (in een trein)	koridor	[koridor]
noodrem (de)	imdat freni	[imdat freni]
coupé (de)	kompartıman	[kompartıman]
bed (slaapplaats)	yatak	[jatak]
bovenste bed (het)	üst yatak	[yst jatak]
onderste bed (het)	alt yatak	[alt jatak]
beddengoed (het)	yatak takımı	[jatak takımı]
kaartje (het)	bilet	[bilet]
dienstregeling (de)	tarife	[tarife]
informatiebord (het)	sefer tarifesi	[sefer tarifesi]
vertrekken (De trein vertrekt …)	kalkmak	[kalkmak]
vertrek (ov. een trein)	kalkış	[kalkıʃ]
aankomen (ov. de treinen)	varmak	[varmak]
aankomst (de)	varış	[varıʃ]
aankomen per trein	trenle gelmek	[trenle gelmek]
in de trein stappen	trene binmek	[trene binmek]
uit de trein stappen	trenden inmek	[trenden inmek]
treinwrak (het)	tren enkazı	[tren enkazı]
ontspoord zijn	raydan çıkmak	[rajdan tʃıkmak]
stoomlocomotief (de)	buharlı lokomotif	[buharlı lokomotif]
stoker (de)	ocakçı	[odʒaktʃı]
stookplaats (de)	ocak	[odʒak]
steenkool (de)	kömür	[kømyr]

171. Schip

| schip (het) | gemi | [gemi] |
| vaartuig (het) | tekne | [tekne] |

stoomboot (de)	vapur	[vapur]
motorschip (het)	dizel motorlu gemi	[dizel motorlu gemi]
lijnschip (het)	büyük gemi	[byjuk gemi]
kruiser (de)	kruvazör	[kruvazør]

jacht (het)	yat	[jat]
sleepboot (de)	römorkör	[rømorkør]
duwbak (de)	yük dubası	[juk dubası]
ferryboot (de)	feribot	[feribot]

| zeilboot (de) | yelkenli gemi | [jelkenli gemi] |
| brigantijn (de) | gulet | [gulet] |

| ijsbreker (de) | buzkıran | [buzkıran] |
| duikboot (de) | denizaltı | [denizaltı] |

boot (de)	kayık	[kajık]
sloep (de)	filika	[filika]
reddingssloep (de)	cankurtaran filikası	[dʒankurtaran filikası]
motorboot (de)	sürat teknesi	[syrat teknesi]

kapitein (de)	kaptan	[kaptan]
zeeman (de)	tayfa	[tajfa]
matroos (de)	denizci	[denizdʒi]
bemanning (de)	mürettebat	[myrettebat]

bootsman (de)	lostromo	[lostromo]
scheepsjongen (de)	miço	[mitʃo]
kok (de)	gemi aşçısı	[gemi aʃtʃısı]
scheepsarts (de)	gemi doktoru	[gemi doktoru]

dek (het)	güverte	[gyverte]
mast (de)	direk	[direk]
zeil (het)	yelken	[jelken]

ruim (het)	ambar	[ambar]
voorsteven (de)	geminin baş tarafı	[geminin baʃ tarafı]
achtersteven (de)	kıç	[kıtʃ]
roeispaan (de)	kürek	[kyrek]
schroef (de)	pervane	[pervane]

kajuit (de)	kamara	[kamara]
officierskamer (de)	subay yemek salonu	[subaj jemek salonu]
machinekamer (de)	makine dairesi	[makine dairesi]
brug (de)	kaptan köprüsü	[kaptan køprysy]
radiokamer (de)	telsiz odası	[telsiz odası]
radiogolf (de)	dalga	[dalga]
logboek (het)	gemi jurnali	[gemi ʒurnalı]
verrekijker (de)	tek dürbün	[tek dyrbyn]
klok (de)	çan	[tʃan]

vlag (de)	bayrak	[bajrak]
kabel (de)	halat	[halat]
knoop (de)	düğüm	[dyjum]

| leuning (de) | vardavela | [vardavela] |
| trap (de) | iskele | [iskele] |

anker (het)	çapa, demir	[ʧapa], [demir]
het anker lichten	demir almak	[demir almak]
het anker neerlaten	demir atmak	[demir atmak]
ankerketting (de)	çapa zinciri	[ʧapa zinʤiri]

haven (bijv. containerhaven)	liman	[liman]
kaai (de)	iskele, rıhtım	[iskele], [rɪhtɪm]
aanleggen (ww)	yanaşmak	[janaʃmak]
wegvaren (ww)	iskeleden ayrılmak	[iskeleden ajrɪlmak]

reis (de)	seyahat	[sejahat]
cruise (de)	gemi turu	[gemi turu]
koers (de)	seyir	[sejir]
route (de)	rota	[rota]

vaarwater (het)	seyir koridoru	[sejir koridoru]
zandbank (de)	sığlık	[sɪːlɪk]
stranden (ww)	karaya oturmak	[karaja oturmak]

storm (de)	fırtına	[fɪrtɪna]
signaal (het)	sinyal	[sinjal]
zinken (ov. een boot)	batmak	[batmak]
Man overboord!	denize adam düştü	[denize adam dyʃty]
SOS (noodsignaal)	SOS	[es o es]
reddingsboei (de)	can simidi	[ʤan simidi]

172. Vliegveld

luchthaven (de)	havaalanı	[havaalanɪ]
vliegtuig (het)	uçak	[uʧak]
luchtvaartmaatschappij (de)	hava yolları şirketi	[hava jollarɪ ʃirketi]
luchtverkeersleider (de)	hava trafik kontrolörü	[hava trafik kontroløry]

vertrek (het)	kalkış	[kalkɪʃ]
aankomst (de)	varış	[varɪʃ]
aankomen (per vliegtuig)	varmak	[varmak]

| vertrektijd (de) | kalkış saati | [kalkɪʃ saati] |
| aankomstuur (het) | iniş saati | [iniʃ saati] |

| vertraagd zijn (ww) | gecikmek | [geʤikmek] |
| vluchtvertraging (de) | gecikme | [geʤikme] |

informatiebord (het)	bilgi panosu	[bilgi panosu]
informatie (de)	danışma	[danɪʃma]
aankondigen (ww)	anons etmek	[anons etmek]
vlucht (bijv. KLM ~)	uçuş, sefer	[uʧuʃ], [sefer]

153

| douane (de) | gümrük | [gymryk] |
| douanier (de) | gümrükçü | [gymryktʃu] |

douaneaangifte (de)	gümrük beyannamesi	[gymryk bejannamesi]
invullen (douaneaangifte ~)	doldurmak	[doldurmak]
een douaneaangifte invullen	beyanname doldurmak	[bejanname doldurmak]
paspoortcontrole (de)	pasaport kontrol	[pasaport kontrol]

bagage (de)	bagaj	[bagaʒ]
handbagage (de)	el bagajı	[el bagaʒı]
bagagekarretje (het)	bagaj arabası	[bagaʒ arabası]

landing (de)	iniş	[iniʃ]
landingsbaan (de)	iniş pisti	[iniʃ pisti]
landen (ww)	inmek	[inmek]
vliegtuigtrap (de)	uçak merdiveni	[utʃak merdiveni]

inchecken (het)	check-in	[tʃek in]
incheckbalie (de)	kontuar check-in	[kontuar tʃek in]
inchecken (ww)	check-in yapmak	[tʃek in japmak]
instapkaart (de)	biniş kartı	[biniʃ kartı]
gate (de)	çıkış kapısı	[tʃıkıʃ kapısı]

transit (de)	transit	[transit]
wachten (ww)	beklemek	[beklemek]
wachtzaal (de)	bekleme salonu	[bekleme salonu]
begeleiden (uitwuiven)	yolcu etmek	[joldʒu etmek]
afscheid nemen (ww)	vedalaşmak	[vedalaʃmak]

173. Fiets. Motorfiets

fiets (de)	bisiklet	[bisiklet]
bromfiets (de)	scooter	[skuter]
motorfiets (de)	motosiklet	[motosiklet]

met de fiets rijden	bisikletle gitmek	[bisikletle gitmek]
stuur (het)	gidon	[gidon]
pedaal (de/het)	pedal	[pedal]
remmen (mv.)	fren, frenler	[fren], [frenler]
fietszadel (de/het)	bisiklet selesi	[bisiklet selesi]

pomp (de)	pompa	[pompa]
bagagedrager (de)	bisiklet bagajı	[bisiklet bagaʒı]
fietslicht (het)	ön lamba	[øn lamba]
helm (de)	kask	[kask]

wiel (het)	tekerlek	[tekerlek]
spatbord (het)	çamurluk	[tʃamurluk]
velg (de)	jant	[ʒant]
spaak (de)	jant teli	[ʒant teli]

Auto's

174. Soorten auto's

auto (de)	araba	[araba]
sportauto (de)	spor araba	[spor araba]
limousine (de)	limuzin	[limuzin]
terreinwagen (de)	arazi aracı	[arazi aradʒı]
cabriolet (de)	üstü açılabilir araba	[ysty atʃılabilir araba]
minibus (de)	minibüs	[minibys]
ambulance (de)	ambulans	[ambulans]
sneeuwruimer (de)	kar temizleme aracı	[kar temizleme aradʒı]
vrachtwagen (de)	kamyon	[kamjon]
tankwagen (de)	akaryakıt tankeri	[akarjakıt tankeri]
bestelwagen (de)	kamyonet	[kamjonet]
trekker (de)	tır çekici	[tir tʃekidʒı]
aanhangwagen (de)	römork	[rømork]
comfortabel (bn)	konforlu	[konforlu]
tweedehands (bn)	kullanılmış	[kullanılmıʃ]

175. Auto's. Carrosserie

motorkap (de)	kaporta	[kaporta]
spatbord (het)	çamurluk	[tʃamurluk]
dak (het)	çatı	[tʃatı]
voorruit (de)	ön cam	[øn dʒam]
achterruit (de)	dikiz aynası	[dikiz ajnası]
ruitensproeier (de)	ön cam yıkayıcı	[øn dʒam jıkajıdʒi]
wisserbladen (mv.)	silecek	[siledʒek]
zijruit (de)	yan camisi	[jan dʒamisi]
raamlift (de)	cam krikosu	[dʒam krikosu]
antenne (de)	anten	[anten]
zonnedak (het)	açılır tavan	[atʃılır tavan]
bumper (de)	tampon	[tampon]
koffer (de)	bagaj	[bagaʒ]
imperiaal (de/het)	portbagaj	[portbagaʒ]
portier (het)	kapı	[kapı]
handvat (het)	kapı kolu	[kapı kolu]
slot (het)	kilit	[kilit]
nummerplaat (de)	plaka	[plaka]
knalpot (de)	susturucu	[susturudʒu]

benzinetank (de)	benzin deposu	[benzin deposu]
uitlaatpijp (de)	egzoz borusu	[egzoz borusu]
gas (het)	gaz	[gaz]
pedaal (de/het)	pedal	[pedal]
gaspedaal (de/het)	gaz pedalı	[gaz pedalı]
rem (de)	fren	[fren]
rempedaal (de/het)	fren pedalı	[fren pedalı]
remmen (ww)	yavaşlamak	[javaʃlamak]
handrem (de)	el freni	[el freni]
koppeling (de)	debriyaj	[debrijaʒ]
koppelingspedaal (de/het)	debriyaj pedalı	[debrijaʒ pedalı]
koppelingsschijf (de)	debriyaj diski	[debrijaʒ diski]
schokdemper (de)	amortisör	[amortisør]
wiel (het)	tekerlek	[tekerlek]
reservewiel (het)	istepne	[istepne]
band (de)	lastik	[lastik]
wieldop (de)	jant kapağı	[ʒant kapaı]
aandrijfwielen (mv.)	çalıştırma dişlisi	[ʧalıʃtırma diʃlisi]
met voorwielaandrijving	önden çekişli	[ønden ʧekiʃli]
met achterwielaandrijving	arkadan çekişli	[arkadan ʧekiʃli]
met vierwielaandrijving	dört çeker	[dørt ʧeker]
versnellingsbak (de)	vites kutusu	[vites kutusu]
automatisch (bn)	otomatik	[otomatik]
mechanisch (bn)	mekanik	[mekanik]
versnellingspook (de)	vites kolu	[vites kolu]
voorlicht (het)	far	[far]
voorlichten (mv.)	farlar	[farlar]
dimlicht (het)	kısa huzmeli	[kısa huzmeli]
grootlicht (het)	uzun huzmeli farlar	[uzun hyzmeli farlar]
stoplicht (het)	fren lambası	[fren lambası]
standlichten (mv.)	park lambası	[park lambası]
noodverlichting (de)	tehlike uyarı ışığı	[tehlike ujarı iʃı:ı]
mistlichten (mv.)	sis lambaları	[sis lambaları]
pinker (de)	dönüş sinyali	[dønyʃ sinjali]
achteruitrijdlicht (het)	geri vites lambası	[geri vites lambası]

176. Auto's. Passagiersruimte

interieur (het)	arabanın içi	[arabanın iʧi]
leren (van leer gemaak)	deri	[deri]
fluwelen (abn)	velur	[velyr]
bekleding (de)	iç döşeme	[iʧ døʃeme]
toestel (het)	gösterge	[gøsterge]
instrumentenbord (het)	gösterge paneli	[gøsterge paneli]

| snelheidsmeter (de) | hız göstergesi | [hız gøstergesi] |
| pijltje (het) | ibre | [ibre] |

kilometerteller (de)	kilometre sayacı	[kilometre sajadʒı]
sensor (de)	sensör	[sensør]
niveau (het)	seviye	[sevije]
controlelampje (het)	gösterge lambası	[gøsterge lambası]

stuur (het)	direksiyon	[direksjon]
toeter (de)	klakson sesi	[klakson sesi]
knopje (het)	düğme	[dyjme]
schakelaar (de)	şalteri	[ʃalteri]

stoel (bestuurders~)	koltuk	[koltuk]
rugleuning (de)	arka koltuk	[arka koltuk]
hoofdsteun (de)	koltuk başlığı	[koltuk baʃlı:ı]
veiligheidsgordel (de)	emniyet kemeri	[emnijet kemeri]
de gordel aandoen	emniyet kemeri takmak	[emnijet kemeri takmak]
regeling (de)	ayarlama	[ajarlama]

| airbag (de) | hava yastığı | [hava jastı:ı] |
| airconditioner (de) | klima | [klima] |

radio (de)	radyo	[radjo]
CD-speler (de)	CD çalar	[sidi tʃalar]
aanzetten (bijv. radio ~)	açmak	[atʃmak]
antenne (de)	anten	[anten]
handschoenenkastje (het)	torpido gözü	[torpido gøzly]
asbak (de)	küllük	[kyllyk]

177. Auto's. Motor

| diesel- (abn) | dizel | [dizel] |
| benzine- (~motor) | benzinli | [benzinlı] |

motorinhoud (de)	motor hacmi	[motor hadʒmi]
vermogen (het)	güç	[gytʃ]
paardenkracht (de)	beygir gücü	[bejgir gydʒy]
zuiger (de)	piston	[piston]
cilinder (de)	silindir	[silindir]
klep (de)	supap	[supap]

injectie (de)	enjektör	[enʒektør]
generator (de)	jeneratör	[ʒeneratør]
carburator (de)	karbüratör	[karbyratør]
motorolie (de)	motor yağı	[motor jaı]

radiator (de)	radyatör	[radjatør]
koelvloeistof (de)	soğutucu sıvı	[soutudʒu sıvı]
ventilator (de)	soğutma fanı	[soutma fanı]

accu (de)	akü	[aky]
starter (de)	marş, starter	[marʃ], [starter]
contact (ontsteking)	ateşleme	[ateʃleme]

bougie (de)	ateşleme bujisi	[ateʃleme buʒisi]
pool (de)	terminal	[terminal]
positieve pool (de)	artı kutup	[artı kutup]
negatieve pool (de)	eksi kutup	[eksi kutup]
zekering (de)	sigorta	[sigorta]

luchtfilter (de)	hava filtresi	[hava filtresi]
oliefilter (de)	yağ filtresi	[jaa filtresi]
benzinefilter (de)	yakıt filtresi	[jakıt filtresi]

178. Auto's. Botsing. Reparatie

auto-ongeval (het)	kaza	[kaza]
verkeersongeluk (het)	trafik kazası	[trafik kazası]
aanrijden	bindirmek	[bindirmek]
(tegen een boom, enz.)		
verongelukken (ww)	kaza yapmak	[kaza japmak]
beschadiging (de)	hasar	[hasar]
heelhuids (bn)	sağlam	[saalam]

pech (de)	arıza	[arıza]
kapot gaan (zijn gebroken)	arıza yapmak	[arıza japmak]
sleeptouw (het)	çekme halatı	[ʧekme halatı]

lek (het)	delik	[delik]
lekke krijgen (band)	sönmek	[sønmek]
oppompen (ww)	hava basmak	[hava basmak]
druk (de)	basınç	[basınʧ]
checken (ww)	kontrol etmek	[kontrol etmek]

reparatie (de)	tamirat	[tamirat]
garage (de)	tamirhane	[tamirhane]
wisselstuk (het)	yedek parça	[jedek parʧa]
onderdeel (het)	parça	[parʧa]

bout (de)	cıvata	[dʒıvata]
schroef (de)	vida	[vida]
moer (de)	somun	[somun]
sluitring (de)	pul	[pul]
kogellager (de/het)	rulman	[rulman]

pijp (de)	hortum, boru	[hortum], [boru]
pakking (de)	conta	[dʒonta]
kabel (de)	tel	[tel]

dommekracht (de)	kriko	[kriko]
moersleutel (de)	somun anahtarı	[somun anahtarı]
hamer (de)	çekiç	[ʧekiʧ]
pomp (de)	pompa	[pompa]
schroevendraaier (de)	tornavida	[tornavida]
brandblusser (de)	yangın tüpü	[jangın typy]
gevarendriehoek (de)	üçgen reflektör	[yʧgen reflektør]
afslaan	durmak	[durmak]
(ophouden te werken)		

uitvallen (het)	arızalanıp stop etme	[arızalanıp stop etme]
zijn gebroken	bozuk olmak	[bozuk olmak]
oververhitten (ww)	aşırı ısınmak	[aʃırı isınmak]
verstopt raken (ww)	tıkanmak	[tıkanmak]
bevriezen (autodeur, enz.)	donmak	[donmak]
barsten (leidingen, enz.)	patlamak	[patlamak]
druk (de)	basınç	[basıntʃ]
niveau (bijv. olieniveau)	seviye	[sevije]
slap (de drijfriem is ~)	gevşek	[gevʃek]
deuk (de)	ezik, vuruk	[ezik], [vuruk]
geklop (vreemde geluiden)	gürültü	[gyrylty]
barst (de)	çatlak	[tʃatlak]
kras (de)	çizik	[tʃizik]

179. Auto's. Weg

weg (de)	yol	[jol]
snelweg (de)	otoban	[otoban]
autoweg (de)	şose	[ʃose]
richting (de)	istikamet	[istikamet]
afstand (de)	mesafe	[mesafe]
brug (de)	köprü	[køpry]
parking (de)	park yeri	[park jeri]
plein (het)	meydan	[mejdan]
verkeersknooppunt (het)	kavşak	[kavʃak]
tunnel (de)	tünel	[tynel]
benzinestation (het)	yakıt istasyonu	[jakıt istasjonu]
parking (de)	otopark	[otopark]
benzinepomp (de)	benzin pompası	[benzin pompası]
garage (de)	tamirhane	[tamirhane]
tanken (ww)	depoyu doldurmak	[depoju doldurmak]
brandstof (de)	yakıt	[jakıt]
jerrycan (de)	benzin bidonu	[benzin bidonu]
asfalt (het)	asfalt	[asfalt]
markering (de)	yol çizgileri	[jol tʃizgileri]
trottoirband (de)	bordür	[bordyr]
geleiderail (de)	otoyol korkuluk	[otojol korkylyk]
greppel (de)	hendek	[hendek]
vluchtstrook (de)	yol kenarı	[jol kenarı]
lichtmast (de)	direk	[direk]
besturen (een auto ~)	sürmek	[syrmek]
afslaan (naar rechts ~)	dönmek	[dønmek]
U-bocht maken (ww)	U dönüşü yapmak	[u dønyʃy japmak]
achteruit (de)	geri vites	[geri vites]
toeteren (ww)	korna çalmak	[korna tʃalmak]
toeter (de)	korna sesi	[korna sesi]

vastzitten (in modder)	saplanmak	[saplanmak]
spinnen (wielen gaan ~)	patinaj yapmak	[patinaʒ japmak]
uitzetten (ww)	motoru durdurmak	[motoru durdurmak]

snelheid (de)	hız	[hız]
een snelheidsovertreding maken	hız limitini aşmak	[hız limitini aʃmak]
bekeuren (ww)	ceza kesmek	[ʤeza kesmek]
verkeerslicht (het)	trafik ışıkları	[trafik ıʃıkları]
rijbewijs (het)	ehliyet	[ehlijet]

overgang (de)	hemzemin geçit	[hemzemin getʃit]
kruispunt (het)	kavşak	[kavʃak]
zebrapad (oversteekplaats)	yaya geçidi	[jaja getʃidi]
bocht (de)	viraj	[viraʒ]
voetgangerszone (de)	yaya bölgesi	[jaja bølgesi]

180. Verkeersborden

verkeersregels (mv.)	trafik kuralları	[trafik kuralları]
verkeersbord (het)	işaret	[iʃaret]
inhalen (het)	geçme	[getʃme]
bocht (de)	viraj	[viraʒ]
U-bocht, kering (de)	u dönüşü	[u dønyʃy]
Rotonde (de)	döner kavşak	[døner kavʃak]

Verboden richting	taşıt giremez	[taʃıt giremez]
Verboden toegang	taşıt trafiğine kapalı	[taʃıt trafi:ine kapalı]
Inhalen verboden	öndeki taşıtı geçmek yasaktır	[øndeki taʃıtı getʃmek jasaktır]

| Parkeerverbod | parketmek yasaktır | [parketmek jasaktır] |
| Verbod stil te staan | duraklamak yasaktır | [duraklamak jasaktır] |

Gevaarlijke bocht	tehlikeli viraj	[tehlikeli viraʒ]
Gevaarlijke daling	dik yokuş	[dik jokuʃ]
Eenrichtingsweg	tek yönlü yol	[tek jønly jol]
Voetgangers	yaya geçidi	[jaja getʃidi]
Slipgevaar	kaygan yol	[kajgan jol]
Voorrang verlenen	yol ver	[jol ver]

MENSEN. GEBEURTENISSEN IN HET LEVEN

Gebeurtenissen in het leven

181. Vakanties. Evenement

feest (het)	bayram	[bajram]
nationale feestdag (de)	ulusal bayram	[ulusal bajram]
feestdag (de)	bayram günü	[bajram gyny]
herdenken (ww)	onurlandırmak	[onurlandırmak]
gebeurtenis (de)	olay	[olaj]
evenement (het)	olay	[olaj]
banket (het)	ziyafet	[zijafet]
receptie (de)	kabul töreni	[kabul tøreni]
feestmaal (het)	şölen	[ʃølen]
verjaardag (de)	yıldönümü	[jıldønymy]
jubileum (het)	jübile	[ʒybile]
vieren (ww)	kutlamak	[kutlamak]
Nieuwjaar (het)	Yıl başı	[jıl baʃı]
Gelukkig Nieuwjaar!	Mutlu yıllar!	[mutlu jıllar]
Kerstfeest (het)	Noel	[noel]
Vrolijk kerstfeest!	Mutlu Noeller!	[mutlu noeller]
kerstboom (de)	Yılbaşı ağacı	[jılbaʃı aadʒı]
vuurwerk (het)	havai fişek	[havai fiʃek]
bruiloft (de)	düğün	[dyjun]
bruidegom (de)	nişanlı	[niʃanlı]
bruid (de)	gelin	[gelin]
uitnodigen (ww)	davet etmek	[davet etmek]
uitnodigingskaart (de)	davetiye	[davetije]
gast (de)	davetli	[davetli]
op bezoek gaan	ziyaret etmek	[zijaret etmek]
gasten verwelkomen	misafirleri karşılamak	[misafirleri karʃılamak]
geschenk, cadeau (het)	hediye	[hedije]
geven (iets cadeau ~)	vermek	[vermek]
geschenken ontvangen	hediye almak	[hedije almak]
boeket (het)	demet	[demet]
felicitaties (mv.)	tebrikler	[tebrikler]
feliciteren (ww)	tebrik etmek	[tebrik etmek]
wenskaart (de)	tebrik kartı	[tebrik kartı]
een kaartje versturen	tebrik kartı göndermek	[tebrik kartı gøndermek]

een kaartje ontvangen	tebrik kartı almak	[tebrik kartı almak]
toast (de)	kadeh kaldırma	[kadeh kaldırma]
aanbieden (een drankje ~)	ikram etmek	[ikram etmek]
champagne (de)	şampanya	[ʃampanja]

plezier hebben (ww)	eğlenmek	[eelenmek]
plezier (het)	neşe	[neʃe]
vreugde (de)	neşe, sevinç	[neʃe], [sevintʃ]

| dans (de) | dans | [dans] |
| dansen (ww) | dans etmek | [dans etmek] |

| wals (de) | vals | [vals] |
| tango (de) | tango | [tango] |

182. Begrafenissen. Begrafenis

kerkhof (het)	mezarlık	[mezarlık]
graf (het)	mezar	[mezar]
kruis (het)	haç	[hatʃ]
grafsteen (de)	mezar taşı	[mezar taʃı]
omheining (de)	çit	[tʃit]
kapel (de)	ibadet yeri	[ibadet jeri]

dood (de)	ölüm	[ølym]
sterven (ww)	ölmek	[ølmek]
overledene (de)	ölü	[øly]
rouw (de)	yas	[jas]

begraven (ww)	gömmek	[gømmek]
begrafenisonderneming (de)	cenaze evi	[dʒenaze evi]
begrafenis (de)	cenaze	[dʒenaze]

krans (de)	çelenk	[tʃelenk]
doodskist (de)	tabut	[tabut]
lijkwagen (de)	cenaze arabası	[dʒenaze arabası]
lijkkleed (de)	kefen	[kefen]

begrafenisstoet (de)	cenaze alayı	[dʒenaze alajı]
urn (de)	kül kabı	[kyl kabı]
crematorium (het)	krematoryum	[krematorjum]

overlijdensbericht (het)	anma yazısı	[anma jazısı]
huilen (wenen)	ağlamak	[aalamak]
snikken (huilen)	hıçkırarak ağlamak	[hıtʃkırarak aalamak]

183. Oorlog. Soldaten

peloton (het)	takım	[takım]
compagnie (de)	bölük	[bølyk]
regiment (het)	alay	[alaj]
leger (armee)	ordu	[ordu]

divisie (de)	tümen	[tymen]
sectie (de)	müfreze	[myfreze]
troep (de)	ordu	[ordu]
soldaat (militair)	asker	[asker]
officier (de)	subay	[subaj]
soldaat (rang)	er	[er]
sergeant (de)	çavuş	[ʧavuʃ]
luitenant (de)	teğmen	[teemen]
kapitein (de)	yüzbaşı	[juzbaʃı]
majoor (de)	binbaşı	[binbaʃı]
kolonel (de)	albay	[albaj]
generaal (de)	general	[general]
matroos (de)	denizci	[denizʤi]
kapitein (de)	yüzbaşı	[juzbaʃı]
bootsman (de)	lostromo	[lostromo]
artillerist (de)	topçu askeri	[topʧu askeri]
valschermjager (de)	paraşütçü asker	[paraʃytʧy asker]
piloot (de)	pilot	[pilot]
stuurman (de)	seyrüseferci	[sejryseferʤi]
mecanicien (de)	mekanik teknisyen	[mekanik teknisjen]
sappeur (de)	istihkam eri	[istihkam eri]
parachutist (de)	paraşütçü	[paraʃytʧy]
verkenner (de)	keşif eri	[keʃif eri]
scherpschutter (de)	keskin nişancı	[keskin niʃanʤı]
patrouille (de)	devriye	[devrije]
patrouilleren (ww)	devriye gezmek	[devrije gezmek]
wacht (de)	nöbetçi	[nøbetʧi]
krijger (de)	savaşçı	[savaʃʧı]
patriot (de)	vatansever	[vatansever]
held (de)	kahraman	[kahraman]
heldin (de)	kadın kahraman	[kadın kahraman]
verrader (de)	hain	[hain]
verraden (ww)	ihanet etmek	[ihanet etmek]
deserteur (de)	asker kaçağı	[asker kaʧaı]
deserteren (ww)	askerlikten kaçmak	[askerliktan kaʧmak]
huurling (de)	paralı asker	[paralı asker]
rekruut (de)	acemi er	[aʤemi er]
vrijwilliger (de)	gönüllü	[gønylly]
gedode (de)	ölü	[øly]
gewonde (de)	yaralı	[jaralı]
krijgsgevangene (de)	savaş esiri	[savaʃ esiri]

184. Oorlog. Militaire acties. Deel 1

oorlog (de)	savaş	[savaʃ]
oorlog voeren (ww)	savaşmak	[savaʃmak]

burgeroorlog (de)	iç savaş	[itʃ savaʃ]
achterbaks (bw)	haince	[haindʒe]
oorlogsverklaring (de)	savaş ilanı	[savaʃ ilanı]
verklaren (de oorlog ~)	ilan etmek	[ilan etmek]
agressie (de)	saldırı	[saldırı]
aanvallen (binnenvallen)	saldırmak	[saldırmak]

binnenvallen (ww)	işgal etmek	[iʃgal etmek]
invaller (de)	işgalci	[iʃgaldʒi]
veroveraar (de)	fatih	[fatih]

verdediging (de)	savunma	[savunma]
verdedigen (je land ~)	savunmak	[savunmak]
zich verdedigen (ww)	kendini savunmak	[kendini savunmak]

| vijand, tegenstander (de) | düşman | [dyʃman] |
| vijandelijk (bn) | düşman | [dyʃman] |

| strategie (de) | strateji | [stratezi] |
| tactiek (de) | taktik | [taktik] |

order (de)	emir	[emir]
bevel (het)	komut	[komut]
bevelen (ww)	emretmek	[emretmek]
opdracht (de)	görev	[gørev]
geheim (bn)	gizli	[gizli]

| veldslag (de) | muharebe | [muharebe] |
| strijd (de) | savaş | [savaʃ] |

aanval (de)	saldırı	[saldırı]
bestorming (de)	hücum	[hydʒum]
bestormen (ww)	hücum etmek	[hydʒum etmek]
bezetting (de)	kuşatma	[kuʃatma]

| aanval (de) | taarruz | [taarruz] |
| in het offensief te gaan | taarruz etmek | [taarruz etmek] |

| terugtrekking (de) | çekilme | [tʃekilme] |
| zich terugtrekken (ww) | çekilmek | [tʃekilmek] |

| omsingeling (de) | çembere alma | [tʃembere alma] |
| omsingelen (ww) | çember içine almak | [tʃember itʃine almak] |

bombardement (het)	bombardıman	[bombardıman]
een bom gooien	bomba atmak	[bomba atmak]
bombarderen (ww)	bombalamak	[bombalamak]
ontploffing (de)	patlama	[patlama]

schot (het)	atış	[atıʃ]
een schot lossen	atış yapmak	[atıʃ japmak]
schieten (het)	ateşleme	[ateʃleme]

mikken op (ww)	... nişan almak	[niʃan almak]
aanleggen (een wapen ~)	doğrultmak	[doorultmak]
treffen (doelwit ~)	isabet etmek	[isabet etmek]

zinken (tot zinken brengen)	batırmak	[batırmak]
kogelgat (het)	delik	[delik]
zinken (gezonken zijn)	batmak	[batmak]

front (het)	cephe	[dʒephe]
evacuatie (de)	tahliye	[tahlije]
evacueren (ww)	tahliye etmek	[tahlije etmek]

loopgraaf (de)	siper	[siper]
prikkeldraad (de)	dikenli tel	[dikenli tel]
verdedigingsobstakel (het)	bariyer	[barijer]
wachttoren (de)	kule	[kule]

hospitaal (het)	askeri hastane	[askeri hastane]
verwonden (ww)	yaralamak	[jaralamak]
wond (de)	yara	[jara]
gewonde (de)	yaralı	[jaralı]
gewond raken (ww)	yara almak	[jara almak]
ernstig (~e wond)	ciddi	[dʒiddi]

185. Oorlog. Militaire acties. Deel 2

krijgsgevangenschap (de)	esaret	[esaret]
krijgsgevangen nemen	esir almak	[esir almak]
krijgsgevangene zijn	esir olmak	[esir olmak]
krijgsgevangen genomen worden	esir düşmek	[esir dyʃmek]

concentratiekamp (het)	toplanma kampı	[toplanma kampı]
krijgsgevangene (de)	savaş esiri	[savaʃ esiri]
vluchten (ww)	kaçmak	[katʃmak]

verraden (ww)	ihanet etmek	[ihanet etmek]
verrader (de)	ihanet eden	[ihanet eden]
verraad (het)	ihanet	[ihanet]

| fusilleren (executeren) | kurşuna dizmek | [kurʃuna dizmek] |
| executie (de) | idam | [idam] |

uitrusting (de)	askeri elbise	[askeri elbise]
schouderstuk (het)	apolet	[apolet]
gasmasker (het)	gaz maskesi	[gaz maskesi]

portofoon (de)	telsiz	[telsiz]
geheime code (de)	şifre	[ʃifre]
samenzwering (de)	gizlilik	[gizlilik]
wachtwoord (het)	parola	[parola]

mijn (landmijn)	mayın	[majın]
ondermijnen (legden mijnen)	mayınlamak	[majınlamak]
mijnenveld (het)	mayın tarlası	[majın tarlası]

| luchtalarm (het) | hava tehlike işareti | [hava tehlike iʃareti] |
| alarm (het) | alarm | [alarm] |

signaal (het)	işaret	[iʃaret]
vuurpijl (de)	işaret fişeği	[iʃaret fiʃei]

staf (generale ~)	karargah	[karargah]
verkenning (de)	keşif	[keʃif]
toestand (de)	durum	[durum]
rapport (het)	rapor	[rapor]
hinderlaag (de)	pusu	[pusu]
versterking (de)	takviye	[takvije]

doel (bewegend ~)	hedef	[hedef]
proefterrein (het)	poligon	[poligon]
manoeuvres (mv.)	manevralar	[manevralar]

paniek (de)	panik	[panik]
verwoesting (de)	yıkım	[jıkım]
verwoestingen (mv.)	harabe	[harabe]
verwoesten (ww)	yıkmak	[jıkmak]

overleven (ww)	hayatta kalmak	[hajatta kalmak]
ontwapenen (ww)	silahsızlandırmak	[silah sızlandırmak]
behandelen (een pistool ~)	kullanmak	[kullanmak]

Geeft acht!	Hazır ol!	[hazır ol]
Op de plaats rust!	Rahat!	[rahat]

heldendaad (de)	kahramanlık	[kahramanlık]
eed (de)	yemin	[jemin]
zweren (een eed doen)	yemin etmek	[jemin etmek]

decoratie (de)	ödül	[ødyl]
onderscheiden (een ereteken geven)	ödül vermek	[ødyl vermek]
medaille (de)	madalya	[madalja]
orde (de)	nişan	[niʃan]

overwinning (de)	zafer	[zafer]
verlies (het)	yenilgi	[jenilgi]
wapenstilstand (de)	ateşkes	[ateʃkes]

wimpel (vaandel)	bayrak	[bajrak]
roem (de)	şan	[ʃan]
parade (de)	geçit töreni	[getʃit tøreni]
marcheren (ww)	yürümek	[jurymek]

186. Wapens

wapens (mv.)	silahlar	[silahlar]
vuurwapens (mv.)	ateşli silah	[ateʃli silah]
koude wapens (mv.)	çelik kılıç	[tʃelik kılıtʃ]

chemische wapens (mv.)	kimyasal silah	[kimjasal silah]
kern-, nucleair (bn)	nükleer	[nykleer]
kernwapens (mv.)	nükleer silah	[nykleer silah]

bom (de)	bomba	[bomba]
atoombom (de)	atom bombası	[atom bombası]

pistool (het)	tabanca	[tabandʒa]
geweer (het)	tüfek	[tyfek]
machinepistool (het)	hafif makineli tüfek	[hafif makineli tyfek]
machinegeweer (het)	makineli tüfek	[makineli tyfek]

loop (schietbuis)	namlu ağzı	[namlu aazı]
loop (bijv. geweer met kortere ~)	namlu	[namlu]
kaliber (het)	çap	[tʃap]

trekker (de)	tetik	[tetik]
korrel (de)	nişangah	[niʃangah]
magazijn (het)	şarjör	[ʃarʒør]
geweerkolf (de)	dipçik	[diptʃik]

granaat (handgranaat)	el bombası	[el bombası]
explosieven (mv.)	patlayıcı	[patlajıdʒı]

kogel (de)	kurşun	[kurʃun]
patroon (de)	fişek	[fiʃek]
lading (de)	şarj	[ʃarʒ]
ammunitie (de)	cephane	[dʒephane]

bommenwerper (de)	bombardıman uçağı	[bombardıman utʃaı]
straaljager (de)	avcı uçağı	[avdʒı utʃaı]
helikopter (de)	helikopter	[helikopter]

afweergeschut (het)	uçaksavar	[utʃaksavar]
tank (de)	tank	[tank]
kanon (tank met een ~ van 76 mm)	tank topu	[tank topu]

artillerie (de)	topçu	[toptʃu]
kanon (het)	top	[top]
aanleggen (een wapen ~)	doğrultmak	[doorultmak]

projectiel (het)	mermi	[mermi]
mortiergranaat (de)	havan mermisi	[havan mermisı]
mortier (de)	havan topu	[havan topu]
granaatscherf (de)	kıymık	[kıjmık]

duikboot (de)	denizaltı	[denizaltı]
torpedo (de)	torpil	[torpil]
raket (de)	füze	[fyze]

laden (geweer, kanon)	doldurmak	[doldurmak]
schieten (ww)	ateş etmek	[ateʃ etmek]
richten op (mikken)	... nişan almak	[niʃan almak]
bajonet (de)	süngü	[syngy]

degen (de)	epe	[epe]
sabel (de)	kılıç	[kılıtʃ]
speer (de)	mızrak	[mızrak]

boog (de)	yay	[jaj]
pijl (de)	ok	[ok]
musket (de)	misket tüfeği	[misket tyfei]
kruisboog (de)	tatar yayı	[tatar jajı]

187. Oude mensen

primitief (bn)	ilkel	[ilkel]
voorhistorisch (bn)	tarih öncesi	[tarih øndʒesi]
eeuwenoude (~ beschaving)	antik, eski	[antik], [eski]

Steentijd (de)	Taş Çağı	[taʃ ʧaɪ]
Bronstijd (de)	Bronz Çağı	[bronz ʧaɪ]
IJstijd (de)	Buzul Çağı	[buzul ʧaɪ]

stam (de)	kabile	[kabile]
menseneter (de)	yamyam	[jam jam]
jager (de)	avcı	[avdʒı]
jagen (ww)	avlamak	[avlamak]
mammoet (de)	mamut	[mamut]

| grot (de) | mağara | [maara] |
| vuur (het) | ateş | [ateʃ] |

| kampvuur (het) | kamp ateşi | [kamp ateʃi] |
| rotstekening (de) | kaya resmi | [kaja resmi] |

werkinstrument (het)	aletler	[aletler]
speer (de)	mızrak	[mızrak]
stenen bijl (de)	taş balta	[taʃ balta]

| oorlog voeren (ww) | savaşmak | [savaʃmak] |
| temmen (bijv. wolf ~) | evcilleştirmek | [evdʒilleʃtirmek] |

| idool (het) | put | [put] |
| aanbidden (ww) | tapmak | [tapmak] |

| bijgeloof (het) | batıl inanç | [batıl inanʧ] |
| ritueel (het) | [töre] | [tøre] |

| evolutie (de) | evrim | [evrim] |
| ontwikkeling (de) | gelişme | [geliʃme] |

| verdwijning (de) | kaybolma, yok olma | [kajbolma], [jok olma] |
| zich aanpassen (ww) | adapte olmak | [adapte olmak] |

archeologie (de)	arkeoloji	[arkeoloʒi]
archeoloog (de)	arkeolog	[arkeolog]
archeologisch (bn)	arkeolojik	[arkeoloʒik]

opgravingsplaats (de)	kazı yeri	[kazı jeri]
opgravingen (mv.)	kazı	[kazı]
vondst (de)	buluntu	[buluntu]
fragment (het)	parça	[parʧa]

188. Middeleeuwen

volk (het)	**millet, halk**	[millet], [halk]
volkeren (mv.)	**milletler**	[milletler]
stam (de)	**kabile**	[kabile]
stammen (mv.)	**kabileler**	[kabileler]
barbaren (mv.)	**barbarlar**	[barbarlar]
Galliërs (mv.)	**Galyalılar**	[galjalılar]
Goten (mv.)	**Gotlar**	[gotlar]
Slaven (mv.)	**Slavlar**	[slavlar]
Vikings (mv.)	**Vikingler**	[vikingler]
Romeinen (mv.)	**Romalılar**	[romalılar]
Romeins (bn)	**Romen**	[romen]
Byzantijnen (mv.)	**Bizanslılar**	[bizanslılar]
Byzantium (het)	**Bizans**	[bizans]
Byzantijns (bn)	**Bizanslı**	[bizanslı]
keizer (bijv. Romeinse ~)	**imparator**	[imparator]
opperhoofd (het)	**lider**	[lider]
machtig (bn)	**kudretli**	[kudretli]
koning (de)	**kral**	[kral]
heerser (de)	**ülkenin yöneticisi**	[ylkenin jønetidʒisi]
ridder (de)	**şövalye**	[ʃøvalje]
feodaal (de)	**derebeyi**	[derebeji]
feodaal (bn)	**feodal**	[feodal]
vazal (de)	**vasal**	[vasal]
hertog (de)	**dük**	[dyk]
graaf (de)	**kont**	[kont]
baron (de)	**baron**	[baron]
bisschop (de)	**piskopos**	[piskopos]
harnas (het)	**zırh**	[zırh]
schild (het)	**kalkan**	[kalkan]
zwaard (het)	**kılıç**	[kılıtʃ]
vizier (het)	**vizör**	[vizør]
maliënkolder (de)	**zincir zırh**	[zindʒir zırh]
kruistocht (de)	**haçlı seferi**	[hatʃlı seferi]
kruisvaarder (de)	**haçlı**	[hatʃlı]
gebied (bijv. bezette ~en)	**toprak**	[toprak]
aanvallen (binnenvallen)	**saldırmak**	[saldırmak]
veroveren (ww)	**fethetmek**	[fethetmek]
innemen (binnenvallen)	**işgal etmek**	[iʃgal etmek]
bezetting (de)	**kuşatma**	[kuʃatma]
belegerd (bn)	**kuşatılmış**	[kuʃatılmıʃ]
belegeren (ww)	**kuşatmak**	[kuʃatmak]
inquisitie (de)	**engizisyon**	[engizisjon]
inquisiteur (de)	**engizisyon mahkemesi üyesi**	[engizisjon mahkemesi jujesi]

foltering (de)	işkence	[iʃkendʒe]
wreed (bn)	amansız	[amansız]
ketter (de)	kafir	[kafir]
ketterij (de)	sapkınlık	[sapkınlık]

zeevaart (de)	denizcilik	[denizdʒilik]
piraat (de)	korsan	[korsan]
piraterij (de)	korsanlık	[korsanlık]
enteren (het)	mürettebatın yerini alması	[myrettebatın jerini alması]
buit (de)	ganimet	[ganimet]
schatten (mv.)	hazine	[hazine]

ontdekking (de)	keşif	[keʃif]
ontdekken (bijv. nieuw land)	keşfetmek	[keʃfetmek]
expeditie (de)	bilimsel gezisi	[bilimzel gezisi]

musketier (de)	silahşor	[silahʃor]
kardinaal (de)	kardinal	[kardinal]
heraldiek (de)	armacılık	[armadʒılık]
heraldisch (bn)	hanedan armasına ait	[hanedan armasına ait]

189. Leider. Baas. Autoriteiten

koning (de)	kral	[kral]
koningin (de)	kraliçe	[kralitʃe]
koninklijk (bn)	kraliyet	[kralijet]
koninkrijk (het)	krallık	[krallık]

prins (de)	prens	[prens]
prinses (de)	prenses	[prenses]

president (de)	başkan	[baʃkan]
vicepresident (de)	ikinci başkan	[ikindʒi baʃkan]
senator (de)	senatör	[senatør]

monarch (de)	hükümdar	[hykymdar]
heerser (de)	ülkenin yöneticisi	[ylkenin jønetidʒisi]
dictator (de)	diktatör	[diktatør]
tiran (de)	tiran	[tiran]
magnaat (de)	magnat	[magnat]

directeur (de)	müdür	[mydyr]
chef (de)	şef	[ʃef]
beheerder (de)	yönetici	[jønetidʒi]
baas (de)	patron	[patron]
eigenaar (de)	sahip	[sahip]

leider (de)	lider	[lider]
hoofd (bijv. ~ van de delegatie)	başkan	[baʃkan]
autoriteiten (mv.)	yetkililer	[jetkililer]
superieuren (mv.)	şefler	[ʃefler]
gouverneur (de)	vali	[vali]

consul (de)	konsolos	[konsolos]
diplomaat (de)	diplomat	[diplomat]
burgemeester (de)	belediye başkanı	[beledije baʃkanı]
sheriff (de)	şerif	[ʃerif]

keizer (bijv. Romeinse ~)	imparator	[imparator]
tsaar (de)	çar	[tʃar]
farao (de)	firavun	[firavun]
kan (de)	han	[han]

190. Weg. Weg. Routebeschrijving

| weg (de) | yol | [jol] |
| route (de kortste ~) | yön | [jøn] |

autoweg (de)	şose	[ʃose]
snelweg (de)	otoban	[otoban]
rijksweg (de)	eyaletler arası	[ejaletler arası]

| hoofdweg (de) | ana yol | [ana jol] |
| landweg (de) | toprak yol | [toprak jol] |

| pad (het) | patika | [patika] |
| paadje (het) | keçi yolu | [ketʃi jolu] |

Waar?	Nerede?	[nerede]
Waarheen?	Nereye?	[nereje]
Waarvandaan?	Nereden?	[nereden]

| richting (de) | istikamet | [istikamet] |
| aanwijzen (de weg ~) | göstermek | [gøstermek] |

naar links (bw)	sola	[sola]
naar rechts (bw)	sağa	[saa]
rechtdoor (bw)	dosdoğru	[dosdooru]
terug (bijv. ~ keren)	geri	[geri]

bocht (de)	viraj	[viraʒ]
afslaan (naar rechts ~)	dönmek	[dønmek]
U-bocht maken (ww)	U dönüşü yapmak	[u dønyʃy japmak]

| zichtbaar worden (ww) | görünmek | [gørynmek] |
| verschijnen (in zicht komen) | gözükmek | [gøzykmek] |

stop (korte onderbreking)	mola	[mola]
zich verpozen (uitrusten)	istirahat etmek	[istirahat etmek]
rust (de)	istirahat	[istirahat]

verdwalen (de weg kwijt zijn)	yolunu kaybetmek	[jolunu kajbetmek]
leiden naar ... (de weg)	... gitmek	[gitmek]
bereiken (ergens aankomen)	... varmak	[varmak]
deel (~ van de weg)	yolun bir parçası	[jolun bir partʃası]
asfalt (het)	asfalt	[asfalt]
trottoirband (de)	bordür	[bordyr]

greppel (de)	hendek	[hendek]
putdeksel (het)	rögar	[røgar]
vluchtstrook (de)	yol kenarı	[jol kenarı]
kuil (de)	çukur	[ʧukur]

| gaan (te voet) | yürümek, gitmek | [jurymek], [gitmek] |
| inhalen (voorbijgaan) | sollamak | [sollamak] |

| stap (de) | adım | [adım] |
| te voet (bw) | yürüyerek | [juryjerek] |

blokkeren (de weg ~)	engellemek	[engellemek]
slagboom (de)	kollu bariyer	[kollu barijer]
doodlopende straat (de)	çıkmaz sokak	[ʧıkmaz sokak]

191. De wet overtreden. Criminelen. Deel 1

bandiet (de)	haydut	[hajdut]
misdaad (de)	suç	[suʧ]
misdadiger (de)	suçlu	[suʧlu]

dief (de)	hırsız	[hırsız]
stelen (ww)	hırsızlık yapmak	[hırsızlık japmak]
stelen (de)	hırsızlık	[hırsızlık]
diefstal (de)	çalma, soyma	[ʧalma], [sojma]

kidnappen (ww)	kaçırmak	[kaʧırmak]
kidnapping (de)	adam kaçırma	[adam kaʧırma]
kidnapper (de)	adam kaçıran	[adam kaʧıran]

| losgeld (het) | fidye | [fidje] |
| eisen losgeld (ww) | fidye istemek | [fidje istemek] |

overvallen (ww)	soymak	[sojmak]
overval (de)	silahlı soygun	[silahlı sojgun]
overvaller (de)	soyguncu	[sojgundʒu]

afpersen (ww)	şantaj yapmak	[ʃantaʒ japmak]
afperser (de)	şantajcı	[ʃantaʒdʒı]
afpersing (de)	şantaj	[ʃantaʒ]

vermoorden (ww)	öldürmek	[øldyrmek]
moord (de)	öldürme	[øldyrme]
moordenaar (de)	katil	[katil]

schot (het)	atış	[atıʃ]
een schot lossen	atış yapmak	[atıʃ japmak]
neerschieten (ww)	vurmak	[vurmak]
schieten (ww)	ateş etmek	[ateʃ etmek]
schieten (het)	ateş etme	[ateʃ etme]

ongeluk (gevecht, enz.)	olay	[olaj]
gevecht (het)	kavga	[kavga]
Help!	İmdat!	[imdat]

slachtoffer (het)	kurban	[kurban]
beschadigen (ww)	zarar vermek	[zarar vermek]
schade (de)	zarar	[zarar]
lijk (het)	ceset	[dʒeset]
zwaar (~ misdrijf)	ağır	[aɪr]

aanvallen (ww)	saldırmak	[saldırmak]
slaan (iemand ~)	vurmak	[vurmak]
in elkaar slaan (toetakelen)	dövmek	[døvmek]
ontnemen (beroven)	zorla almak	[zorla almak]
steken (met een mes)	bıçakla öldürmek	[bɪtʃakla øldyrmek]
verminken (ww)	sakatlamak	[sakatlamak]
verwonden (ww)	yaralamak	[jaralamak]

chantage (de)	şantaj	[ʃantaʒ]
chanteren (ww)	şantaj yapmak	[ʃantaʒ japmak]
chanteur (de)	şantajcı	[ʃantaʒdʒɪ]

afpersing (de)	haraç	[haratʃ]
afperser (de)	haraçcı	[haratʃɪ]
gangster (de)	gangster	[gangster]
maffia (de)	mafya	[mafja]

kruimeldief (de)	yankesici	[jankesidʒi]
inbreker (de)	hırsız	[hırsız]
smokkelen (het)	kaçakçılık	[katʃaktʃɪlɪk]
smokkelaar (de)	kaçakçı	[katʃaktʃɪ]

namaak (de)	taklit	[taklit]
namaken (ww)	taklit etmek	[taklit etmek]
namaak-, vals (bn)	sahte	[sahte]

192. De wet overtreden. Criminelen. Deel 2

verkrachting (de)	ırza geçme	[ırza getʃme]
verkrachten (ww)	ırzına geçmek	[ırzına getʃmek]
verkrachter (de)	zorba	[zorba]
maniak (de)	manyak	[manjak]

prostituee (de)	hayat kadını	[hajat kadını]
prostitutie (de)	hayat kadınlığı	[hajat kadınlı:ı]
pooier (de)	kadın tüccarı	[kadın tydʒarı]

drugsverslaafde (de)	uyuşturucu bağımlısı	[ujuʃturudʒu baımlısı]
drugshandelaar (de)	uyuşturucu taciri	[ujuʃturudʒu tadʒiri]

opblazen (ww)	patlatmak	[patlamak]
explosie (de)	patlama	[patlama]
in brand steken (ww)	yangın çıkarmak	[jangın tʃıkarmak]
brandstichter (de)	kundakçı	[kundaktʃı]

terrorisme (het)	terörizm	[terørizm]
terrorist (de)	terörist	[terørist]
gijzelaar (de)	tutak, rehine	[tutak], [rehine]

bedriegen (ww)	dolandırmak	[dolandırmak]
bedrog (het)	dolandırma	[dolandırma]
oplichter (de)	dolandırıcı	[dolandırıdʒı]

omkopen (ww)	rüşvet vermek	[ryʃvet vermek]
omkoperij (de)	rüşvet verme	[ryʃvet verme]
smeergeld (het)	rüşvet	[ryʃvet]

vergif (het)	zehir	[zehir]
vergiftigen (ww)	zehirlemek	[zehirlemek]
vergif innemen (ww)	birisini zehirlemek	[birisini zehirlemek]

| zelfmoord (de) | intihar | [intihar] |
| zelfmoordenaar (de) | intihar eden kimse | [intihar eden kimse] |

bedreigen (bijv. met een pistool)	tehdit etmek	[tehdit etmek]
bedreiging (de)	tehdit	[tehdit]
een aanslag plegen	öldürmeye çalışmak	[øldyrmeje tʃalıʃmak]
aanslag (de)	suikast	[suitkast]

| stelen (een auto) | çalmak | [tʃalmak] |
| kapen (een vliegtuig) | kaçırmak | [katʃırmak] |

| wraak (de) | intikam | [intikam] |
| wreken (ww) | intikam almak | [intikam almak] |

martelen (gevangenen)	işkence etmek	[iʃkendʒe etmek]
foltering (de)	işkence	[iʃkendʒe]
folteren (ww)	acı çektirmek	[adʒı tʃektirmek]

piraat (de)	korsan	[korsan]
straatschender (de)	holigan	[holigan]
gewapend (bn)	silahlı	[silahlı]
geweld (het)	şiddet olayları	[ʃiddet olajarı]
onwettig (strafbaar)	yasadışı	[jasadıʃı]

| spionage (de) | casusluk | [dʒasusluk] |
| spioneren (ww) | casusluk yapmak | [dʒasusluk japmak] |

193. Politie. Wet. Deel 1

| justitie (de) | adalet | [adalet] |
| gerechtshof (het) | mahkeme | [mahkeme] |

rechter (de)	yargıç	[jargıtʃ]
jury (de)	jüri üyesi	[ʒyri jujesi]
juryrechtspraak (de)	jürili yargılama	[ʒyrili jargılama]
berechten (ww)	yargılamak	[jargılamak]

advocaat (de)	avukat	[avukat]
beklaagde (de)	sanık	[sanık]
beklaagdenbank (de)	sanık sandalyesi	[sanık sandaljesi]
beschuldiging (de)	suçlama	[sutʃlama]

beschuldigde (de)	sanık	[sanık]
vonnis (het)	ceza, hüküm	[dʒeza], [hykym]
veroordelen	mahkum etmek	[mahkym etmek]
(in een rechtszaak)		

schuldige (de)	suçlu	[suʧlu]
straffen (ww)	cezalandırmak	[dʒezalandırmak]
bestraffing (de)	ceza	[dʒeza]

boete (de)	ceza	[dʒeza]
levenslange opsluiting (de)	ömür boyu hapis	[ømyr boju hapis]
doodstraf (de)	ölüm cezası	[ølym dʒezası]
elektrische stoel (de)	elektrikli sandalye	[elektrikli sandalje]
schavot (het)	darağacı	[daraadʒı]
executeren (ww)	idam etmek	[idam etmek]
executie (de)	idam	[idam]

| gevangenis (de) | hapishane | [hapishane] |
| cel (de) | hücre, koğuş | [hydʒre], [kouʃ] |

konvooi (het)	muhafız takımı	[muhafız takımı]
gevangenisbewaker (de)	gardiyan	[gardijan]
gedetineerde (de)	tutuklu	[tutuklu]

handboeien (mv.)	kelepçe	[kelepʧe]
handboeien omdoen	kelepçelemek	[kelepʧelemek]
ontsnapping (de)	kaçma	[kaʧma]
ontsnappen (ww)	kaçmak	[kaʧmak]
verdwijnen (ww)	kaybolmak	[kajbolmak]
vrijlaten (uit de gevangenis)	tahliye etmek	[tahlije etmek]
amnestie (de)	af	[af]

politie (de)	polis	[polis]
politieagent (de)	erkek polis	[erkek polis]
politiebureau (het)	polis karakolu	[polis karakolu]
knuppel (de)	cop	[dʒop]
megafoon (de)	megafon	[megafon]

patrouilleerwagen (de)	devriye arabası	[devrije arabası]
sirene (de)	siren	[siren]
de sirene aansteken	sireni açmak	[sireni aʧmak]
geloei (het) van de sirene	siren sesi	[siren sesi]

plaats delict (de)	olay yeri	[olaj jeri]
getuige (de)	şahit	[ʃahit]
vrijheid (de)	hürriyet	[hyrrijet]
handlanger (de)	suç ortağı	[suʧ ortaı]
ontvluchten (ww)	kaçmak	[kaʧmak]
spoor (het)	iz	[iz]

194. Politie. Wet. Deel 2

| opsporing (de) | arama | [arama] |
| opsporen (ww) | aramak | [aramak] |

verdenking (de)	şüphe	[ʃyphe]
verdacht (bn)	şüpheli	[ʃypheli]
aanhouden (stoppen)	durdurmak	[durdurmak]
tegenhouden (ww)	tutuklamak	[tutuklamak]

strafzaak (de)	dava	[dava]
onderzoek (het)	soruşturma	[soruʃturma]
detective (de)	dedektif	[dedektif]
onderzoeksrechter (de)	sorgu yargıcı	[sorgu jargıdʒı]
versie (de)	versiyon	[versjon]

motief (het)	gerekçe	[gerektʃe]
verhoor (het)	sorgu	[sorgu]
ondervragen (door de politie)	sorgulamak	[sorgulamak]
ondervragen (omstanders ~)	soruşturmak	[soruʃturmak]
controle (de)	yoklama	[joklama]

razzia (de)	tarama	[tarama]
huiszoeking (de)	arama	[arama]
achtervolging (de)	kovalama	[kovalama]
achtervolgen (ww)	takip etmek	[takip etmek]
opsporen (ww)	izlemek	[izlemek]

arrest (het)	tutuklama	[tutuklama]
arresteren (ww)	tutuklamak	[tutuklamak]
vangen, aanhouden (een dief, enz.)	yakalamak	[jakalamak]
aanhouding (de)	yakalama	[jakalama]

document (het)	belge	[belge]
bewijs (het)	kanıt, ispat	[kanıt], [ispat]
bewijzen (ww)	ispat etmek	[ispat etmek]
voetspoor (het)	ayak izi	[ajak izı]
vingerafdrukken (mv.)	parmak izleri	[parmak izleri]
bewijs (het)	delil	[delil]

alibi (het)	mazeret	[mazeret]
onschuldig (bn)	suçsuz	[sutʃsuz]
onrecht (het)	haksızlık	[haksızlık]
onrechtvaardig (bn)	haksız	[haksız]

crimineel (bn)	cinayet	[dʒinajet]
confisqueren (in beslag nemen)	el koymak	[el kojmak]
drug (de)	uyuşturucu	[ujuʃturudʒu]
wapen (het)	silah	[silah]
ontwapenen (ww)	silahsızlandırmak	[silah sızlandırmak]
bevelen (ww)	emretmek	[emretmek]
verdwijnen (ww)	kaybolmak	[kajbolmak]

wet (de)	kanun	[kanun]
wettelijk (bn)	kanuni	[kanuni]
onwettelijk (bn)	kanuna aykırı	[kanuna ajkırı]

verantwoordelijkheid (de)	sorumluluk	[sorumluluk]
verantwoordelijk (bn)	sorumlu	[sorumlu]

NATUUR

De Aarde. Deel 1

195. De kosmische ruimte

kosmos (de)	uzay, evren	[uzaj], [evren]
kosmisch (bn)	uzay	[uzaj]
kosmische ruimte (de)	feza	[feza]
heelal (het)	evren	[evren]
sterrenstelsel (het)	galaksi	[galaksi]
ster (de)	yıldız	[jıldız]
sterrenbeeld (het)	takımyıldız	[takımjıldız]
planeet (de)	gezegen	[gezegen]
satelliet (de)	uydu	[ujdu]
meteoriet (de)	göktaşı	[gøktaʃı]
komeet (de)	kuyruklu yıldız	[kujruklu jıldız]
asteroïde (de)	asteroit	[asteroit]
baan (de)	yörünge	[jørynge]
draaien (om de zon, enz.)	dönmek	[dønmek]
atmosfeer (de)	atmosfer	[atmosfer]
Zon (de)	Güneş	[gyneʃ]
zonnestelsel (het)	Güneş sistemi	[gyneʃ sistemi]
zonsverduistering (de)	Güneş tutulması	[gyneʃ tutulması]
Aarde (de)	Dünya	[dynja]
Maan (de)	Ay	[aj]
Mars (de)	Mars	[mars]
Venus (de)	Venüs	[venys]
Jupiter (de)	Jüpiter	[ʒupiter]
Saturnus (de)	Satürn	[satyrn]
Mercurius (de)	Merkür	[merkyr]
Uranus (de)	Uranüs	[uranys]
Neptunus (de)	Neptün	[neptyn]
Pluto (de)	Plüton	[plyton]
Melkweg (de)	Samanyolu	[samanjolu]
Grote Beer (de)	Büyükayı	[byjuk ajı]
Poolster (de)	Kutup yıldızı	[kutup jıldızı]
marsmannetje (het)	Merihli	[merihli]
buitenaards wezen (het)	uzaylı	[uzajlı]

| bovenaards (het) | uzaylı | [uzajlı] |
| vliegende schotel (de) | uçan daire | [utʃan daire] |

ruimtevaartuig (het)	uzay gemisi	[uzaj gemisi]
ruimtestation (het)	yörünge istasyonu	[jørynge istasjonu]
start (de)	uzaya fırlatma	[uzaja fırlatma]

motor (de)	motor	[motor]
straalpijp (de)	roket meme	[roket meme]
brandstof (de)	yakıt	[jakıt]

cabine (de)	kabin	[kabin]
antenne (de)	anten	[anten]
patrijspoort (de)	lombar	[lombar]
zonnebatterij (de)	güneş pili	[gyneʃ pili]
ruimtepak (het)	uzay elbisesi	[uzaj elbisesi]

| gewichtloosheid (de) | ağırlıksızlık | [aırlıksızlık] |
| zuurstof (de) | oksijen | [oksiʒen] |

| koppeling (de) | uzayda kenetlenme | [uzajda kenetlenme] |
| koppeling maken | kenetlenmek | [kenetlenmek] |

observatorium (het)	gözlemevi	[gøzlemevi]
telescoop (de)	teleskop	[teleskop]
waarnemen (ww)	gözlemlemek	[gøzlemlemek]
exploreren (ww)	araştırmak	[araʃtırmak]

196. De Aarde

Aarde (de)	Dünya	[dynja]
aardbol (de)	yerküre	[jerkyre]
planeet (de)	gezegen	[gezegen]

atmosfeer (de)	atmosfer	[atmosfer]
aardrijkskunde (de)	coğrafya	[dʒoorafja]
natuur (de)	doğa	[doa]

wereldbol (de)	yerküre	[jerkyre]
kaart (de)	harita	[harita]
atlas (de)	atlas	[atlas]

| Europa (het) | Avrupa | [avrupa] |
| Azië (het) | Asya | [asja] |

| Afrika (het) | Afrika | [afrika] |
| Australië (het) | Avustralya | [avustralja] |

Amerika (het)	Amerika	[amerika]
Noord-Amerika (het)	Kuzey Amerika	[kuzej amerika]
Zuid-Amerika (het)	Güney Amerika	[gynej amerika]

| Antarctica (het) | Antarktik | [antarktik] |
| Arctis (de) | Arktik | [arktik] |

197. Windrichtingen

noorden (het)	**kuzey**	[kuzej]
naar het noorden	**kuzeye**	[kuzeje]
in het noorden	**kuzeyde**	[kuzejde]
noordelijk (bn)	**kuzey**	[kuzej]

zuiden (het)	**güney**	[gynej]
naar het zuiden	**güneye**	[gyneje]
in het zuiden	**güneyde**	[gynejde]
zuidelijk (bn)	**güney**	[gynej]

westen (het)	**batı**	[batı]
naar het westen	**batıya**	[batıja]
in het westen	**batıda**	[batıda]
westelijk (bn)	**batı**	[batı]

oosten (het)	**doğu**	[dou]
naar het oosten	**doğuya**	[douja]
in het oosten	**doğuda**	[douda]
oostelijk (bn)	**doğu**	[dou]

198. Zee. Oceaan

zee (de)	**deniz**	[deniz]
oceaan (de)	**okyanus**	[okjanus]
golf (baai)	**körfez**	[kørfez]
straat (de)	**boğaz**	[boaz]

continent (het)	**kıta**	[kıta]
eiland (het)	**ada**	[ada]
schiereiland (het)	**yarımada**	[jarımada]
archipel (de)	**takımada**	[takımada]

baai, bocht (de)	**koy**	[koj]
haven (de)	**liman**	[liman]
lagune (de)	**deniz kulağı**	[deniz kulaı]
kaap (de)	**burun**	[burun]

atol (de)	**atol**	[atol]
rif (het)	**resif**	[resif]
koraal (het)	**mercan**	[merdʒan]
koraalrif (het)	**mercan kayalığı**	[merdʒan kajalı:ı]

diep (bn)	**derin**	[derin]
diepte (de)	**derinlik**	[derinlik]
diepzee (de)	**uçurum**	[utʃurum]
trog (bijv. Marianentrog)	**çukur**	[tʃukur]

stroming (de)	**akıntı**	[akıntı]
omspoelen (ww)	**çevrelemek**	[tʃevrelemek]
oever (de)	**kıyı**	[kıjı]
kust (de)	**kıyı, sahil**	[kıjı], [sahil]

vloed (de)	kabarma	[kabarma]
eb (de)	cezir	[dʒezir]
ondiepte (ondiep water)	sığlık	[sɯːlɯk]
bodem (de)	dip	[dip]

golf (hoge ~)	dalga	[dalga]
golfkam (de)	dağ sırtı	[daa sırtı]
schuim (het)	köpük	[køpyk]

storm (de)	fırtına	[fırtına]
orkaan (de)	kasırga	[kasırga]
tsunami (de)	tsunami	[tsunami]
windstilte (de)	limanlık	[limanlık]
kalm (bijv. ~e zee)	sakin	[sakin]

| pool (de) | kutup | [kutup] |
| polair (bn) | kutuplu | [kutuplu] |

breedtegraad (de)	enlem	[enlem]
lengtegraad (de)	boylam	[bojlam]
parallel (de)	paralel	[paralel]
evenaar (de)	ekvator	[ekvator]

hemel (de)	gök	[gøk]
horizon (de)	ufuk	[ufuk]
lucht (de)	hava	[hava]

vuurtoren (de)	deniz feneri	[deniz feneri]
duiken (ww)	dalmak	[dalmak]
zinken (ov. een boot)	batmak	[batmak]
schatten (mv.)	hazine	[hazine]

199. Namen van zeeën en oceanen

Atlantische Oceaan (de)	Atlas Okyanusu	[atlas okjanusu]
Indische Oceaan (de)	Hint Okyanusu	[hint okjanusu]
Stille Oceaan (de)	Pasifik Okyanusu	[pasifik okjanusu]
Noordelijke IJszee (de)	Kuzey Buz Denizi	[kuzej buz denizi]

Zwarte Zee (de)	Karadeniz	[karadeniz]
Rode Zee (de)	Kızıldeniz	[kızıldeniz]
Gele Zee (de)	Sarı Deniz	[sarı deniz]
Witte Zee (de)	Beyaz Deniz	[bejaz deniz]

Kaspische Zee (de)	Hazar Denizi	[hazar denizi]
Dode Zee (de)	Ölüdeniz	[ølydeniz]
Middellandse Zee (de)	Akdeniz	[akdeniz]

| Egeïsche Zee (de) | Ege Denizi | [ege denizi] |
| Adriatische Zee (de) | Adriyatik Denizi | [adrijatik denizi] |

Arabische Zee (de)	Umman Denizi	[umman denizi]
Japanse Zee (de)	Japon Denizi	[ʒapon denizi]
Beringzee (de)	Bering Denizi	[bering denizi]

Zuid-Chinese Zee (de)	Güney Çin Denizi	[gynej ʧin denizi]
Koraalzee (de)	Mercan Denizi	[merdʒan denizi]
Tasmanzee (de)	Tasman Denizi	[tasman denizi]
Caribische Zee (de)	Karayip Denizi	[karajip denizi]

| Barentszzee (de) | Barents Denizi | [barents denizi] |
| Karische Zee (de) | Kara Denizi | [kara denizi] |

Noordzee (de)	Kuzey Denizi	[kuzej denizi]
Baltische Zee (de)	Baltık Denizi	[baltık denizi]
Noorse Zee (de)	Norveç Denizi	[norveʧ denizi]

200. Bergen

berg (de)	dağ	[daa]
bergketen (de)	dağ silsilesi	[daa silsilesi]
gebergte (het)	sıradağlar	[sıradaalar]

bergtop (de)	zirve	[zirve]
bergpiek (de)	doruk, zirve	[doruk], [zirve]
voet (ov. de berg)	etek	[etek]
helling (de)	yamaç	[jamaʧ]

vulkaan (de)	yanardağ	[janardaa]
actieve vulkaan (de)	faal yanardağ	[faal janardaa]
uitgedoofde vulkaan (de)	sönmüş yanardağ	[sønmyʃ janardaa]

uitbarsting (de)	püskürme	[pyskyrme]
krater (de)	yanardağ ağzı	[janardaa aazı]
magma (het)	magma	[magma]
lava (de)	lav	[lav]
gloeiend (~e lava)	kızgın	[kızgın]

kloof (canyon)	kanyon	[kanjon]
bergkloof (de)	boğaz	[boaz]
spleet (de)	dere	[dere]
afgrond (de)	uçurum	[uʧurum]

bergpas (de)	dağ geçidi	[daa geʧidi]
plateau (het)	yayla	[jajla]
klip (de)	kaya	[kaja]
heuvel (de)	tepe	[tepe]

gletsjer (de)	buzluk	[buzluk]
waterval (de)	şelâle	[ʃelale]
geiser (de)	gayzer	[gajzer]
meer (het)	göl	[gøl]

vlakte (de)	ova	[ova]
landschap (het)	manzara	[manzara]
echo (de)	yankı	[jankı]

| alpinist (de) | dağcı, alpinist | [daadʒı], [alpinist] |
| bergbeklimmer (de) | dağcı | [daadʒı] |

trotseren (berg ~)	fethetmek	[fethetmek]
beklimming (de)	tırmanma	[tırmanma]

201. Bergen namen

Alpen (de)	Alp Dağları	[alp daaları]
Mont Blanc (de)	Mont Blanc	[mont blan]
Pyreneeën (de)	Pireneler	[pirineler]

Karpaten (de)	Karpatlar	[karpatlar]
Oeralgebergte (het)	Ural Dağları	[ural daaları]
Kaukasus (de)	Kafkasya	[kafkasja]
Elbroes (de)	Elbruz Dağı	[elbrus daaı]

Altaj (de)	Altay	[altaj]
Tiensjan (de)	Tien-şan	[tjen ʃan]
Pamir (de)	Pamir	[pamir]
Himalaya (de)	Himalaya Dağları	[himalaja daaları]
Everest (de)	Everest Dağı	[everest daaı]

Andes (de)	And Dağları	[and daaları]
Kilimanjaro (de)	Kilimanjaro	[kilimandʒaro]

202. Rivieren

rivier (de)	nehir, ırmak	[nehir], [ırmak]
bron (~ van een rivier)	kaynak	[kajnak]
rivierbedding (de)	nehir yatağı	[nehir jataı]
rivierbekken (het)	havza	[havza]
uitmonden in ...	... dökülmek	[døkylmek]

zijrivier (de)	kol	[kol]
oever (de)	sahil	[sahil]

stroming (de)	akıntı	[akıntı]
stroomafwaarts (bw)	nehir boyunca	[nehir bojundʒa]
stroomopwaarts (bw)	nehirden yukarı	[nehirden jukarı]

overstroming (de)	taşkın	[taʃkın]
overstroming (de)	nehrin taşması	[nehrin taʃması]
buiten zijn oevers treden	taşmak	[taʃmak]
overstromen (ww)	su basmak	[su basmak]

zandbank (de)	sığlık	[sıːɪlık]
stroomversnelling (de)	nehrin akıntılı yeri	[nehrin akıntılı jeri]

dam (de)	baraj	[baraʒ]
kanaal (het)	kanal	[kanal]
spaarbekken (het)	baraj gölü	[baraʒ gøly]
sluis (de)	alavere havuzu	[alavere havuzu]
waterlichaam (het)	su birikintisi	[su birikintisi]
moeras (het)	bataklık	[bataklık]

| broek (het) | bataklık arazi | [bataklık arazi] |
| draaikolk (de) | girdap | [girdap] |

stroom (de)	dere	[dere]
drink- (abn)	içilir	[itʃilir]
zoet (~ water)	tatlı	[tatlı]

| ijs (het) | buz | [buz] |
| bevriezen (rivier, enz.) | buz tutmak | [buz tutmak] |

203. Namen van rivieren

| Seine (de) | Sen nehri | [sen nehri] |
| Loire (de) | Loire nehri | [luara nehri] |

Theems (de)	Thames nehri	[temz nehri]
Rijn (de)	Ren nehri	[ren nehri]
Donau (de)	Tuna nehri	[tuna nehri]

Wolga (de)	Volga nehri	[volga nehri]
Don (de)	Don nehri	[don nehri]
Lena (de)	Lena nehri	[lena nehri]

Gele Rivier (de)	Sarı Irmak	[sarı ırmak]
Blauwe Rivier (de)	Yangçe nehri	[jangtʃe nehri]
Mekong (de)	Mekong nehri	[mekong nehri]
Ganges (de)	Ganj nehri	[ganʒ nehri]

Nijl (de)	Nil nehri	[nil nehri]
Kongo (de)	Kongo nehri	[kongo nehri]
Okavango (de)	Okavango nehri	[okavango nehri]
Zambezi (de)	Zambezi nehri	[zambezi nehri]
Limpopo (de)	Limpopo nehri	[limpopo nehri]
Mississippi (de)	Mississippi nehri	[misisipi nehri]

204. Bos

| bos (het) | orman | [orman] |
| bos- (abn) | orman | [orman] |

oerwoud (dicht bos)	kesif orman	[kesif orman]
bosje (klein bos)	koru, ağaçlık	[koru], [aatʃlık]
open plek (de)	ormanda açıklığı	[ormanda atʃıklı:ı]

| struikgewas (het) | sık ağaçlık | [ʃık aatʃlık] |
| struiken (mv.) | çalılık | [tʃalılık] |

| paadje (het) | keçi yolu | [ketʃi jolu] |
| ravijn (het) | sel yatağı | [sel jataı] |

| boom (de) | ağaç | [aatʃ] |
| blad (het) | yaprak | [japrak] |

gebladerte (het)	yapraklar	[japraklar]
vallende bladeren (mv.)	yaprak dökümü	[japrak døkymy]
vallen (ov. de bladeren)	dökülmek	[døkylmek]
boomtop (de)	ağacın tepesi	[aadʒın tepesi]
tak (de)	dal	[dal]
ent (de)	ağaç dalı	[aatʃ dalı]
knop (de)	tomurcuk	[tomurdʒuk]
naald (de)	iğne yaprak	[i:ine japrak]
dennenappel (de)	kozalak	[kozalak]
boom holte (de)	kovuk	[kovuk]
nest (het)	yuva	[juva]
hol (het)	in	[in]
stam (de)	gövde	[gøvde]
wortel (bijv. boom~s)	kök	[køk]
schors (de)	kabuk	[kabuk]
mos (het)	yosun	[josun]
ontwortelen (een boom)	kökünden sökmek	[køkynden søkmek]
kappen (een boom ~)	kesmek	[kesmek]
ontbossen (ww)	ağaçları yok etmek	[aatʃları jok etmek]
stronk (de)	kütük	[kytyk]
kampvuur (het)	kamp ateşi	[kamp ateʃi]
bosbrand (de)	yangın	[jangın]
blussen (ww)	söndürmek	[søndyrmek]
boswachter (de)	orman bekçisi	[orman bektʃisi]
bescherming (de)	koruma	[koruma]
beschermen	korumak	[korumak]
(bijv. de natuur ~)		
stroper (de)	kaçak avcı	[katʃak avdʒı]
val (de)	kapan	[kapan]
plukken (vruchten, enz.)	toplamak	[toplamak]
verdwalen (de weg kwijt zijn)	yolunu kaybetmek	[jolunu kajbetmek]

205. Natuurlijke hulpbronnen

natuurlijke rijkdommen (mv.)	doğal kaynaklar	[doal kajnaklar]
delfstoffen (mv.)	madensel maddeler	[madensel maddeler]
lagen (mv.)	katman	[katman]
veld (bijv. olie~)	yatak	[jatak]
winnen (uit erts ~)	çıkarmak	[tʃıkarmak]
winning (de)	maden çıkarma	[maden tʃıkarma]
erts (het)	filiz	[filiz]
mijn (bijv. kolenmijn)	maden ocağı	[maden odʒaı]
mijnschacht (de)	kuyu	[kuju]
mijnwerker (de)	maden işçisi	[maden iʃtʃisi]
gas (het)	gaz	[gaz]
gasleiding (de)	gaz boru hattı	[gaz boru hattı]

olie (aardolie)	**petrol**	[petrol]
olieleiding (de)	**petrol boru hattı**	[petrol boru hattı]
oliebron (de)	**petrol kulesi**	[petrol kulesi]
boortoren (de)	**sondaj kulesi**	[sondaʒ kulesi]
tanker (de)	**tanker**	[tanker]
zand (het)	**kum**	[kum]
kalksteen (de)	**kireçtaşı**	[kiretʃtaʃı]
grind (het)	**çakıl**	[tʃakılı]
veen (het)	**turba**	[turba]
klei (de)	**kil**	[kil]
steenkool (de)	**kömür**	[kømyr]
ijzer (het)	**demir**	[demir]
goud (het)	**altın**	[altın]
zilver (het)	**gümüş**	[gymyʃ]
nikkel (het)	**nikel**	[nikel]
koper (het)	**bakır**	[bakır]
zink (het)	**çinko**	[tʃinko]
mangaan (het)	**manganez**	[manganez]
kwik (het)	**cıva**	[dʒıva]
lood (het)	**kurşun**	[kurʃun]
mineraal (het)	**mineral**	[mineral]
kristal (het)	**billur**	[billyr]
marmer (het)	**mermer**	[mermer]
uraan (het)	**uranyum**	[uranjum]

De Aarde. Deel 2

206. Weer

weer (het)	hava	[hava]
weersvoorspelling (de)	hava tahmini	[hava tahmini]
temperatuur (de)	sıcaklık	[sɪdʒaklɪk]
thermometer (de)	termometre	[termometre]
barometer (de)	barometre	[barometre]
vochtig (bn)	nemli	[nemli]
vochtigheid (de)	nem	[nem]
hitte (de)	sıcaklık	[sɪdʒaklɪk]
heet (bn)	sıcak	[sɪdʒak]
het is heet	hava sıcak	[hava sɪdʒak]
het is warm	hava ılık	[hava ılık]
warm (bn)	ılık	[ılık]
het is koud	hava soğuk	[hava souk]
koud (bn)	soğuk	[souk]
zon (de)	güneş	[gyneʃ]
schijnen (de zon)	ışık vermek	[ıʃık vermek]
zonnig (~e dag)	güneşli	[gyneʃli]
opgaan (ov. de zon)	doğmak	[doomak]
ondergaan (ww)	batmak	[batmak]
wolk (de)	bulut	[bulut]
bewolkt (bn)	bulutlu	[bulutlu]
regenwolk (de)	yağmur bulutu	[jaamur bulutu]
somber (bn)	kapalı	[kapalı]
regen (de)	yağmur	[jaamur]
het regent	yağmur yağıyor	[jaamur jaıjor]
regenachtig (bn)	yağmurlu	[jaamurlu]
motregenen (ww)	çiselemek	[tʃiselemek]
plensbui (de)	sağanak	[saanak]
stortbui (de)	şiddetli yağmur	[ʃiddetli jaamur]
hard (bn)	şiddetli, zorlu	[ʃiddetli], [zorlu]
plas (de)	su birikintisi	[su birikintisi]
nat worden (ww)	ıslanmak	[ıslanmak]
mist (de)	sis, duman	[sis], [duman]
mistig (bn)	sisli	[sisli]
sneeuw (de)	kar	[kar]
het sneeuwt	kar yağıyor	[kar jaıjor]

207. Zwaar weer. Natuurrampen

noodweer (storm)	**fırtına**	[fırtına]
bliksem (de)	**şimşek**	[ʃimʃek]
flitsen (ww)	**çakmak**	[ʧakmak]
donder (de)	**gök gürültüsü**	[gøk gyryltysy]
donderen (ww)	**gürlemek**	[gyrlemek]
het dondert	**gök gürlüyor**	[gøk gyrlyjor]
hagel (de)	**dolu**	[dolu]
het hagelt	**dolu yağıyor**	[dolu jaıjor]
overstromen (ww)	**su basmak**	[su basmak]
overstroming (de)	**taşkın**	[taʃkın]
aardbeving (de)	**deprem**	[deprem]
aardschok (de)	**sarsıntı**	[sarsıntı]
epicentrum (het)	**deprem merkezi**	[deprem merkezi]
uitbarsting (de)	**püskürme**	[pyskyrme]
lava (de)	**lav**	[lav]
wervelwind (de)	**hortum**	[hortum]
windhoos (de)	**kasırga**	[kasırga]
tyfoon (de)	**tayfun**	[tajfun]
orkaan (de)	**kasırga**	[kasırga]
storm (de)	**fırtına**	[fırtına]
tsunami (de)	**tsunami**	[tsunami]
cycloon (de)	**siklon**	[siklon]
onweer (het)	**kötü hava**	[køty hava]
brand (de)	**yangın**	[jangın]
ramp (de)	**felaket**	[felaket]
meteoriet (de)	**göktaşı**	[gøktaʃı]
lawine (de)	**çığ**	[ʧı:ı]
sneeuwverschuiving (de)	**çığ**	[ʧı:ı]
sneeuwjacht (de)	**tipi**	[tipi]
sneeuwstorm (de)	**kar fırtınası**	[kar fırtınası]

208. Geluiden. Geluiden

stilte (de)	**sessizlik**	[sessizlik]
geluid (het)	**ses**	[ses]
lawaai (het)	**gürültü**	[gyrylty]
lawaai maken (ww)	**gürültü etmek**	[gyrylty etmek]
lawaaierig (bn)	**gürültülü**	[gyryltyly]
luid (~ spreken)	**yüksek sesle**	[juksek sesle]
luid (bijv. ~e stem)	**yüksek**	[juksek]
aanhoudend (voortdurend)	**sürekli**	[syrekli]

schreeuw (de)	bağırtı	[baırtı]
schreeuwen (ww)	bağırmak	[baırmak]
gefluister (het)	fısıltı	[fısıltı]
fluisteren (ww)	fısıldamak	[fısıldamak]

| geblaf (het) | havlama | [havlama] |
| blaffen (ww) | havlamak | [havlamak] |

gekreun (het)	inleme, sızlanma	[inleme], [sızlama]
kreunen (ww)	inlemek	[inlemek]
hoest (de)	öksürük	[øksyryk]
hoesten (ww)	öksürmek	[øksyrmek]

gefluit (het)	ıslık	[ıslık]
fluiten (op het fluitje blazen)	ıslık çalmak	[ıslık ʧalmak]
geklop (het)	kapıyı çalma	[kapıjı ʧalma]
kloppen (aan een deur)	kapıyı çalmak	[kapıjı ʧalmak]

| kraken (hout, ijs) | çatırdamak | [ʧatırdamak] |
| gekraak (het) | çatırtı | [ʧatırtı] |

sirene (de)	siren	[siren]
fluit (stoom ~)	düdük	[dydyk]
fluiten (schip, trein)	çalmak	[ʧalmak]
toeter (de)	klakson sesi	[klakson sesi]
toeteren (ww)	korna çalmak	[korna ʧalmak]

209. Winter

winter (de)	kış	[kıʃ]
winter- (abn)	kış, kışlık	[kıʃ], [kıʃlık]
in de winter (bw)	kışın	[kıʃin]

sneeuw (de)	kar	[kar]
het sneeuwt	kar yağıyor	[kar jaıjor]
sneeuwval (de)	kar yağışı	[kar jaıʃı]
sneeuwhoop (de)	kürtün	[kyrtyn]

sneeuwvlok (de)	kar tanesi	[kar tanesi]
sneeuwbal (de)	kar topu	[kar topu]
sneeuwman (de)	kardan adam	[kardan adam]
ijspegel (de)	saçak buzu	[saʧak buzu]

december (de)	aralık	[aralık]
januari (de)	ocak	[odʒak]
februari (de)	şubat	[ʃubat]

| vorst (de) | ayaz | [ajaz] |
| vries- (abn) | ayazlı | [ajazlı] |

onder nul (bw)	sıfırın altında	[sıfırın altında]
eerste vorst (de)	donlar	[donlar]
rijp (de)	kırağı	[kıraı]
koude (de)	soğuk	[souk]

het is koud	hava soğuk	[hava souk]
bontjas (de)	kürk manto	[kyrk manto]
wanten (mv.)	eldivenler	[eldivenler]

ziek worden (ww)	hastalanmak	[hastalanmak]
verkoudheid (de)	soğuk algınlığı	[souk algınlı:ı]
verkouden raken (ww)	soğuk almak	[souk almak]

ijs (het)	buz	[buz]
ijzel (de)	parlak buz	[parlak buz]
bevriezen (rivier, enz.)	buz tutmak	[buz tutmak]
ijsschol (de)	buz parçası	[buz partʃası]

ski's (mv.)	kayak	[kajak]
skiër (de)	kayakçı	[kajaktʃı]
skiën (ww)	kayak yapmak	[kajak japmak]
schaatsen (ww)	paten kaymak	[paten kajmak]

Fauna

210. Zoogdieren. Roofdieren

roofdier (het)	yırtıcı hayvan	[jırtıdʒı hajvan]
tijger (de)	kaplan	[kaplan]
leeuw (de)	aslan	[aslan]
wolf (de)	kurt	[kurt]
vos (de)	tilki	[tilki]
jaguar (de)	jagar, jaguar	[ʒagar]
luipaard (de)	leopar	[leopar]
jachtluipaard (de)	çita	[tʃita]
panter (de)	panter	[panter]
poema (de)	puma	[puma]
sneeuwluipaard (de)	kar leoparı	[kar leoparı]
lynx (de)	vaşak	[vaʃak]
coyote (de)	kır kurdu	[kır kurdu]
jakhals (de)	çakal	[tʃakal]
hyena (de)	sırtlan	[sırtlan]

211. Wilde dieren

dier (het)	hayvan	[hajvan]
beest (het)	vahşi hayvan	[vahʃi hajvan]
eekhoorn (de)	sincap	[sindʒap]
egel (de)	kirpi	[kirpi]
haas (de)	yabani tavşan	[jabani tavʃan]
konijn (het)	tavşan	[tavʃan]
das (de)	porsuk	[porsuk]
wasbeer (de)	rakun	[rakun]
hamster (de)	cırlak sıçan	[dʒirlak sıtʃan]
marmot (de)	dağ sıçanı	[daa sıtʃanı]
mol (de)	köstebek	[køstebek]
muis (de)	fare	[fare]
rat (de)	sıçan	[sıtʃan]
vleermuis (de)	yarasa	[jarasa]
hermelijn (de)	kakım	[kakım]
sabeldier (het)	samur	[samur]
marter (de)	ağaç sansarı	[aatʃ sansarı]
wezel (de)	gelincik	[gelindʒik]
nerts (de)	vizon	[vizon]

| bever (de) | kunduz | [kunduz] |
| otter (de) | su samuru | [su samuru] |

paard (het)	at	[at]
eland (de)	Avrupa musu	[avrupa musu]
hert (het)	geyik	[gejik]
kameel (de)	deve	[deve]

bizon (de)	bizon	[bizon]
wisent (de)	Avrupa bizonu	[avrupa bizonu]
buffel (de)	manda	[manda]

zebra (de)	zebra	[zebra]
antilope (de)	antilop	[antilop]
ree (de)	karaca	[karadʒa]
damhert (het)	alageyik	[alagejik]
gems (de)	dağ keçisi	[daa ketʃisi]
everzwijn (het)	yaban domuzu	[jaban domuzu]

walvis (de)	balina	[balina]
rob (de)	fok	[fok]
walrus (de)	mors	[mors]
zeebeer (de)	kürklü fok balığı	[kyrkly fok balı:ı]
dolfijn (de)	yunus	[junus]

beer (de)	ayı	[ajı]
ijsbeer (de)	beyaz ayı	[bejaz ajı]
panda (de)	panda	[panda]

aap (de)	maymun	[majmun]
chimpansee (de)	şempanze	[ʃempanze]
orang-oetan (de)	orangutan	[orangutan]
gorilla (de)	goril	[goril]
makaak (de)	makak	[makak]
gibbon (de)	jibon	[ʒibon]

olifant (de)	fil	[fil]
neushoorn (de)	gergedan	[gergedan]
giraffe (de)	zürafa	[zyrafa]
nijlpaard (het)	su aygırı	[su ajgırı]

| kangoeroe (de) | kanguru | [kanguru] |
| koala (de) | koala | [koala] |

mangoest (de)	firavunfaresi	[fıravunfaresi]
chinchilla (de)	şinşilla	[ʃinʃilla]
stinkdier (het)	kokarca	[kokardʒa]
stekelvarken (het)	oklukirpi	[oklukirpi]

212. Huisdieren

poes (de)	kedi	[kedi]
kater (de)	erkek kedi	[erkek kedi]
hond (de)	köpek	[køpek]

paard (het)	at	[at]
hengst (de)	aygır	[ajgır]
merrie (de)	kısrak	[kısrak]

koe (de)	inek	[inek]
bul, stier (de)	boğa	[boa]
os (de)	öküz	[økyz]

schaap (het)	koyun	[kojun]
ram (de)	koç	[kotʃ]
geit (de)	keçi	[ketʃi]
bok (de)	teke	[teke]

| ezel (de) | eşek | [eʃek] |
| muilezel (de) | katır | [katır] |

varken (het)	domuz	[domuz]
biggetje (het)	domuz yavrusu	[domuz javrusu]
konijn (het)	tavşan	[tavʃan]

| kip (de) | tavuk | [tavuk] |
| haan (de) | horoz | [horoz] |

eend (de)	ördek	[ørdek]
woerd (de)	suna	[suna]
gans (de)	kaz	[kaz]

| kalkoen haan (de) | erkek hindi | [erkek hindi] |
| kalkoen (de) | dişi hindi | [diʃi hindi] |

huisdieren (mv.)	evcil hayvanlar	[evdʒil hajvanlar]
tam (bijv. hamster)	evcil	[evdʒil]
temmen (tam maken)	evcilleştirmek	[evdʒilleʃtirmek]
fokken (bijv. paarden ~)	yetiştirmek	[jetiʃtirmek]

boerderij (de)	çiftlik	[tʃiftlik]
gevogelte (het)	kümse hayvanları	[kymse hajvanları]
rundvee (het)	çiftlik hayvanları	[tʃiftlik hajvanları]
kudde (de)	sürü	[syry]

paardenstal (de)	ahır	[ahır]
zwijnenstal (de)	domuz ahırı	[domuz ahırı]
koeienstal (de)	inek ahırı	[inek ahırı]
konijnenhok (het)	tavşan kafesi	[tavʃan kafesi]
kippenhok (het)	tavuk kümesi	[tavuk kymesi]

213. Honden. Hondenrassen

hond (de)	köpek	[køpek]
herdershond (de)	çoban köpeği	[tʃoban køpei]
Duitse herdershond (de)	Alman Kurdu	[alman kurdu]
poedel (de)	kaniş	[kaniʃ]
teckel (de)	mastı	[mastı]
buldog (de)	buldok	[buldok]

boxer (de)	boksör köpek	[boksør køpek]
mastiff (de)	mastı	[mastı]
rottweiler (de)	rottweiler	[rotvejler]
doberman (de)	doberman	[doberman]

basset (de)	basset av köpeği	[basset av køpei]
bobtail (de)	bobtail	[bobtejl]
dalmatiër (de)	dalmaçyalı	[dalmatʃjalı]
cockerspaniël (de)	cocker	[koker]

| Newfoundlander (de) | Ternöv köpeği | [ternøv køpei] |
| sint-bernard (de) | senbernar | [senbernar] |

husky (de)	haski	[haski]
chowchow (de)	chow chow, Çin Aslanı	[tʃau tʃau], [tʃin aslanı]
spits (de)	Spitz	[ʃpits]
mopshond (de)	pug	[pag]

214. Dierengeluiden

geblaf (het)	havlama	[havlama]
blaffen (ww)	havlamak	[havlamak]
miauwen (ww)	miyavlamak	[mijavlamak]
spinnen (katten)	mırlamak	[mırlamak]

loeien (ov. een koe)	böğürmek	[bøjurmek]
brullen (stier)	böğürmek	[bøjurmek]
grommen (ov. de honden)	uğuldamak	[uuldamak]

gehuil (het)	uluma	[uluma]
huilen (wolf, enz.)	ulumak	[ulumak]
janken (ov. een hond)	çenilemek	[tʃenilemek]

mekkeren (schapen)	melemek	[melemek]
knorren (varkens)	domuz homurtusu	[domuz homurtusu]
gillen (bijv. varken)	acıyla havlamak	[adʒıjla havlamak]

kwaken (kikvorsen)	vakvak etmek	[vak vak etmek]
zoemen (hommel, enz.)	vızıldamak	[vızıldamak]
tjirpen (sprinkhanen)	çekirge sesi çıkarmak	[tʃekirge sesi tʃıkarmak]

215. Jonge dieren

jong (het)	yavru	[javru]
poesje (het)	kedi yavrusu	[kedi javrusu]
muisje (het)	fare yavrusu	[fare javrusu]
puppy (de)	köpek yavrusu	[køpek javrusu]

jonge haas (de)	tavşan yavrusu	[tavʃan javrusu]
konijntje (het)	yavru tavşan	[javru tavʃan]
wolfje (het)	kurt yavrusu	[kurt javrusu]
vosje (het)	tilki yavrusu	[tilki javrusu]

beertje (het)	ayı yavrusu	[ajı javrusu]
leeuwenjong (het)	aslan yavrusu	[aslan javrusu]
tijgertje (het)	kaplan yavrusu	[kaplan javrusu]
olifantenjong (het)	fil yavrusu	[fil javrusu]

biggetje (het)	domuz yavrusu	[domuz javrusu]
kalf (het)	dana	[dana]
geitje (het)	oğlak	[oolak]
lam (het)	kuzu	[kuzu]
reekalf (het)	geyik yavrusu	[gejik javrusu]
jonge kameel (de)	deve yavrusu	[deve javrusu]

| slangenjong (het) | yılan yavrusu | [jılan javrusu] |
| kikkertje (het) | kurbağacık | [kurbaadʒık] |

vogeltje (het)	kuş yavrusu	[kuʃ javrusu]
kuiken (het)	civciv, piliç	[dʒiv dʒiv], [piliʧ]
eendje (het)	ördek yavrusu	[ørdek javrusu]

216. Vogels

vogel (de)	kuş	[kuʃ]
duif (de)	güvercin	[gyverdʒin]
mus (de)	serçe	[serʧe]
koolmees (de)	baştankara	[baʃtankara]
ekster (de)	saksağan	[saksaan]

raaf (de)	kara karga, kuzgun	[kara karga], [kuzgun]
kraai (de)	karga	[karga]
kauw (de)	küçük karga	[kyʧuk karga]
roek (de)	ekin kargası	[ekin kargası]

eend (de)	ördek	[ørdek]
gans (de)	kaz	[kaz]
fazant (de)	sülün	[sylyn]

arend (de)	kartal	[kartal]
havik (de)	atmaca	[atmadʒa]
valk (de)	doğan	[doan]
gier (de)	akbaba	[akbaba]
condor (de)	kondor	[kondor]

zwaan (de)	kuğu	[kuu]
kraanvogel (de)	turna	[turna]
ooievaar (de)	leylek	[lejlek]

papegaai (de)	papağan	[papaan]
kolibrie (de)	sinekkuşu	[sinek kuʃu]
pauw (de)	tavus	[tavus]

struisvogel (de)	deve kuşu	[deve kuʃu]
reiger (de)	balıkçıl	[balıkʧil]
flamingo (de)	flamingo	[flamingo]
pelikaan (de)	pelikan	[pelikan]

| nachtegaal (de) | bülbül | [bylbyl] |
| zwaluw (de) | kırlangıç | [kɪrlangɪtʃ] |

lijster (de)	ardıç kuşu	[ardɪtʃ kuʃu]
zanglijster (de)	öter ardıç kuşu	[øter ardɪtʃ kuʃu]
merel (de)	karatavuk	[kara tavuk]

gierzwaluw (de)	sağan	[saan]
leeuwerik (de)	toygar	[tojgar]
kwartel (de)	bıldırcın	[bɪldɪrdʒɪn]

specht (de)	ağaçkakan	[aatʃkakan]
koekoek (de)	guguk	[guguk]
uil (de)	baykuş	[bajkuʃ]
oehoe (de)	puhu kuşu	[puhu kuʃu]
auerhoen (het)	çalıhorozu	[tʃalɪ horozu]
korhoen (het)	kayın tavuğu	[kajɪn tavuu]
patrijs (de)	keklik	[keklik]

spreeuw (de)	sığırcık	[sɪːɪrdʒɪk]
kanarie (de)	kanarya	[kanarja]
hazelhoen (het)	çil	[tʃil]
vink (de)	ispinoz	[ispinoz]
goudvink (de)	şakrak kuşu	[ʃakrak kuʃu]

meeuw (de)	martı	[martı]
albatros (de)	albatros	[albatros]
pinguïn (de)	penguen	[penguen]

217. Vogels. Zingen en geluiden

fluiten, zingen (ww)	ötmek	[øtmek]
schreeuwen (dieren, vogels)	bağırmak	[baırmak]
kukeleku	kukuriku	[kukuriku]

klokken (hen)	gıdaklamak	[gıdaklamak]
krassen (kraai)	gaklamak	[gaklamak]
kwaken (eend)	vakvak etmek	[vak vak etmek]
piepen (kuiken)	cıvıldamak	[dʒivıldamak]
tjilpen (bijv. een mus)	cıvıldamak	[dʒivıldamak]

218. Vis. Zeedieren

brasem (de)	çapak balığı	[tʃapak balıːı]
karper (de)	sazan	[sazan]
baars (de)	tatlı su levreği	[tatlı su levrei]
meerval (de)	yayın	[jajın]
snoek (de)	turna balığı	[turna balıːı]

zalm (de)	som balığı	[som balıːı]
steur (de)	mersin balığı	[mersin balıːı]
haring (de)	ringa	[ringa]

atlantische zalm (de)	som, somon	[som], [somon]
makreel (de)	uskumru	[uskumru]
platvis (de)	kalkan	[kalkan]

snoekbaars (de)	uzunlevrek	[uzunlevrek]
kabeljauw (de)	morina balığı	[morina balı:ı]
tonijn (de)	ton balığı	[ton balı:ı]
forel (de)	alabalık	[alabalık]

paling (de)	yılan balığı	[jılan balı:ı]
sidderrog (de)	torpilbalığı	[torpil balı:ı]
murene (de)	murana	[murana]
piranha (de)	pirana	[pirana]

haai (de)	köpek balığı	[køpek balı:ı]
dolfijn (de)	yunus	[junus]
walvis (de)	balina	[balina]

krab (de)	yengeç	[jengetʃ]
kwal (de)	denizanası	[deniz anası]
octopus (de)	ahtapot	[ahtapot]

zeester (de)	deniz yıldızı	[deniz jıldızı]
zee-egel (de)	deniz kirpisi	[deniz kirpisi]
zeepaardje (het)	denizatı	[denizatı]

oester (de)	istiridye	[istiridje]
garnaal (de)	karides	[karides]
kreeft (de)	ıstakoz	[ıstakoz]
langoest (de)	langust	[langust]

219. Amfibieën. Reptielen

| slang (de) | yılan | [jılan] |
| giftig (slang) | zehirli | [zehirli] |

adder (de)	engerek	[engirek]
cobra (de)	kobra	[kobra]
python (de)	piton	[piton]
boa (de)	boa yılanı	[boa jılanı]

ringslang (de)	çayır yılanı	[tʃajır jılanı]
ratelslang (de)	çıngıraklı yılan	[tʃırgıraklı jılan]
anaconda (de)	anakonda	[anakonda]

hagedis (de)	kertenkele	[kertenkele]
leguaan (de)	iguana	[iguana]
varaan (de)	varan	[varan]
salamander (de)	salamandra	[salamandra]
kameleon (de)	bukalemun	[bukalemun]
schorpioen (de)	akrep	[akrep]

| schildpad (de) | kaplumbağa | [kaplumbaa] |
| kikker (de) | kurbağa | [kurbaa] |

| pad (de) | kara kurbağa | [kara kurbaa] |
| krokodil (de) | timsah | [timsah] |

220. Insecten

insect (het)	böcek, haşere	[bødʒek], [haʃere]
vlinder (de)	kelebek	[kelebek]
mier (de)	karınca	[karɯndʒa]
vlieg (de)	sinek	[sinek]
mug (de)	sivri sinek	[sivri sinek]
kever (de)	böcek	[bødʒek]

wesp (de)	eşek arısı	[eʃek arɯsɯ]
bij (de)	arı	[arɯ]
hommel (de)	toprak yaban arısı	[toprak jaban arɯsɯ]
horzel (de)	at sineği	[at sinei]

| spin (de) | örümcek | [ørymdʒek] |
| spinnenweb (het) | örümcek ağı | [ørymdʒek aɯ] |

libel (de)	kız böceği	[kɯz bødʒei]
sprinkhaan (de)	çekirge	[ʧekirge]
nachtvlinder (de)	pervane	[pervane]

kakkerlak (de)	hamam böceği	[hamam bødʒei]
teek (de)	kene, sakırga	[kene], [sakɯrga]
vlo (de)	pire	[pire]
kriebelmug (de)	tatarcık	[tatardʒɯk]

treksprinkhaan (de)	çekirge	[ʧekirge]
slak (de)	sümüklü böcek	[symykly bødʒek]
krekel (de)	cırcır böceği	[dʒɯrdʒɯr bødʒei]
glimworm (de)	ateş böceği	[ateʃ bødʒei]
lieveheersbeestje (het)	uğur böceği	[uur bødʒei]
meikever (de)	mayıs böceği	[majɯs bødʒei]

bloedzuiger (de)	sülük	[sylyk]
rups (de)	tırtıl	[tɯrtɯl]
aardworm (de)	solucan	[soludʒan]
larve (de)	kurtçuk	[kurtʃuk]

221. Dieren. Lichaamsdelen

snavel (de)	gaga	[gaga]
vleugels (mv.)	kanatlar	[kanatlar]
poot (ov. een vogel)	ayak	[ajak]
verenkleed (het)	tüyler	[tyjler]
veer (de)	tüy	[tyj]
kuifje (het)	sorguç	[sorguʧ]

| kieuwen (mv.) | solungaç | [solungaʧ] |
| kuit, dril (de) | yumurta | [jumurta] |

larve (de)	kurtçuk	[kurtʃuk]
vin (de)	yüzgeç	[juzgetʃ]
schubben (mv.)	pul, deri	[pul], [deri]

slagtand (de)	köpekdişi	[køpekdiʃi]
poot (bijv. ~ van een kat)	ayak	[ajak]
muil (de)	hayvan burnu	[hajvan burnu]
bek (mond van dieren)	ağız	[aız]
staart (de)	kuyruk	[kujruk]
snorharen (mv.)	bıyık	[bıjık]

| hoef (de) | toynak | [tojnak] |
| hoorn (de) | boynuz | [bojnuz] |

schild (schildpad, enz.)	kaplumbağa kabuğu	[kaplumbaa kabuu]
schelp (de)	kabuk	[kabuk]
eierschaal (de)	yumurta kabuğu	[jumurta kabuu]

| vacht (de) | tüy | [tyj] |
| huid (de) | deri | [deri] |

222. Acties van de dieren

| vliegen (ww) | uçmak | [utʃmak] |
| cirkelen (vogel) | dönüp durmak | [dønyp durmak] |

| wegvliegen (ww) | uçup gitmek | [utʃup gitmek] |
| klapwieken (ww) | sallamak | [sallamak] |

| pikken (vogels) | gagalamak | [gagalamak] |
| broeden (de eend zit te ~) | kuluçkaya yatmak | [kulutʃkaja jatmak] |

| uitbroeden (ww) | yumurtadan çıkmak | [jumurtadan tʃıkmak] |
| een nest bouwen | yuva yapmak | [juva japmak] |

kruipen (ww)	sürünmek	[syrynmek]
steken (bij)	sokmak	[sokmak]
bijten (de hond, enz.)	ısırmak	[ısırmak]

snuffelen (ov. de dieren)	koklamak	[koklamak]
blaffen (ww)	havlamak	[havlamak]
sissen (slang)	tıslamak	[tıslamak]

| doen schrikken (ww) | korkutmak | [korkutmak] |
| aanvallen (ww) | saldırmak | [saldırmak] |

knagen (ww)	kemirmek	[kemirmek]
schrammen (ww)	tırmalamak	[tırmalamak]
zich verbergen (ww)	saklanmak	[saklanmak]

spelen (ww)	oynamak	[ojnamak]
jagen (ww)	avlamak	[avlamak]
winterslapen	kış uykusuna yatmak	[kıʃ ujkusuna jatmak]
uitsterven (dinosauriërs, enz.)	nesli tükenmek	[nesli tykenmek]

223. Dieren. Leefomgevingen

leefgebied (het)	doğal ortam	[doal ortam]
migratie (de)	göç	[gøtʃ]
berg (de)	dağ	[daa]
rif (het)	resif	[resif]
klip (de)	kaya	[kaja]
bos (het)	orman	[orman]
jungle (de)	cengel	[dʒengel]
savanne (de)	savana	[savana]
toendra (de)	tundura, tundra	[tundura], [tundra]
steppe (de)	bozkır	[bozkɪr]
woestijn (de)	çöl	[tʃøl]
oase (de)	vaha	[vaha]
zee (de)	deniz	[deniz]
meer (het)	göl	[gøl]
oceaan (de)	okyanus	[okjanus]
moeras (het)	bataklık	[bataklɪk]
zoetwater- (abn)	tatlı su	[tatlɪ su]
vijver (de)	gölet	[gølet]
rivier (de)	nehir, ırmak	[nehir], [ɪrmak]
berenhol (het)	ayı ini	[ajɪ inɪ]
nest (het)	yuva	[juva]
boom holte (de)	kovuk	[kovuk]
hol (het)	in	[in]
mierenhoop (de)	karınca yuvası	[karɪndʒa juvasɪ]

224. Dierverzorging

dierentuin (de)	hayvanat bahçesi	[hajvanat bahtʃesi]
natuurreservaat (het)	doğa koruma alanı	[doa koruma alanɪ]
fokkerij (de)	hayvan yetiştiricisi	[hajvan jetiʃtiridʒisi]
openluchtkooi (de)	açık hava kafesi	[atʃɪk hava kafesi]
kooi (de)	kafes	[kafes]
hondenhok (het)	köpek kulübesi	[køpek kylybesi]
duiventil (de)	güvercinlik	[gyverdʒinlik]
aquarium (het)	akvaryum	[akvarjym]
dolfinarium (het)	yunus akvaryumu	[junus akvariumu]
fokken (bijv. honden ~)	beslemek	[beslemek]
nakomelingen (mv.)	yavru, nesil	[javru], [nesil]
temmen (tam maken)	evcilleştirmek	[evdʒilleʃtirmek]
dresseren (ww)	terbiye etmek	[terbije etmek]
voeding (de)	yem	[jem]
voederen (ww)	beslemek	[beslemek]

199

dierenwinkel (de)	evcil hayvan dükkanı	[evdʒil hajvan dykkanı]
muilkorf (de)	ağızlık	[aızlık]
halsband (de)	tasma	[tasma]
naam (ov. een dier)	ad	[ad]
stamboom (honden met ~)	cins hayvan	[dʒins hajvan]

225. Dieren. Diversen

meute (wolven)	sürü	[syry]
zwerm (vogels)	kuş sürüsü	[kuʃ syrysy]
school (vissen)	balık sürüsü	[balık syrysy]
kudde (wilde paarden)	at sürüsü	[at syrysy]

mannetje (het)	erkek	[erkek]
vrouwtje (het)	dişi	[diʃi]

hongerig (bn)	aç	[atʃ]
wild (bn)	vahşi	[vahʃi]
gevaarlijk (bn)	tehlikeli	[tehlikeli]

226. Paarden

paard (het)	at	[at]
ras (het)	cins, ırk	[dʒins], [ırk]

veulen (het)	tay	[taj]
merrie (de)	kısrak	[kısrak]

mustang (de)	yabani at	[jabani at]
pony (de)	midilli	[midilli]
koudbloed (de)	beygir	[bejgir]

manen (mv.)	yele	[jele]
staart (de)	kuyruk	[kujruk]

hoef (de)	toynak	[tojnak]
hoefijzer (het)	nal	[nal]
beslaan (ww)	nallamak	[nallamak]
paardensmid (de)	nalbant	[nalbant]

zadel (het)	eyer	[ejer]
stijgbeugel (de)	üzengi	[yzengi]
breidel (de)	dizgin	[dizgin]
leidsels (mv.)	dizginler	[dizginler]
zweep (de)	kırbaç	[kırbatʃ]

ruiter (de)	binici	[binidʒi]
zadelen (ww)	eyerlemek	[ejerlemek]
een paard bestijgen	ata binmek	[ata binmek]

galop (de)	dört nal	[dørt nal]
galopperen (ww)	dört nala gitmek	[dørt nala gitmek]

draf (de)	tırıs	[tırıs]
in draf (bw)	tırısta	[tırısta]
draven (ww)	tırıs gitmek	[tırıs gitmek]

| renpaard (het) | yarış atı | [jarıʃ atı] |
| paardenrace (de) | at yarışı | [et jarıʃı] |

paardenstal (de)	ahır	[ahır]
voederen (ww)	beslemek	[beslemek]
hooi (het)	saman, kuru ot	[saman], [kuru ot]
water geven (ww)	sulamak	[sulamak]
wassen (paard ~)	tımarlamak	[tımarlamak]

paardenkar (de)	atlı araba	[atlı araba]
grazen (gras eten)	otlanmak	[otlanmak]
hinniken (ww)	kişnemek	[kiʃnemek]
een trap geven	tepmek	[tepmek]

Flora

227. Bomen

boom (de)	ağaç	[aatʃ]
loof- (abn)	geniş yapraklı	[geniʃ japraklı]
dennen- (abn)	iğne yapraklı	[i:ine japraklı]
groenblijvend (bn)	her dem taze	[her dem taze]
appelboom (de)	elma ağacı	[elma aadʒı]
perenboom (de)	armut ağacı	[armut aadʒı]
zoete kers (de)	kiraz ağacı	[kiraz aadʒı]
zure kers (de)	vişne ağacı	[viʃne aadʒı]
pruimelaar (de)	erik ağacı	[erik aadʒı]
berk (de)	huş ağacı	[huʃ aadʒı]
eik (de)	meşe	[meʃe]
linde (de)	ıhlamur	[ıhlamur]
esp (de)	titrek kavak	[titrek kavak]
esdoorn (de)	akça ağaç	[aktʃa aatʃ]
spar (de)	ladin	[ladin]
den (de)	çam ağacı	[tʃam aadʒı]
lariks (de)	melez ağacı	[melez aadʒı]
zilverspar (de)	köknar	[køknar]
ceder (de)	sedir	[sedir]
populier (de)	kavak	[kavak]
lijsterbes (de)	üvez ağacı	[yvez aadʒı]
wilg (de)	söğüt	[søjut]
els (de)	kızılağaç	[kızılaatʃ]
beuk (de)	kayın	[kajın]
iep (de)	karaağaç	[kara aatʃ]
es (de)	dişbudak ağacı	[diʃbudak aadʒı]
kastanje (de)	kestane	[kestane]
magnolia (de)	manolya	[manolja]
palm (de)	palmiye	[palmije]
cipres (de)	servi	[servi]
mangrove (de)	mangrov	[mangrov]
baobab (apenbroodboom)	baobab ağacı	[baobab aadʒı]
eucalyptus (de)	okaliptüs	[okaliptys]
mammoetboom (de)	sekoya	[sekoja]

228. Heesters

struik (de)	çalı	[tʃalı]
heester (de)	çalılık	[tʃalılık]

wijnstok (de)	üzüm	[yzym]
wijngaard (de)	bağ	[baa]

frambozenstruik (de)	ahududu	[ahududu]
zwarte bes (de)	siyah frenk üzümü	[sijah frenk yzymy]
rode bessenstruik (de)	kırmızı frenk üzümü	[kırmızı frenk yzymy]
kruisbessenstruik (de)	bektaşi üzümü	[bektaʃi yzymy]

acacia (de)	akasya	[akasja]
zuurbes (de)	diken üzümü	[diken yzymy]
jasmijn (de)	yasemin	[jasemin]

jeneverbes (de)	ardıç	[ardıtʃ]
rozenstruik (de)	gül ağacı	[gyl aadʒı]
hondsroos (de)	yaban gülü	[jaban gyly]

229. Champignons

paddenstoel (de)	mantar	[mantar]
eetbare paddenstoel (de)	yenir mantar	[jenir mantar]
giftige paddenstoel (de)	zehirli mantar	[zehirli mantar]
hoed (de)	baş	[baʃ]
steel (de)	ayak	[ajak]

eekhoorntjesbrood (het)	bir mantar türü	[bir mantar tyry]
rosse populierboleet (de)	kavak mantarı	[kavak mantarı]
berkenboleet (de)	ak ağaç mantarı	[ak aatʃ mantarı]
cantharel (de)	horozmantarı	[horoz mantarı]
russula (de)	çiğ yenen mantar	[tʃi:i jenen mantar]

morielje (de)	kuzu mantarı	[kuzu mantarı]
vliegenzwam (de)	sinek mantarı	[sinek mantarı]
groene knolamaniet (de)	köygöçüren mantarı	[køjgøtʃuren mantarı]

230. Vruchten. Bessen

vrucht (de)	meyve	[mejve]
vruchten (mv.)	meyveler	[mejveler]
appel (de)	elma	[elma]
peer (de)	armut	[armut]
pruim (de)	erik	[erik]

aardbei (de)	çilek	[tʃilek]
zure kers (de)	vişne	[viʃne]
zoete kers (de)	kiraz	[kiraz]
druif (de)	üzüm	[yzym]

framboos (de)	ahududu	[ahududu]
zwarte bes (de)	siyah frenk üzümü	[sijah frenk yzymy]
rode bes (de)	kırmızı frenk üzümü	[kırmızı frenk yzymy]
kruisbes (de)	bektaşi üzümü	[bektaʃi yzymy]
veenbes (de)	kızılcık	[kızıldʒık]

sinaasappel (de)	portakal	[portakal]
mandarijn (de)	mandalina	[mandalina]
ananas (de)	ananas	[ananas]
banaan (de)	muz	[muz]
dadel (de)	hurma	[hurma]

citroen (de)	limon	[limon]
abrikoos (de)	kayısı	[kajısı]
perzik (de)	şeftali	[ʃeftali]
kiwi (de)	kivi	[kivi]
grapefruit (de)	greypfrut	[grejpfrut]

bes (de)	meyve, yemiş	[mejve], [jemiʃ]
bessen (mv.)	yemişler	[jemiʃler]
vossenbes (de)	kırmızı yaban mersini	[kırmızı jaban mersini]
bosaardbei (de)	yabani çilek	[jabani ʧilek]
blauwe bosbes (de)	yaban mersini	[jaban mersini]

231. Bloemen. Planten

| bloem (de) | çiçek | [ʧiʧek] |
| boeket (het) | demet | [demet] |

roos (de)	gül	[gyl]
tulp (de)	lale	[lale]
anjer (de)	karanfil	[karanfil]
gladiool (de)	glayöl	[glajøl]

korenbloem (de)	peygamber çiçeği	[pejgamber ʧiʧei]
klokje (het)	çançiçeği	[ʧanʧiʧei]
paardenbloem (de)	hindiba	[hindiba]
kamille (de)	papatya	[papatja]

aloë (de)	sarısabır	[sarısabır]
cactus (de)	kaktüs	[kaktys]
ficus (de)	kauçuk ağacı	[kauʧuk aadʒı]

lelie (de)	zambak	[zambak]
geranium (de)	sardunya	[sardunija]
hyacint (de)	sümbül	[symbyl]

mimosa (de)	mimoza	[mimoza]
narcis (de)	nergis	[nergis]
Oost-Indische kers (de)	latin çiçeği	[latin ʧiʧei]

orchidee (de)	orkide	[orkide]
pioenroos (de)	şakayık	[ʃakajık]
viooltje (het)	menekşe	[menekʃe]

driekleurig viooltje (het)	hercai menekşe	[herdʒai menekʃe]
vergeet-mij-nietje (het)	unutmabeni	[unutmabeni]
madeliefje (het)	papatya	[papatja]
papaver (de)	haşhaş	[haʃhaʃ]
hennep (de)	kendir	[kendir]

munt (de)	nane	[nane]
lelietje-van-dalen (het)	inci çiçeği	[indʒi tʃitʃei]
sneeuwklokje (het)	kardelen	[kardelen]

brandnetel (de)	ısırgan otu	[ısırgan otu]
veldzuring (de)	kuzukulağı	[kuzukulaı]
waterlelie (de)	beyaz nilüfer	[bejaz nilyfer]
varen (de)	eğreltiotu	[eereltiotu]
korstmos (het)	liken	[liken]

oranjerie (de)	limonluk	[limonlyk]
gazon (het)	çimen	[tʃimen]
bloemperk (het)	çiçek tarhı	[tʃitʃek tarhı]

plant (de)	bitki	[bitki]
gras (het)	ot	[ot]
grasspriet (de)	ot çöpü	[ot tʃøpy]

blad (het)	yaprak	[japrak]
bloemblad (het)	taçyaprağı	[tatʃjapraı]
stengel (de)	sap	[sap]
knol (de)	yumru	[jumru]

| scheut (de) | filiz | [filiz] |
| doorn (de) | diken | [diken] |

bloeien (ww)	çiçeklenmek	[tʃitʃeklenmek]
verwelken (ww)	solmak	[solmak]
geur (de)	koku	[koku]
snijden (bijv. bloemen ~)	kesmek	[kesmek]
plukken (bloemen ~)	koparmak	[koparmak]

232. Granen, graankorrels

graan (het)	tahıl, tane	[tahıl], [tane]
graangewassen (mv.)	tahıllar	[tahıllar]
aar (de)	başak `	[baʃak]

tarwe (de)	buğday	[buudaj]
rogge (de)	çavdar	[tʃavdar]
haver (de)	yulaf	[julaf]

| gierst (de) | darı | [darı] |
| gerst (de) | arpa | [arpa] |

maïs (de)	mısır	[mısır]
rijst (de)	pirinç	[pirintʃ]
boekweit (de)	karabuğday	[karabuudaj]

erwt (de)	bezelye	[bezelje]
nierboon (de)	fasulye	[fasulje]
soja (de)	soya	[soja]
linze (de)	mercimek	[merdʒimek]
bonen (mv.)	bakla	[bakla]

233. Groenten. Groene groenten

groenten (mv.)	sebze	[sebze]
verse kruiden (mv.)	yeşillik	[jeʃilik]

tomaat (de)	domates	[domates]
augurk (de)	salatalık	[salatalık]
wortel (de)	havuç	[havutʃ]
aardappel (de)	patates	[patates]
ui (de)	soğan	[soan]
knoflook (de)	sarımsak	[sarımsak]

kool (de)	lahana	[lahana]
bloemkool (de)	karnabahar	[karnabahar]
spruitkool (de)	Brüksel lâhanası	[bryksel lahanası]
broccoli (de)	brokoli	[brokoli]

rode biet (de)	pancar	[pandʒar]
aubergine (de)	patlıcan	[patlıdʒan]
courgette (de)	sakız kabağı	[sakız kabaı]
pompoen (de)	kabak	[kabak]
knolraap (de)	şalgam	[ʃalgam]

peterselie (de)	maydanoz	[majdanoz]
dille (de)	dereotu	[dereotu]
sla (de)	yeşil salata	[jeʃil salata]
selderij (de)	kereviz	[kereviz]
asperge (de)	kuşkonmaz	[kuʃkonmaz]
spinazie (de)	ıspanak	[ıspanak]

erwt (de)	bezelye	[bezelje]
bonen (mv.)	fasulye	[fasulje]
maïs (de)	mısır	[mısır]
nierboon (de)	fasulye	[fasulje]

peper (de)	biber	[biber]
radijs (de)	turp	[turp]
artisjok (de)	enginar	[enginar]

REGIONALE AARDRIJKSKUNDE

Landen. Nationaliteiten

234. West-Europa

Europa (het)	Avrupa	[avrupa]
Europese Unie (de)	Avrupa Birliği	[avrupa birli:i]
Europeaan (de)	Avrupalı	[avrupalı]
Europees (bn)	Avrupa	[avrupa]
Oostenrijk (het)	Avusturya	[avusturja]
Oostenrijker (de)	Avusturyalı	[avusturjalı]
Oostenrijkse (de)	Avusturyalı	[avusturjalı]
Oostenrijks (bn)	Avusturya	[avusturja]
Groot-Brittannië (het)	Büyük Britanya	[byjuk britanja]
Engeland (het)	İngiltere	[ingiltere]
Engelsman (de)	İngiliz	[ingiliz]
Engelse (de)	İngiliz	[ingiliz]
Engels (bn)	İngiliz	[ingiliz]
België (het)	Belçika	[beltʃika]
Belg (de)	Belçikalı	[beltʃikalı]
Belgische (de)	Belçikalı	[beltʃikalı]
Belgisch (bn)	Belçika	[beltʃika]
Duitsland (het)	Almanya	[almanja]
Duitser (de)	Alman	[alman]
Duitse (de)	Alman	[alman]
Duits (bn)	Alman	[alman]
Nederland (het)	Hollanda	[hollanda]
Holland (het)	Hollanda	[hollanda]
Nederlander (de)	Hollandalı	[hollandalı]
Nederlandse (de)	Hollandalı	[hollandalı]
Nederlands (bn)	Hollanda	[hollanda]
Griekenland (het)	Yunanistan	[junanistan]
Griek (de)	Yunan	[junan]
Griekse (de)	Yunan	[junan]
Grieks (bn)	Yunan	[junan]
Denemarken (het)	Danimarka	[danimarka]
Deen (de)	Danimarkalı	[danimarkalı]
Deense (de)	Danimarkalı	[danimarkalı]
Deens (bn)	Danimarka	[danimarka]
Ierland (het)	İrlanda	[irlanda]
Ier (de)	İrlandalı	[irlandalı]

| Ierse (de) | İrlandalı | [irlandalı] |
| Iers (bn) | İrlanda | [irlanda] |

IJsland (het)	İzlanda	[izlanda]
IJslander (de)	İzlandalı	[izlandalı]
IJslandse (de)	İzlandalı	[izlandalı]
IJslands (bn)	İzlanda	[izlanda]

Spanje (het)	İspanya	[ispanja]
Spanjaard (de)	İspanyol	[ispanjol]
Spaanse (de)	İspanyol	[ispanjol]
Spaans (bn)	İspanyol	[ispanjol]

Italië (het)	İtalya	[italja]
Italiaan (de)	İtalyan	[italjan]
Italiaanse (de)	İtalyan	[italjan]
Italiaans (bn)	İtalyan	[italjan]

Cyprus (het)	Kıbrıs	[kıbrıs]
Cyprioot (de)	Kıbrıslı	[kıbrıslı]
Cypriotische (de)	Kıbrıslı	[kıbrıslı]
Cypriotisch (bn)	Kıbrıs	[kıbrıs]

Malta (het)	Malta	[malta]
Maltees (de)	Maltalı	[maltalı]
Maltese (de)	Maltalı	[maltalı]
Maltees (bn)	Malta	[malta]

Noorwegen (het)	Norveç	[norvetʃ]
Noor (de)	Norveçli	[norvetʃli]
Noorse (de)	Norveçli	[norvetʃli]
Noors (bn)	Norveç	[norvetʃ]

Portugal (het)	Portekiz	[portekiz]
Portugees (de)	Portekizli	[portekizli]
Portugese (de)	Portekizli	[portekizli]
Portugees (bn)	Portekiz	[portekiz]

Finland (het)	Finlandiya	[finlandja]
Fin (de)	Fin	[fin]
Finse (de)	Fin	[fin]
Fins (bn)	Fin	[fin]

Frankrijk (het)	Fransa	[fransa]
Fransman (de)	Fransız	[fransız]
Française (de)	Fransız	[fransız]
Frans (bn)	Fransız	[fransız]

Zweden (het)	İsveç	[isvetʃ]
Zweed (de)	İsveçli	[isvetʃli]
Zweedse (de)	İsveçli	[isvetʃli]
Zweeds (bn)	İsveç	[isvetʃ]

Zwitserland (het)	İsviçre	[isvitʃre]
Zwitser (de)	İsviçreli	[isvitʃreli]
Zwitserse (de)	İsviçreli	[isvitʃreli]

Zwitsers (bn)	İsviçre	[isvitʃre]
Schotland (het)	İskoçya	[iskotʃja]
Schot (de)	İskoçyalı	[iskotʃjalı]
Schotse (de)	İskoçyalı	[iskotʃjalı]
Schots (bn)	İskoç	[iskotʃ]
Vaticaanstad (de)	Vatikan	[vatikan]
Liechtenstein (het)	Lihtenştayn	[lihtenʃtajn]
Luxemburg (het)	Lüksemburg	[lyksemburg]
Monaco (het)	Monako	[monako]

235. Centraal- en Oost-Europa

Albanië (het)	Arnavutluk	[arnavutluk]
Albanees (de)	Arnavut	[arnavut]
Albanese (de)	Arnavut	[arnavut]
Albanees (bn)	Arnavut	[arnavut]
Bulgarije (het)	Bulgaristan	[bulgaristan]
Bulgaar (de)	Bulgar	[bulgar]
Bulgaarse (de)	Bulgar	[bulgar]
Bulgaars (bn)	Bulgar	[bulgar]
Hongarije (het)	Macaristan	[madʒaristan]
Hongaar (de)	Macar	[madʒar]
Hongaarse (de)	Macar	[madʒar]
Hongaars (bn)	Macar	[madʒar]
Letland (het)	Letonya	[letonja]
Let (de)	Letonyalı	[letonjalı]
Letse (de)	Letonyalı	[letonjalı]
Lets (bn)	Letonya	[letonja]
Litouwen (het)	Litvanya	[litvanja]
Litouwer (de)	Litvanyalı	[litvanjalı]
Litouwse (de)	Litvanyalı	[litvanjalı]
Litouws (bn)	Litvanya	[litvanja]
Polen (het)	Polonya	[polonja]
Pool (de)	Leh	[leh]
Poolse (de)	Leh	[leh]
Pools (bn)	Leh	[leh]
Roemenië (het)	Romanya	[romanja]
Roemeen (de)	Romanyalı	[romanjalı]
Roemeense (de)	Romanyalı	[romanjalı]
Roemeens (bn)	Rumen	[rumen]
Servië (het)	Sırbistan	[sırbistan]
Serviër (de)	Sırp	[sırp]
Servische (de)	Sırp	[sırp]
Servisch (bn)	Sırp	[sırp]
Slowakije (het)	Slovakya	[slovakja]
Slowaak (de)	Slovak	[slovak]

| Slowaakse (de) | Slovak | [slovak] |
| Slowaakse (bn) | Slovak | [slovak] |

Kroatië (het)	Hırvatistan	[hırvatistan]
Kroaat (de)	Hırvat	[hırvat]
Kroatische (de)	Hırvat	[hırvat]
Kroatisch (bn)	Hırvat	[hırvat]

Tsjechië (het)	Çek Cumhuriyeti	[ʧek ʤumhurijeti]
Tsjech (de)	Çek	[ʧek]
Tsjechische (de)	Çek	[ʧek]
Tsjechisch (bn)	Çek	[ʧek]

Estland (het)	Estonya	[estonja]
Est (de)	Estonyalı	[estonjalı]
Estse (de)	Estonyalı	[estonjalı]
Ests (bn)	Estonya	[estonja]

Bosnië en Herzegovina (het)	Bosna-Hersek	[bosna hertsek]
Macedonië (het)	Makedonya	[makedonja]
Slovenië (het)	Slovenya	[slovenja]
Montenegro (het)	Karadağ	[karadaa]

236. Voormalige USSR landen

Azerbeidzjan (het)	Azerbaycan	[azerbajdʒan]
Azerbeidzjaan (de)	Azerbaycanlı	[azerbajdʒanlı]
Azerbeidjaanse (de)	Azerbaycanlı	[azerbajdʒanlı]
Azerbeidjaans (bn)	Azerbaycan	[azerbajdʒan]

Armenië (het)	Ermenistan	[ermenistan]
Armeen (de)	Ermeni	[ermeni]
Armeense (de)	Ermeni	[ermeni]
Armeens (bn)	Ermeni	[ermeni]

Wit-Rusland (het)	Beyaz Rusya	[bejaz rusja]
Wit-Rus (de)	Beyaz Rusyalı	[bejaz rusjalı]
Wit-Russische (de)	Beyaz Rusyalı	[bejaz rusjalı]
Wit-Russisch (bn)	Beyaz Rusça	[bejaz rusʧa]

Georgië (het)	Gürcistan	[gyrdʒistan]
Georgiër (de)	Gürcü	[gyrdʒy]
Georgische (de)	Gürcü	[gyrdʒy]
Georgisch (bn)	Gürcü	[gyrdʒy]

Kazakstan (het)	Kazakistan	[kazakistan]
Kazak (de)	Kazak	[kazak]
Kazakse (de)	Kazak	[kazak]
Kazakse (bn)	Kazak	[kazak]

Kirgizië (het)	Kırgızistan	[kırgızistan]
Kirgiziër (de)	Kırgız	[kırgız]
Kirgizische (de)	Kırgız	[kırgız]
Kirgizische (bn)	Kırgız	[kırgız]

Moldavië (het)	**Moldova**	[moldova]
Moldaviër (de)	**Moldovalı**	[moldovalı]
Moldavische (de)	**Moldovalı**	[moldovalı]
Moldavisch (bn)	**Moldovalı**	[moldovalı]
Rusland (het)	**Rusya**	[rusja]
Rus (de)	**Rus**	[rus]
Russin (de)	**Rus**	[rus]
Russisch (bn)	**Rus**	[rus]
Tadzjikistan (het)	**Tacikistan**	[tadʒikistan]
Tadzjiek (de)	**Tacik**	[tadʒik]
Tadzjiekse (de)	**Tacik**	[tadʒik]
Tadzjieks (bn)	**Tacik**	[tadʒik]
Turkmenistan (het)	**Türkmenistan**	[tyrkmenistan]
Turkmeen (de)	**Türkmen**	[tyrkmen]
Turkmeense (de)	**Türkmen**	[tyrkmen]
Turkmeens (bn)	**Türkmen**	[tyrkmen]
Oezbekistan (het)	**Özbekistan**	[øzbekistan]
Oezbeek (de)	**Özbek**	[øzbek]
Oezbeekse (de)	**Özbek**	[øzbek]
Oezbeeks (bn)	**Özbek**	[øzbek]
Oekraïne (het)	**Ukrayna**	[ukrajna]
Oekraïner (de)	**Ukraynalı**	[ukrajnalı]
Oekraïense (de)	**Ukraynalı**	[ukrajnalı]
Oekraïens (bn)	**Ukrayna**	[ukrajna]

237. Azië

Azië (het)	**Asya**	[asja]
Aziatisch (bn)	**Asya**	[asja]
Vietnam (het)	**Vietnam**	[vjetnam]
Vietnamees (de)	**Vietnamlı**	[vjetnamlı]
Vietnamese (de)	**Vietnamlı**	[vjetnamlı]
Vietnamees (bn)	**Vietnam**	[vjetnam]
India (het)	**Hindistan**	[hindistan]
Indiër (de)	**Hintli**	[hintli]
Indische (de)	**Hintli**	[hintli]
Indisch (bn)	**Hintli**	[hintli]
Israël (het)	**İsrail**	[israil]
Israëliër (de)	**İsrailli**	[israili]
Israëlische (de)	**İsrailli**	[israili]
Israëlisch (bn)	**İsrail**	[israil]
Jood (etniciteit)	**Yahudi**	[jahudi]
Jodin (de)	**Yahudi**	[jahudi]
Joods (bn)	**Yahudi**	[jahudi]
China (het)	**Çin**	[ʧin]

Chinees (de)	Çinli	[ʧinli]
Chinese (de)	Çinli	[ʧinli]
Chinees (bn)	Çin	[ʧin]

Koreaan (de)	Koreli	[koreli]
Koreaanse (de)	Koreli	[koreli]
Koreaans (bn)	Kore	[kore]

Libanon (het)	Lübnan	[lybnan]
Libanees (de)	Lübnanlı	[lybnanlı]
Libanese (de)	Lübnanlı	[lybnanlı]
Libanees (bn)	Lübnanlı	[lybnanlı]

Mongolië (het)	Moğolistan	[moolistan]
Mongool (de)	Moğol	[mool]
Mongoolse (de)	Moğol	[mool]
Mongools (bn)	Moğol	[mool]

Maleisië (het)	Malezya	[malezja]
Maleisiër (de)	Malay	[malaj]
Maleisische (de)	Malay	[malaj]
Maleisisch (bn)	Malay	[malaj]

Pakistan (het)	Pakistan	[pakistan]
Pakistaan (de)	Pakistanlı	[pakistanlı]
Pakistaanse (de)	Pakistanlı	[pakistanlı]
Pakistaans (bn)	Pakistan	[pakistan]

Saoedi-Arabië (het)	Suudi Arabistan	[suudi arabistan]
Arabier (de)	Arap	[arap]
Arabische (de)	Arap	[arap]
Arabisch (bn)	Arap	[arap]

Thailand (het)	Tayland	[tailand]
Thai (de)	Taylandlı	[tajlandlı]
Thaise (de)	Taylandlı	[tajlandlı]
Thai (bn)	Taylandlı	[tajlandlı]

Taiwan (het)	Tayvan	[tajvan]
Taiwanees (de)	Tayvanlı	[tajvanlı]
Taiwanese (de)	Tayvanlı	[tajvanlı]
Taiwanees (bn)	Tayvanlı	[tajvanlı]

Turkije (het)	Türkiye	[tyrkije]
Turk (de)	Türk	[tyrk]
Turkse (de)	Türk	[tyrk]
Turks (bn)	Türk, Türkçe	[tyrk], [tyrkʧe]

Japan (het)	Japonya	[ʒaponja]
Japanner (de)	Japon	[ʒapon]
Japanse (de)	Japon	[ʒapon]
Japans (bn)	Japon	[ʒapon]

Afghanistan (het)	Afganistan	[afganistan]
Bangladesh (het)	Bangladeş	[bangladeʃ]
Indonesië (het)	Endonezya	[endonezja]

Jordanië (het)	Ürdün	[urdyn]
Irak (het)	Irak	[ırak]
Iran (het)	İran	[iran]
Cambodja (het)	Kamboçya	[kambotʃja]
Koeweit (het)	Kuveyt	[kuvejt]

Laos (het)	Laos	[laos]
Myanmar (het)	Myanmar	[mjanmar]
Nepal (het)	Nepal	[nepal]
Verenigde Arabische Emiraten	Birleşik Arap Emirlikleri	[birleʃik arap emirlikleri]

Syrië (het)	Suriye	[surije]
Palestijnse autonomie (de)	Filistin	[filistin]
Zuid-Korea (het)	Güney Kore	[gynej kore]
Noord-Korea (het)	Kuzey Kore	[kuzej kore]

238. Noord-Amerika

Verenigde Staten van Amerika	Amerika Birleşik Devletleri	[amerika birleʃik devletleri]
Amerikaan (de)	Amerikalı	[amerikalı]
Amerikaanse (de)	Amerikalı	[amerikalı]
Amerikaans (bn)	Amerikan	[amerikan]

Canada (het)	Kanada	[kanada]
Canadees (de)	Kanadalı	[kanadalı]
Canadese (de)	Kanadalı	[kanadalı]
Canadees (bn)	Kanada	[kanada]

Mexico (het)	Meksika	[meksika]
Mexicaan (de)	Meksikalı	[meksikalı]
Mexicaanse (de)	Meksikalı	[meksikalı]
Mexicaans (bn)	Meksika	[meksika]

239. Midden- en Zuid-Amerika

Argentinië (het)	Arjantin	[arʒantin]
Argentijn (de)	Arjantinli	[arʒantinli]
Argentijnse (de)	Arjantinli	[arʒantinli]
Argentijns (bn)	Arjantin	[arʒantin]

Brazilië (het)	Brezilya	[brezilja]
Braziliaan (de)	Brezilyalı	[breziljalı]
Braziliaanse (de)	Brezilyalı	[breziljalı]
Braziliaans (bn)	Brezilya	[brezilja]

Colombia (het)	Kolombiya	[kolombija]
Colombiaan (de)	Kolombiyalı	[kolombijalı]
Colombiaanse (de)	Kolombiyalı	[kolombijalı]
Colombiaans (bn)	Kolombiyalı	[kolombijalı]
Cuba (het)	Küba	[kyba]

Cubaan (de)	Kübalı	[kybalı]
Cubaanse (de)	Kübalı	[kybalı]
Cubaans (bn)	Küba	[kyba]

Chili (het)	Şili	[ʃili]
Chileen (de)	Şilili	[ʃilili]
Chileense (de)	Şilili	[ʃilili]
Chileens (bn)	Şili	[ʃili]

Bolivia (het)	Bolivya	[bolivja]
Venezuela (het)	Venezuela	[venezuela]
Paraguay (het)	Paraguay	[paraguaj]
Peru (het)	Peru	[peru]
Suriname (het)	Surinam	[surinam]
Uruguay (het)	Uruguay	[urugvaj]
Ecuador (het)	Ekvator	[ekvator]

Bahama's (mv.)	Bahama adaları	[bahama adaları]
Haïti (het)	Haiti	[haiti]
Dominicaanse Republiek (de)	Dominik Cumhuriyeti	[dominik dʒumhurijeti]
Panama (het)	Panama	[panama]
Jamaica (het)	Jamaika	[ʒamajka]

240. Afrika

Egypte (het)	Mısır	[mısır]
Egyptenaar (de)	Mısırlı	[mısırlı]
Egyptische (de)	Mısırlı	[mısırlı]
Egyptisch (bn)	Mısır	[mısır]

Marokko (het)	Fas	[fas]
Marokkaan (de)	Faslı	[faslı]
Marokkaanse (de)	Faslı	[faslı]
Marokkaans (bn)	Fas	[fas]

Tunesië (het)	Tunus	[tunus]
Tunesiër (de)	Tunuslu	[tunuslu]
Tunesische (de)	Tunuslu	[tunuslu]
Tunesisch (bn)	Tunus	[tunus]

Ghana (het)	Gana	[gana]
Zanzibar (het)	Zanzibar	[zanzibar]
Kenia (het)	Kenya	[kenja]
Libië (het)	Libya	[libja]
Madagaskar (het)	Madagaskar	[madagaskar]

Namibië (het)	Namibya	[namibja]
Senegal (het)	Senegal	[senegal]
Tanzania (het)	Tanzanya	[tanzanja]
Zuid-Afrika (het)	Güney Afrika Cumhuriyeti	[gynej afrika dʒumhurijeti]

Afrikaan (de)	Afrikalı	[afrikalı]
Afrikaanse (de)	Afrikalı	[afrikalı]
Afrikaans (bn)	Afrika	[afrika]

241. Australië. Oceanië

Australië (het)	Avustralya	[avustralja]
Australiër (de)	Avustralyalı	[avustraljalı]
Australische (de)	Avustralyalı	[avustraljalı]
Australisch (bn)	Avustralya	[avustralja]
Nieuw-Zeeland (het)	Yeni Zelanda	[jeni zelanda]
Nieuw-Zeelander (de)	Yeni Zelandalı	[jeni zelandalı]
Nieuw-Zeelandse (de)	Yeni Zelandalı	[jeni zelandalı]
Nieuw-Zeelands (bn)	Yeni Zelandalı	[jeni zelandalı]
Tasmanië (het)	Tazmanya	[tazmanija]
Frans-Polynesië	Fransız Polinezisi	[fransız polinezisi]

242. Steden

Amsterdam	Amsterdam	[amsterdam]
Ankara	Ankara	[ankara]
Athene	Atina	[atina]
Bagdad	Bağdat	[baadat]
Bangkok	Bangkok	[bankok]
Barcelona	Barselona	[barselona]
Beiroet	Beyrut	[bejrut]
Berlijn	Berlin	[berlin]
Boedapest	Budapeşte	[budapeʃte]
Boekarest	Bükreş	[bykreʃ]
Bombay, Mumbai	Bombay	[bombaj]
Bonn	Bonn	[bonn]
Bordeaux	Bordo	[bordo]
Bratislava	Bratislava	[bratislava]
Brussel	Brüksel	[bryksel]
Caïro	Kahire	[kahire]
Calcutta	Kalküta	[kalkyta]
Chicago	Chicago	[tʃikago]
Dar Es Salaam	Darüsselam	[darysselam]
Delhi	Delhi	[delhi]
Den Haag	Lahey	[lahej]
Dubai	Dubai	[dubai]
Dublin	Dublin	[dublin]
Düsseldorf	Düsseldorf	[dysseldorf]
Florence	Floransa	[floransa]
Frankfort	Frankfurt	[frankfurt]
Genève	Cenevre	[dʒenevre]
Hamburg	Hamburg	[hamburg]
Hanoi	Hanoi	[hanoj]
Havana	Havana	[havana]
Helsinki	Helsinki	[helsinki]

215

Hiroshima	Hiroşima	[hiroʃima]
Hongkong	Hong Kong	[honkong]
Istanbul	İstanbul	[istanbul]
Jeruzalem	Kudüs	[kudys]
Kiev	Kiev	[kiev]

Kopenhagen	Kopenhag	[kopenhag]
Kuala Lumpur	Kuala Lumpur	[kuala lumpur]
Lissabon	Lizbon	[lizbon]
Londen	Londra	[londra]
Los Angeles	Los Angeles	[los andʒeles]

Lyon	Lyon	[ljon]
Madrid	Madrid	[madrid]
Marseille	Marsilya	[marsilja]
Mexico-Stad	Meksiko	[meksiko]
Miami	Miami	[majami]

Montreal	Montreal	[montreal]
Moskou	Moskova	[moskova]
München	Münih	[mynih]
Nairobi	Nairobi	[nairobi]
Napels	Napoli	[napoli]

New York	New York	[nju jork]
Nice	Nice	[nis]
Oslo	Oslo	[oslo]
Ottawa	Ottava	[ottava]
Parijs	Paris	[paris]

Peking	Pekin	[pekin]
Praag	Prag	[prag]
Rio de Janeiro	Rio de Janeiro	[rio de ʒanejro]
Rome	Roma	[roma]
Seoel	Seul	[seul]
Singapore	Singapur	[singapur]

Sint-Petersburg	Saint Petersburg	[sant peterburg]
Sjanghai	Şanghay	[ʃanghaj]
Stockholm	Stokholm	[stokholm]
Sydney	Sydney	[sidnej]
Taipei	Taipei	[tajpej]
Tokio	Tokyo	[tokjo]

Toronto	Toronto	[toronto]
Venetië	Venedik	[venedik]
Warschau	Varşova	[varʃova]
Washington	Washington	[vaʃington]
Wenen	Viyana	[vijana]

243. Politiek. Overheid. Deel 1

| politiek (de) | siyaset | [sijaset] |
| politiek (bn) | siyasi | [sijasi] |

politicus (de)	siyasetçi	[sijasetʃi]
staat (land)	devlet	[devlet]
burger (de)	vatandaş	[vatandaʃ]
staatsburgerschap (het)	vatandaşlık	[vatandaʃlık]
nationaal wapen (het)	ulusal sembol	[ulusal sembol]
volkslied (het)	milli marş	[milli marʃ]
regering (de)	hükümet	[hykymet]
staatshoofd (het)	devlet başkanı	[devlet baʃkanı]
parlement (het)	meclis, parlamento	[medʒlis], [parlamento]
partij (de)	parti	[parti]
kapitalisme (het)	kapitalizm	[kapitalizm]
kapitalistisch (bn)	kapitalist	[kapitalist]
socialisme (het)	sosyalizm	[sosjalizm]
socialistisch (bn)	sosyalist	[sosjalist]
communisme (het)	komünizm	[komynizm]
communistisch (bn)	komünist	[komynist]
communist (de)	komünist	[komynist]
democratie (de)	demokrasi	[demokrasi]
democraat (de)	demokrat	[demokrat]
democratisch (bn)	demokratik	[demokratik]
democratische partij (de)	demokratik parti	[demokratik parti]
liberaal (de)	liberal	[liberal]
liberaal (bn)	liberal	[liberal]
conservator (de)	tutucu	[tutudʒu]
conservatief (bn)	tutucu	[tutudʒu]
republiek (de)	cumhuriyet	[dʒumhurijet]
republikein (de)	cumhuriyetçi	[dʒumhurijetʃi]
Republikeinse Partij (de)	cumhuriyet partisi	[dʒumhurijet partisi]
verkiezing (de)	seçim	[setʃim]
kiezen (ww)	seçmek	[setʃmek]
kiezer (de)	seçmen	[setʃmen]
verkiezingscampagne (de)	seçim kampanyası	[setʃim kampanjası]
stemming (de)	oy verme	[oj verme]
stemmen (ww)	oy vermek	[oj vermek]
stemrecht (het)	oy hakkı	[oj hakkı]
kandidaat (de)	aday	[adaj]
zich kandideren	aday olmak	[adaj olmak]
campagne (de)	kampanya	[kampanja]
oppositie- (abn)	muhalif	[muhalif]
oppositie (de)	muhalefet	[muhalefet]
bezoek (het)	ziyaret	[zijaret]
officieel bezoek (het)	resmi ziyaret	[resmi zijaret]

internationaal (bn)	uluslararası	[uluslar arası]
onderhandelingen (mv.)	görüşmeler	[gøryʃmeler]
onderhandelen (ww)	görüşmek	[gøryʃmek]

244. Politiek. Overheid. Deel 2

maatschappij (de)	toplum	[toplum]
grondwet (de)	anayasa	[anajasa]
macht (politieke ~)	iktidar	[iktidar]
corruptie (de)	rüşvetçilik	[ryʃvetʃilik]

| wet (de) | kanun | [kanun] |
| wettelijk (bn) | kanuni | [kanuni] |

| rechtvaardigheid (de) | adalet | [adalet] |
| rechtvaardig (bn) | adil | [adil] |

comité (het)	komite, kurul	[komite], [kurul]
wetsvoorstel (het)	kanun tasarısı	[kanun tasarısı]
begroting (de)	bütçe	[bytʃe]
beleid (het)	politika	[politika]
hervorming (de)	reform	[reform]
radicaal (bn)	radikal	[radikal]

macht (vermogen)	güç	[gytʃ]
machtig (bn)	güçlü	[gytʃly]
aanhanger (de)	taraftar, yandaş	[taraflar], [jandaʃ]
invloed (de)	etki	[etki]

regime (het)	rejim	[reʒim]
conflict (het)	tartışma, çatışma	[tartıʃma], [tʃatıʃma]
samenzwering (de)	komplo	[komplo]
provocatie (de)	tahrik	[tahrik]

omverwerpen (ww)	devirmek	[devirmek]
omverwerping (de)	devirme	[devirme]
revolutie (de)	devrim	[devrim]

| staatsgreep (de) | darbe | [darbe] |
| militaire coup (de) | askeri darbe | [askeri darbe] |

crisis (de)	kriz	[kriz]
economische recessie (de)	ekonomik gerileme	[ekonomik gerileme]
betoger (de)	gösterici	[gøsteridʒi]
betoging (de)	gösteri	[gøsteri]
krijgswet (de)	sıkıyönetim	[sikijonetim]
militaire basis (de)	askeri üs	[askeri ys]

| stabiliteit (de) | istikrar | [istikrar] |
| stabiel (bn) | istikrarlı | [istikrarlı] |

uitbuiting (de)	sömürme	[sømyrme]
uitbuiten (ww)	sömürmek	[sømyrmek]
racisme (het)	ırkçılık	[ırktʃılık]

racist (de)	ırkçı	[ırktʃı]
fascisme (het)	faşizm	[faʃizm]
fascist (de)	faşist	[faʃist]

245. Landen. Diversen

vreemdeling (de)	yabancı	[jabandʒı]
buitenlands (bn)	yabancı	[jabandʒı]
in het buitenland (bw)	yurt dışında	[jurt dıʃında]

emigrant (de)	göçmen	[gøtʃmen]
emigratie (de)	göç	[gøtʃ]
emigreren (ww)	göç etmek	[gøtʃ etmek]

Westen (het)	Batı	[batı]
Oosten (het)	Doğu	[dou]
Verre Oosten (het)	Uzak Doğu	[uzak dou]
beschaving (de)	uygarlık	[ujgarlık]
mensheid (de)	insanlık	[insanlık]
wereld (de)	dünya	[dynja]
vrede (de)	huzur, barış	[huzur], [barıʃ]
wereld- (abn)	dünya	[dynja]

vaderland (het)	anayurt, vatan	[anajurt], [vatan]
volk (het)	millet, halk	[millet], [halk]
bevolking (de)	nüfus	[nyfus]
mensen (mv.)	halk, insanlar	[halk], [insanlar]
natie (de)	millet, ulus	[millet], [ulus]
generatie (de)	nesil	[nesil]
gebied (bijv. bezette ~en)	toprak	[toprak]
regio, streek (de)	bölge	[bølge]
deelstaat (de)	eyalet	[ejalet]

traditie (de)	gelenek	[gelenek]
gewoonte (de)	adet, gelenek	[adet], [gelenek]
ecologie (de)	ekoloji	[ekoloʒi]

Indiaan (de)	kızılderili	[kızılderili]
zigeuner (de)	çingene	[tʃingene]
zigeunerin (de)	çingene	[tʃingene]
zigeuner- (abn)	çingene	[tʃingene]

rijk (het)	imparatorluk	[imparatorluk]
kolonie (de)	koloni	[koloni]
slavernij (de)	kölelik	[kølelik]
invasie (de)	salgın	[salgın]
hongersnood (de)	açlık	[atʃlık]

246. Grote religieuze groepen. Bekentenissen

| religie (de) | din | [din] |
| religieus (bn) | dini | [dini] |

geloof (het)	inanç	[inantʃ]
geloven (ww)	inanmak	[inanmak]
gelovige (de)	inançlı	[inantʃlı]

| atheïsme (het) | ateizm | [ateizm] |
| atheïst (de) | ateist | [ateist] |

christendom (het)	Hıristiyanlık	[hiristijanlık]
christen (de)	hıristiyan	[hıristijan]
christelijk (bn)	hıristiyan	[hıristijan]

katholicisme (het)	Katoliklik	[katoliklik]
katholiek (de)	katolik	[katolik]
katholiek (bn)	katolik	[katolik]

protestantisme (het)	Protestanlık	[protestanlık]
Protestante Kerk (de)	Protestan kilisesi	[protestan kilisesi]
protestant (de)	protestan	[protestan]

orthodoxie (de)	Ortodoksluk	[ortodoksluk]
Orthodoxe Kerk (de)	Ortodoks kilisesi	[ortodoks kilisesi]
orthodox	ortodoks	[ortodoks]

presbyterianisme (het)	Presbiteryenlik	[presbiterjenlik]
Presbyteriaanse Kerk (de)	Presbiteryen kilisesi	[presbiterjen kilisesi]
presbyteriaan (de)	presbiteryen	[presbiterjen]

lutheranisme (het)	Lüteriyen kilisesi	[lyterjen kilisesi]
lutheraan (de)	lüteriyen	[lyterjen]
baptisme (het)	Vaftiz Kilisesi	[vaftiz kilisesi]
baptist (de)	vaftiz eden	[vaftiz eden]

| Anglicaanse Kerk (de) | Anglikan kilisesi | [anglikan kilisesi] |
| anglicaan (de) | anglikan | [anglikan] |

| mormonisme (het) | Mormonluk | [mormonluk] |
| mormoon (de) | mormon | [mormon] |

| Jodendom (het) | Yahudilik | [jahudilik] |
| jood (aanhanger van het Jodendom) | Yahudi | [jahudi] |

| boeddhisme (het) | Budizm | [budizm] |
| boeddhist (de) | budist | [budist] |

| hindoeïsme (het) | Hinduizm | [hinduizm] |
| hindoe (de) | Hindu | [hindu] |

islam (de)	İslam	[islam]
islamiet (de)	müslüman	[myslyman]
islamitisch (bn)	müslüman	[myslyman]

sjiisme (het)	Şiilik	[ʃi:ilik]
sjiiet (de)	Şii	[ʃi:i]
soennisme (het)	Sünnilik	[synnilik]
soenniet (de)	Sünni	[synni]

247. Religies. Priesters

priester (de)	papaz	[papaz]
paus (de)	Papa	[papa]
monnik (de)	rahip	[rahip]
non (de)	rahibe	[rahibe]
pastoor (de)	Protestan papazı	[protestan papazı]
abt (de)	başrahip	[baʃrahip]
vicaris (de)	bölge papazı	[bølge papazı]
bisschop (de)	piskopos	[piskopos]
kardinaal (de)	kardinal	[kardinal]
predikant (de)	hatip, vaiz	[hatip], [vaiz]
preek (de)	vaaz	[vaaz]
kerkgangers (mv.)	cemaat	[dʒemaat]
gelovige (de)	inançlı	[inantʃlı]
atheïst (de)	ateist	[ateist]

248. Geloof. Christendom. Islam

Adam	Âdem	[adem]
Eva	Hava	[hava]
God (de)	Allah	[allah]
Heer (de)	Tanrı	[tanrı]
Almachtige (de)	Her şeye kadir	[her ʃeje kadir]
zonde (de)	günah	[gynah]
zondigen (ww)	günah işlemek	[gynah iʃlemek]
zondaar (de)	günahkâr	[gynahkjar]
zondares (de)	günahkâr	[gynahkjar]
hel (de)	cehennem	[dʒehennem]
paradijs (het)	cennet	[dʒennet]
Jezus	İsa	[isa]
Jezus Christus	İsa Mesih	[isa mesi]
Heilige Geest (de)	Kutsal Ruh	[kutsal ruh]
Verlosser (de)	Kurtarıcı	[kurtarıdʒı]
Maagd Maria (de)	Meryem Ana	[merjem ana]
duivel (de)	Şeytan	[ʃejtan]
duivels (bn)	şeytani, şeytanın	[ʃejtani], [ʃejtanın]
Satan	Şeytan	[ʃejtan]
satanisch (bn)	şeytani, şeytanca	[ʃejtani], [ʃejtandʒa]
engel (de)	melek	[melek]
beschermengel (de)	koruyucu melek	[korujudʒu melek]
engelachtig (bn)	melek gibi	[melek gibi]

apostel (de)	havari	[havari]
aartsengel (de)	baş melek	[baʃ melek]
antichrist (de)	deccal	[dedʒal]
Kerk (de)	Kilise	[kilise]
bijbel (de)	İncil	[indʒil]
bijbels (bn)	İncile ait	[indʒile ait]
Oude Testament (het)	Eski Ahit	[eski ahit]
Nieuwe Testament (het)	Yeni Ahit	[jeni ahit]
evangelie (het)	İncil	[indʒil]
Heilige Schrift (de)	Kitabı Mukaddes	[kitabı mukaddes]
Hemel, Hemelrijk (de)	Cennet	[dʒennet]
gebod (het)	buyruk	[bujruk]
profeet (de)	peygamber	[pejgamber]
profetie (de)	peygamberlik	[pejgamberlik]
Allah	Allah	[allah]
Mohammed	Muhammed	[muhammed]
Koran (de)	Kuran	[kuran]
moskee (de)	cami	[dʒami]
moellah (de)	molla	[molla]
gebed (het)	dua	[dua]
bidden (ww)	dua etmek	[dua etmek]
pelgrimstocht (de)	hacılık	[hadʒılık]
pelgrim (de)	hacı	[hadʒı]
Mekka	Mekke	[mekke]
kerk (de)	kilise	[kilise]
tempel (de)	ibadethane	[ibadethane]
kathedraal (de)	katedral	[katedral]
gotisch (bn)	gotik	[gotik]
synagoge (de)	sinagog	[sinagog]
moskee (de)	cami	[dʒami]
kapel (de)	ibadet yeri	[ibadet jeri]
abdij (de)	manastır	[manastır]
nonnenklooster (het)	rahibe manastırı	[rahibe manastırı]
mannenklooster (het)	manastır	[manastır]
klok (de)	çan	[tʃan]
klokkentoren (de)	çan kulesi	[tʃan kulesi]
luiden (klokken)	çalmak	[tʃalmak]
kruis (het)	haç	[hatʃ]
koepel (de)	kubbe	[kubbe]
icoon (de)	ikon	[ikon]
ziel (de)	ruh	[ruh]
lot, noodlot (het)	kader	[kader]
kwaad (het)	kötülük	[køtylyk]
goed (het)	iyilik	[ijilik]
vampier (de)	vampir	[vampir]

heks (de)	cadı	[dʒadı]
demoon (de)	iblis	[iblis]
geest (de)	ruh	[ruh]

verzoeningsleer (de)	kefaretini ödeme	[kefaretini ødeme]
vrijkopen (ww)	kefaretini ödemek	[kefaretini ødemek]

mis (de)	hizmet	[hizmet]
de mis opdragen	vaaz vermek	[vaaz vermek]
biecht (de)	günah çıkartma	[gynah tʃıkartma]
biechten (ww)	günah çıkartmak	[gynah tʃıkartmak]

heilige (de)	aziz	[aziz]
heilig (bn)	kutsal	[kutsal]
wijwater (het)	kutsal su	[kutsal su]

ritueel (het)	tören, ritüel	[tøren], [rityel]
ritueel (bn)	kuttören	[kyttøren]
offerande (de)	kurban	[kurban]

bijgeloof (het)	batıl inanç	[batıl inantʃ]
bijgelovig (bn)	batıl inancı olan	[batıl inandʒı olan]
hiernamaals (het)	ölüm sonrası hayat	[ølym sonrası hajat]
eeuwige leven (het)	ebedi hayat	[ebedi hajat]

DIVERSEN

249. Diverse nuttige woorden

achtergrond (de)	fon	[fon]
balans (de)	denge	[denge]
basis (de)	temel	[temel]
begin (het)	başlangıç	[baʃlangɪtʃ]
beurt (wie is aan de ~?)	sıra	[sɪra]
categorie (de)	kategori	[kategori]
comfortabel (~ bed, enz.)	rahat	[rahat]
compensatie (de)	tazmin	[tazmin]
deel (gedeelte)	kısım	[kɪsɪm]
deeltje (het)	küçük bir parça	[kytʃuk bir partʃa]
ding (object, voorwerp)	eşya	[eʃja]
dringend (bn, urgent)	acil	[adʒil]
dringend (bw, met spoed)	acele	[adʒele]
effect (het)	tesir	[tesir]
eigenschap (kwaliteit)	özellik	[øzellik]
einde (het)	son	[son]
element (het)	eleman	[eleman]
feit (het)	gerçek	[gertʃek]
fout (de)	hata	[hata]
geheim (het)	sır	[sɪr]
graad (mate)	derece	[deredʒe]
groei (ontwikkeling)	büyüme	[byjume]
hindernis (de)	engel	[engel]
hinderpaal (de)	engel	[engel]
hulp (de)	yardım	[jardɪm]
ideaal (het)	ideal	[ideal]
inspanning (de)	çaba	[tʃaba]
keuze (een grote ~)	seçme	[setʃme]
labyrint (het)	labirent	[labirent]
manier (de)	usul	[usul]
moment (het)	an	[an]
nut (bruikbaarheid)	fayda	[fajda]
onderscheid (het)	farklılık	[farklɪlɪk]
ontwikkeling (de)	gelişme	[geliʃme]
oplossing (de)	çözüm	[tʃøzym]
origineel (het)	asıl	[asɪl]
pauze (de)	ara	[ara]
positie (de)	vaziyet	[vazijet]
principe (het)	prensip	[prensip]

probleem (het)	problem	[problem]
proces (het)	süreç	[syretʃ]
reactie (de)	tepki	[tepki]

reden (om ~ van)	neden	[neden]
risico (het)	risk	[risk]
samenvallen (het)	tesadüf	[tesadyf]
serie (de)	seri	[seri]

situatie (de)	durum	[durum]
soort (bijv. ~ sport)	çeşit	[tʃeʃit]
standaard (bn)	standart	[standart]
standaard (de)	standart	[standart]
stijl (de)	tarz	[tarz]

stop (korte onderbreking)	ara	[ara]
systeem (het)	sistem	[sistem]
tabel (bijv. ~ van Mendelejev)	tablo	[tablo]
tempo (langzaam ~)	tempo	[tempo]
term (medische ~en)	terim	[terim]

type (soort)	tip	[tip]
variant (de)	versiyon	[versjon]
veelvuldig (bn)	sık	[sɪk]
vergelijking (de)	karşılaştırma	[karʃɪlaʃtɪrma]
voorbeeld (het goede ~)	örnek	[ørnek]

voortgang (de)	ilerleme	[ilerleme]
voorwerp (ding)	nesne	[nesne]
vorm (uiterlijke ~)	şekil	[ʃekil]
waarheid (de)	hakikat	[hakikat]
zone (de)	bölge	[bølge]

250. Beperkende bijwoorden. Bijvoeglijke naamwoorden. Deel 1

accuraat (uurwerk, enz.)	doğru, kesin	[dooru], [kesin]
achter- (abn)	arka	[arka]
additioneel (bn)	ek	[ek]
anders (bn)	farklı	[farklı]

arm (bijv. ~e landen)	fakir	[fakir]
begrijpelijk (bn)	anlaşılan	[anlaʃilan]
belangrijk (bn)	önemli	[ønemli]
belangrijkst (bn)	en önemli	[en ønemli]

beleefd (bn)	nazik	[nazik]
beperkt (bn)	sınırlı	[sınırlı]
betekenisvol (bn)	hatırı sayılır	[hatırı sajılır]
bijziend (bn)	miyop	[mijop]
binnen- (abn)	iç	[itʃ]

bitter (bn)	acı	[adʒı]
blind (bn)	kör	[kør]
breed (een ~e straat)	geniş	[geniʃ]

| breekbaar (porselein, glas) | kırılgan | [kırılgan] |
| buiten- (abn) | dış | [dıʃ] |

buitenlands (bn)	yabancı	[jabandʒı]
burgerlijk (bn)	sivil	[sivil]
centraal (bn)	merkez	[merkez]
dankbaar (bn)	müteşekkir	[myteʃekkir]
dicht (~e mist)	yoğun	[joun]

dicht (bijv. ~e mist)	kalın	[kalın]
dicht (in de ruimte)	yakın olan	[jakın olan]
dicht (bn)	en yakın	[en jakın]
dichtstbijzijnd (bn)	en yakın	[en jakın]

diepvries (~product)	dondurulmuş	[dondurulmuʃ]
dik (bijv. muur)	kalın	[kalın]
dof (~ licht)	kör	[kør]
dom (dwaas)	aptal	[aptal]

donker (bijv. ~e kamer)	karanlık	[karanlık]
dood (bn)	ölü	[øly]
doorzichtig (bn)	saydam	[sajdam]
droevig (~ blik)	kederli	[kederli]
droog (bn)	kuru	[kuru]

dun (persoon)	zayıf	[zajıf]
duur (bn)	pahalı	[pahalı]
eender (bn)	aynı	[ajnı]
eenvoudig (bn)	kolay	[kolaj]
eenvoudig (bn)	basit	[basit]

eeuwenoude (~ beschaving)	antik, eski	[antik], [eski]
enorm (bn)	kocaman	[kodʒaman]
geboorte- (stad, land)	yerli	[jerli]
gebruind (bn)	bronzlaşmış	[bronzlaʃmıʃ]

gelijkend (bn)	benzer	[benzer]
gelukkig (bn)	mutlu	[mutlu]
gesloten (bn)	kapalı	[kapalı]
getaand (bn)	esmer	[esmer]

gevaarlijk (bn)	tehlikeli	[tehlikeli]
gewoon (bn)	sıradan	[sıradan]
gezamenlijk (~ besluit)	ortak	[ortak]
glad (~ oppervlak)	düz	[dyz]
glad (~ oppervlak)	düz	[dyz]

goed (bn)	iyi	[iji]
goedkoop (bn)	ucuz	[udʒuz]
gratis (bn)	bedava	[bedava]
groot (bn)	büyük	[byjuk]

hard (niet zacht)	katı	[katı]
heel (volledig)	tüm, bütün	[tym], [bytyn]
heet (bn)	sıcak	[sıdʒak]
hongerig (bn)	aç	[atʃ]

hoofd- (abn)	ana, baş	[ana], [baʃ]
hoogste (bn)	en yüksek	[en juksek]
huidig (courant)	şimdiki	[ʃimdiki]
jong (bn)	genç	[gentʃ]
juist, correct (bn)	sağ taraf	[saa taraf]
kalm (bn)	sakin	[sakin]
kinder- (abn)	çocuklar için	[tʃodʒuklar itʃin]
klein (bn)	küçük	[kytʃuk]
koel (~ weer)	serin	[serin]
kort (kortstondig)	kısa	[kɪsa]
kort (niet lang)	kısa	[kɪsa]
koud (~ water, weer)	soğuk	[souk]
kunstmatig (bn)	suni	[suni]
laatst (bn)	en son	[en son]
lang (een ~ verhaal)	uzun	[uzun]
langdurig (bn)	uzatılmış	[uzatılmıʃ]
lastig (~ probleem)	karmaşık	[karmaʃık]
leeg (glas, kamer)	boş	[boʃ]
lekker (bn)	tatlı, lezzetli	[tatlı], [lezzetlı]
licht (kleur)	açık	[atʃık]
licht (niet veel weegt)	hafif	[hafif]
linker (bn)	sol	[sol]
luid (bijv. ~e stem)	yüksek	[juksek]
mager (bn)	çok zayıf	[tʃok zajıf]
mat (bijv. ~ verf)	mat	[mat]
moe (bn)	yorgun	[jorgun]
moeilijk (~ besluit)	zor	[zor]
mogelijk (bn)	mümkün	[mymkyn]
mooi (bn)	güzel	[gyzel]
mysterieus (bn)	esrarengiz	[esrarengiz]
naburig (bn)	komşu	[komʃu]
nalatig (bn)	özensiz	[øzensiz]
nat (~te kleding)	ıslak	[ıslak]
nerveus (bn)	sinirli	[sinirli]
niet groot (bn)	önemli olmayan	[ønemli olmajan]
niet moeilijk (bn)	zor olmayan	[zor olmajan]
nieuw (bn)	yeni	[jeni]
nodig (bn)	gerekli	[gerekli]
normaal (bn)	normal	[normal]

251. Beperkende bijwoorden. Bijvoeglijke naamwoorden. Deel 2

onbegrijpelijk (bn)	anlaşılmaz	[anlaʃılmaz]
onbelangrijk (bn)	önemsiz	[ønemsiz]
onbeweeglijk (bn)	hareketsiz	[hareketsiz]
onbewolkt (bn)	bulutsuz	[bulutsuz]

ondergronds (geheim)	yeraltı	[jeraltı]
ondiep (bn)	sığ	[sı:ı]
onduidelijk (bn)	donuk	[donuk]
onervaren (bn)	tecrübesiz	[tedʒrybesiz]
onmogelijk (bn)	imkansız	[imkansız]
onontbeerlijk (bn)	gerekli	[gerekli]
onophoudelijk (bn)	kesintisiz	[kesintisiz]
ontkennend (bn)	olumsuz	[olumsuz]
open (bn)	açık	[atʃık]
openbaar (bn)	kamu	[kamu]
origineel (ongewoon)	orijinal	[oriʒinal]
oud (~ huis)	eski	[eski]
overdreven (bn)	fazla, aşırı	[fazla], [aʃırı]
passend (bn)	uygun	[ujgun]
permanent (bn)	sürekli	[syrekli]
persoonlijk (bn)	özel	[øzel]
plat (bijv. ~ scherm)	yassı	[jassı]
prachtig (~ paleis, enz.)	çok güzel	[tʃok gyzel]
precies (bn)	tam, kesin	[tam], [kesin]
prettig (bn)	hoş	[hoʃ]
privé (bn)	şahsi	[ʃahsi]
punctueel (bn)	dakik	[dakik]
rauw (niet gekookt)	çiğ	[tʃi:i]
recht (weg, straat)	düz	[dyz]
rechter (bn)	sağ	[saa]
rijp (fruit)	olgun	[olgun]
riskant (bn)	riskli	[riskli]
ruim (een ~ huis)	geniş	[geniʃ]
rustig (bn)	sakin	[sakin]
scherp (bijv. ~ mes)	sivri, keskin	[sivri], [keskin]
schoon (niet vies)	temiz	[temiz]
slecht (bn)	kötü	[køty]
slim (verstandig)	zeki	[zeki]
smal (~le weg)	dar	[dar]
snel (vlug)	hızlı	[hızlı]
somber (bn)	karanlık	[karanlık]
speciaal (bn)	özel	[øzel]
sterk (bn)	güçlü	[gytʃly]
stevig (bn)	dayanıklı	[dajanıklı]
straatarm (bn)	çok yoksul	[tʃok joksul]
strak (schoenen, enz.)	dar	[dar]
teder (liefderijk)	şefkatli	[ʃefkatlı]
tegenovergesteld (bn)	zıt	[zıt]
tevreden (bn)	memnun	[memnun]
tevreden (klant, enz.)	tatmin olmuş	[tatmin olmuʃ]
treurig (bn)	üzgün	[yzgyn]
tweedehands (bn)	kullanılmış	[kullanılmıʃ]
uitstekend (bn)	pek iyi	[pek iji]

uitstekend (bn)	çok güzel, süper	[tʃok gyzel], [super]
uniek (bn)	tek olan	[tek olan]
veilig (niet gevaarlijk)	güvenli	[gyvenli]
ver (in de ruimte)	uzak	[uzak]
verenigbaar (bn)	uyumlu	[ujumlu]
vermoeiend (bn)	yorucu	[jorudʒu]
verplicht (bn)	zorunlu	[zorunlu]
vers (~ brood)	taze	[taze]
verschillende (bn)	çeşitli	[tʃeʃitli]
verst (meest afgelegen)	uzak	[uzak]
vettig (voedsel)	yağlı	[jaalɪ]
vijandig (bn)	düşman	[dyʃman]
vloeibaar (bn)	sıvı	[sɪvɪ]
vochtig (bn)	nemli	[nemli]
vol (helemaal gevuld)	dolu	[dolu]
volgend (~ jaar)	sonraki	[sonraki]
vorig (bn)	geçmiş	[getʃmiʃ]
voornaamste (bn)	esas	[esas]
vorig (~ jaar)	geçen	[getʃen]
vorig (bijv. ~e baas)	önceki	[ønceki]
vriendelijk (aardig)	düşünceli	[dyʃyndʒeli]
vriendelijk (goedhartig)	iyi kalpli	[iji kalpli]
vrij (bn)	özgür	[øzgyr]
vrolijk (bn)	neşeli	[neʃeli]
vruchtbaar (~ land)	verimli	[verimli]
vuil (niet schoon)	kirli	[kirli]
waarschijnlijk (bn)	olası	[olasɪ]
warm (bn)	ılık	[ɪlɪk]
wettelijk (bn)	kanuni	[kanuni]
zacht (bijv. ~ kussen)	yumuşak	[jumuʃak]
zacht (bn)	alçak	[altʃak]
zeldzaam (bn)	nadir	[nadir]
ziek (bn)	hasta	[hasta]
zoet (~ water)	tatlı	[tatlɪ]
zoet (bn)	tatlı	[tatlɪ]
zonnig (~e dag)	güneşli	[gyneʃli]
zorgzaam (bn)	dikkatli	[dikkatli]
zout (de soep is ~)	tuzlu	[tuzlu]
zuur (smaak)	ekşi	[ekʃi]
zwaar (~ voorwerp)	ağır	[aɪr]

DE 500 BELANGRIJKSTE WERKWOORDEN

252. Werkwoorden A-C

aaien (bijv. een konijn ~)	okşamak	[okʃamak]
aanbevelen (ww)	tavsiye etmek	[tavsije etmek]
aandringen (ww)	ısrar etmek	[ısrar etmek]
aankomen (ov. de treinen)	varmak	[varmak]
aanleggen (bijv. bij de pier)	yanaşmak	[janaʃmak]
aanraken (met de hand)	dokunmak	[dokunmak]
aansteken (kampvuur, enz.)	yakmak	[jakmak]
aanstellen (in functie plaatsen)	atamak	[atamak]
aanvallen (mil.)	hücum etmek	[hydʒum etmek]
aanvoelen (gevaar ~)	hissetmek	[hissetmek]
aanvoeren (leiden)	başında olmak	[baʃında olmak]
aanwijzen (de weg ~)	göstermek	[gøstermek]
aanzetten (computer, enz.)	açmak	[atʃmak]
ademen (ww)	nefes almak	[nefes almak]
adverteren (ww)	reklam yapmak	[reklam japmak]
adviseren (ww)	tavsiye etmek	[tavsije etmek]
afdalen (on.ww.)	aşağı inmek	[aʃaı inmek]
afgunstig zijn (ww)	kıskanmak	[kıskanmak]
afhakken (ww)	kesmek	[kesmek]
afhangen van ...	... bağlı olmak	[baalı olmak]
afluisteren (ww)	gizlice dinlemek	[gizlidʒe dinlemek]
afnemen (verwijderen)	çıkarmak	[tʃıkarmak]
afrukken (ww)	koparmak	[koparmak]
afslaan (naar rechts ~)	dönmek	[dønmek]
afsnijden (ww)	kesmek	[kesmek]
afzeggen (ww)	iptal etmek	[iptal etmek]
amputeren (ww)	ameliyatla almak	[amelijatla almak]
amuseren (ww)	eğlendirmek	[eelendirmek]
antwoorden (ww)	cevap vermek	[dʒevap vermek]
applaudisseren (ww)	alkışlamak	[alkıʃlamak]
aspireren (iets willen worden)	hedeflemek	[hedeflemek]
assisteren (ww)	yardım etmek	[jardım etmek]
bang zijn (ww)	korkmak	[korkmak]
barsten (plafond, enz.)	çatlamak	[tʃatlamak]
bedienen (in restaurant)	hizmet etmek	[hizmet etmek]
bedreigen (bijv. met een pistool)	tehdit etmek	[tehdit etmek]

bedriegen (ww)	aldatmak	[aldatmak]
beduiden (betekenen)	anlamına gelmek	[anlamına gelmek]
bedwingen (ww)	zaptetmek	[zaptetmek]
beëindigen (ww)	bitirmek	[bitirmek]

begeleiden (vergezellen)	refakat etmek	[refakat etmek]
begieten (water geven)	sulamak	[sulamak]
beginnen (ww)	başlamak	[baʃlamak]
begrijpen (ww)	anlamak	[anlamak]
behandelen (patiënt, ziekte)	tedavi etmek	[tedavi etmek]

beheren (managen)	yönetmek	[jønetmek]
beïnvloeden (ww)	etkilemek	[etkilemek]
bekennen (misdadiger)	itiraf etmek	[itiraf etmek]
beledigen (met scheldwoorden)	hakaret etmek	[hakaret etmek]

beledigen (ww)	gücendirmek	[gydʒendirmek]
beloven (ww)	vaat etmek	[vaat etmek]
beperken (de uitgaven ~)	sınırlandırmak	[sınırlandırmak]
bereiken (doel ~, enz.)	erişmek	[eriʃmek]

bereiken (plaats van bestemming ~)	varmak	[varmak]
beschermen (bijv. de natuur ~)	korumak	[korumak]
beschuldigen (ww)	suçlamak	[sutʃlamak]
beslissen (~ iets te doen)	karar vermek	[karar vermek]

besmet worden (met …)	bulaşmak	[bulaʃmak]
besmetten (ziekte overbrengen)	bulaştırmak	[bulaʃtırmak]
bespreken (spreken over)	görüşmek	[gøryʃmek]
bestaan (een ~ voeren)	yaşamak	[jaʃamak]

bestellen (eten ~)	sipariş etmek	[sipariʃ etmek]
bestraffen (een stout kind ~)	cezalandırmak	[dʒezalandırmak]
betalen (ww)	ödemek	[ødemek]
betekenen (beduiden)	anlamına gelmek	[anlamına gelmek]

betreuren (ww)	üzülmek	[yzylmek]
bevallen (prettig vinden)	hoşlanmak	[hoʃlanmak]
bevelen (mil.)	emretmek	[emretmek]
bevredigen (ww)	tatmin etmek	[tatmin etmek]

bevrijden (stad, enz.)	serbest bırakmak	[serbest bırakmak]
bewaren (oude brieven, enz.)	saklamak	[saklamak]
bewaren (vrede, leven)	saklamak	[saklamak]
bewijzen (ww)	ispat etmek	[ispat etmek]

bewonderen (ww)	hayran olmak	[hajran olmak]
bezitten (ww)	sahip olmak	[sahip olmak]
bezorgd zijn (ww)	endişelenmek	[endiʃelenmek]
bezorgd zijn (ww)	merak etmek	[merak etmek]
bidden (praten met God)	dua etmek	[dua etmek]
bijvoegen (ww)	katmak, eklemek	[katmak], [eklemek]

| binden (ww) | bağlamak | [baalamak] |
| binnengaan (een kamer ~) | girmek | [girmek] |

blazen (ww)	üflemek	[yflemek]
blozen (zich schamen)	kızarmak	[kızarmak]
blussen (brand ~)	söndürmek	[søndyrmek]
boos maken (ww)	kızdırmak	[kızdırmak]

boos zijn (ww)	... kızgın olmak	[kızgın olmak]
breken	kopmak	[kopmak]
(on.ww., van een touw)		
breken (speelgoed, enz.)	kırmak	[kırmak]
brengen (iets ergens ~)	getirmek	[getirmek]

charmeren (ww)	hayran etmek	[hajran etmek]
citeren (ww)	alıntı yapmak	[alıntı japmak]
compenseren (ww)	tazmin etmek	[tazmin etmek]
compliceren (ww)	güçleştirmek	[gytʃleʃtirmek]

componeren (muziek ~)	bestelemek	[bestelemek]
compromitteren (ww)	tehlikeye sokmak	[tehlikeje sokmak]
concurreren (ww)	rekabet etmek	[rekabet etmek]
controleren (ww)	kontrol etmek	[kontrol etmek]

coöpereren (samenwerken)	işbirliği etmek	[iʃbirli:i etmek]
coördineren (ww)	koordine etmek	[koordine etmek]
corrigeren (fouten ~)	düzeltmek	[dyzeltmek]
creëren (ww)	oluşturmak	[oluʃturmak]

253. Werkwoorden D-K

danken (ww)	teşekkür etmek	[teʃekkyr etmek]
de was doen	yıkamak	[jıkamak]
de weg wijzen	yönlendirmek	[jønlendirmek]
deelnemen (ww)	katılmak	[katılmak]
delen (wisk.)	bölmek	[bølmek]

denken (ww)	düşünmek	[dyʃynmek]
doden (ww)	öldürmek	[øldyrmek]
doen (ww)	yapmak, etmek	[japmak], [etmek]
dresseren (ww)	terbiye etmek	[terbije etmek]

drinken (ww)	içmek	[itʃmek]
drogen (kleederen, haar)	kurutmak	[kurutmak]
dromen (in de slaap)	rüya görmek	[ryja gørmek]
dromen (over vakantie ~)	hayal kurmak	[hajal kurmak]
duiken (ww)	dalmak	[dalmak]

durven (ww)	cesaret etmek	[dʒesaret etmek]
duwen (ww)	itmek	[itmek]
een auto besturen	arabayı sürmek	[arabajı syrmek]
een bad geven	yıkamak	[jıkamak]
een bad nemen	yıkanmak	[jıkanmak]
een conclusie trekken	sonuç vermek	[sonutʃ vermek]

foto's maken	fotoğraf çekmek	[fotoraf tʃekmek]
eisen (met klem vragen)	talep etmek	[talep etmek]
erkennen (schuld)	itiraf etmek	[itiraf etmek]
erven (ww)	miras olarak almak	[miras olarak almak]
eten (ww)	yemek	[jemek]
excuseren (vergeven)	affetmek	[afetmek]
existeren (bestaan)	var olmak	[var olmak]
feliciteren (ww)	tebrik etmek	[tebrik etmek]
gaan (te voet)	yürümek, gitmek	[jurymek], [gitmek]
gaan slapen	uyumaya gitmek	[ujumaja gitmek]
gaan zitten (ww)	oturmak	[oturmak]
gaan zwemmen	suya girmek	[suja girmek]
garanderen (garantie geven)	garanti etmek	[garanti etmek]
gebruiken (bijv. een potlood ~)	kullanmak	[kullanmak]
gebruiken (woord, uitdrukking)	kullanmak	[kullanmak]
gedateerd zijn (ww)	tarihinden kalmak	[tarihinden kalmak]
gehoorzamen (ww)	itaat etmek	[itaat etmek]
gelijken (op elkaar lijken)	benzemek	[benzemek]
geloven (vinden)	inanmak	[inanmak]
genoeg zijn (ww)	yeterli olmak	[jeterli olmak]
geven (ww)	vermek	[vermek]
gieten (in een beker ~)	doldurmak	[doldurmak]
glimlachen (ww)	gülümsemek	[gylymsemek]
glimmen (glanzen)	parlamak	[parlamak]
gluren (ww)	gözetlemek	[gøzetlemek]
goed raden (ww)	doğru tahmin etmek	[dooru tahmin etmek]
gooien (een steen, enz.)	atmak	[atmak]
grappen maken (ww)	şaka yapmak	[ʃaka japmak]
graven (tunnel, enz.)	kazmak	[kazmak]
haasten (iemand ~)	acele ettirmek	[adʒele ettirmek]
hebben (ww)	sahip olmak	[sahip olmak]
helpen (hulp geven)	yardım etmek	[jardım etmek]
herhalen (opnieuw zeggen)	tekrar etmek	[tekrar etmek]
herinneren (ww)	hatırlamak	[hatırlamak]
herinneren aan … (afspraak, opdracht)	hatırlatmak	[hatırlatmak]
herkennen (identificeren)	tanımak	[tanımak]
herstellen (repareren)	tamir etmek	[tamir etmek]
het haar kammen	taranmak	[taranmak]
hopen (ww)	ummak	[ummak]
horen (waarnemen met het oor)	duymak	[dujmak]
houden van (muziek, enz.)	sevmek	[sevmek]
huilen (wenen)	ağlamak	[aalamak]
huiveren (ww)	irkilmek	[irkilmek]
huren (een boot ~)	kiralamak	[kiralamak]

huren (huis, kamer)	kiralamak	[kiralamak]
huren (personeel)	tutmak	[tutmak]
imiteren (ww)	taklit etmek	[taklit etmek]

importeren (ww)	ithal etmek	[ithal etmek]
inenten (vaccineren)	aşı yapmak	[aʃı japmak]
informeren (informatie geven)	bilgi vermek	[bilgi vermek]
informeren naar ... (navraag doen)	öğrenmek	[ø:renmek]
inlassen (invoegen)	koymak	[kojmak]

inpakken (in papier)	sarmak	[sarmak]
inspireren (ww)	ilham vermek	[ilham vermek]
instemmen (akkoord gaan)	razı olmak	[razı olmak]
interesseren (ww)	ilgilendirmek	[ilgelendirmek]

irriteren (ww)	sinirlendirmek	[sinirlendirmek]
isoleren (ww)	izole etmek	[izole etmek]
jagen (ww)	avlamak	[avlamak]
kalmeren (kalm maken)	yatıştırmak	[jatıʃtırmak]

kennen (kennis hebben van iemand)	tanımak	[tanımak]
kennismaken (met ...)	tanışmak	[tanıʃmak]
kiezen (ww)	seçmek	[setʃmek]
kijken (ww)	bakmak	[bakmak]

klaarmaken (een plan ~)	hazırlamak	[hazırlamak]
klaarmaken (het eten ~)	pişirmek	[piʃirmek]
klagen (ww)	şikayet etmek	[ʃikajet etmek]
kloppen (aan een deur)	kapıyı çalmak	[kapıjı tʃalmak]

kopen (ww)	satın almak	[satın almak]
kopieën maken	çoğaltmak	[tʃoaltmak]
kosten (ww)	değerinde olmak	[deerinde olmak]
kunnen (ww)	yapabilmek	[japabilmek]
kweken (planten ~)	yetiştirmek	[jetiʃtirmek]

254. Werkwoorden L-R

lachen (ww)	gülmek	[gylmek]
laden (geweer, kanon)	doldurmak	[doldurmak]
laden (vrachtwagen)	yüklemek	[juklemek]
laten vallen (ww)	düşürmek	[dyʃyrmek]

lenen (geld ~)	borç almak	[bortʃ almak]
leren (lesgeven)	öğretmek	[ø:retmek]
leven (bijv. in Frankrijk ~)	yaşamak	[jaʃamak]
lezen (een boek ~)	okumak	[okumak]

lid worden (ww)	katılmak	[katılmak]
liefhebben (ww)	sevmek	[sevmek]
liegen (ww)	yalan söylemek	[jalan søjlemek]
liggen (op de tafel ~)	bulunmak	[bulunmak]

liggen (persoon)	yatmak	[jatmak]
lijden (pijn voelen)	acı çekmek	[adʒı ʧekmek]
losbinden (ww)	çözmek	[ʧøzmek]
luisteren (ww)	dinlemek	[dinlemek]

lunchen (ww)	öğle yemeği yemek	[ø:le jemei jemek]
markeren (op de kaart, enz.)	işaretlemek	[iʃaretlemek]
melden (nieuws ~)	bildirmek	[bildirmek]
memoriseren (ww)	akılda tutmak	[akılda tutmak]

mengen (ww)	karıştırmak	[karıʃtırmak]
mikken op (ww)	... nişan almak	[niʃan almak]
minachten (ww)	hor görmek	[hor gørmek]
moeten (ww)	borçlu olmak	[bortʃlu olmak]

morsen (koffie, enz.)	dökmek	[døkmek]
naderen (dichterbij komen)	yaklaşmak	[jaklaʃmak]
neerlaten (ww)	indirmek	[indirmek]
nemen (ww)	almak	[almak]

nodig zijn (ww)	gerekmek	[gerekmek]
noemen (ww)	adlandırmak	[adlandırmak]
noteren (opschrijven)	not almak	[not almak]
omhelzen (ww)	kucaklamak	[kudʒaklamak]

omkeren (steen, voorwerp)	devirmek	[devirmek]
onderhandelen (ww)	görüşmek	[gøryʃmek]
ondernemen (ww)	üstlenmek	[ystlenmek]
onderschatten (ww)	değerini bilmemek	[deerini bilmemek]

onderscheiden (een ereteken geven)	ödül vermek	[ødyl vermek]
onderstrepen (ww)	altını çizmek	[altını ʧizmek]
ondertekenen (ww)	imzalamak	[imzalamak]
onderwijzen (ww)	talimat vermek	[talimat vermek]

onderzoeken (alle feiten, enz.)	gözden geçirmek	[gøzden getʃirmek]
bezorgd maken	üzmek	[yzmek]
onmisbaar zijn (ww)	gerekli olmak	[gerekli olmak]
ontbijten (ww)	kahvaltı yapmak	[kahvaltı japmak]

ontdekken (bijv. nieuw land)	keşfetmek	[keʃfetmek]
ontkennen (ww)	inkar etmek	[inkjar etmek]
ontlopen (gevaar, taak)	sakınmak	[sakınmak]
ontnemen (ww)	mahrum etmek	[mahrum etmek]

ontwerpen (machine, enz.)	proje yapmak	[proʒe japmak]
oorlog voeren (ww)	savaşmak	[savaʃmak]
op orde brengen	düzene sokmak	[dyzene sokmak]
opbergen (in de kast, enz.)	istiflemek	[istiflemek]
opduiken (ov. een duikboot)	suyun yüzüne çıkmak	[sujun juzyne ʧıkmak]

openen (ww)	açmak	[atʃmak]
ophangen (bijv. gordijnen ~)	asmak	[asmak]
ophouden (ww)	durdurmak	[durdurmak]

| oplossen (een probleem ~) | çözmek | [ʧøzmek] |
| opmerken (zien) | farketmek | [farketmek] |

opmerken (zien)	görmek	[gørmek]
opscheppen (ww)	övünmek	[øvynmek]
opschrijven (op een lijst)	yazmak	[jazmak]
opschrijven (ww)	not almak	[not almak]

opstaan (uit je bed)	kalkmak	[kalkmak]
opstarten (project, enz.)	başlatmak	[baʃlatmak]
opstijgen (vliegtuig)	kalkmak	[kalkmak]
optreden (resoluut ~)	davranmak	[davranmak]

organiseren (concert, feest)	düzenlemek	[dyzenlemek]
overdoen (ww)	yeniden yapmak	[jeniden japmak]
overheersen (dominant zijn)	üstün olmak	[ustyn olmak]
overschatten (ww)	gözünde büyütmek	[gøzynde byjutmek]

overtuigd worden (ww)	ikna olmak	[ikna olmak]
overtuigen (ww)	ikna etmek	[ikna etmek]
passen (jurk, broek)	uymak	[ujmak]
passeren	geçmek	[geʧmek]
(~ mooie dorpjes, enz.)		

peinzen (lang nadenken)	düşünceye dalmak	[dyʃyndʒeje dalmak]
penetreren (ww)	girmek	[girmek]
plaatsen (ww)	koymak	[kojmak]
plaatsen (zetten)	yerleştirmek	[jerleʃtirmek]

plannen (ww)	planlamak	[planlamak]
plezier hebben (ww)	eğlenmek	[eelenmek]
plukken (bloemen ~)	koparmak	[koparmak]
prefereren (verkiezen)	tercih etmek	[terdʒih etmek]

proberen (trachten)	denemek	[denemek]
proberen (trachten)	denemek	[denemek]
protesteren (ww)	karşı çıkmak	[karʃı ʧıkmak]
provoceren (uitdagen)	kışkırtmak	[kıʃkırtmak]

raadplegen (dokter, enz.)	danışmak	[danıʃmak]
rapporteren (ww)	rapor etmek	[rapor etmek]
redden (ww)	kurtarmak	[kurtarmak]
regelen (conflict)	halletmek	[halletmek]

reinigen (schoonmaken)	temizlemek	[temizlemek]
rekenen op ...	... güvenmek	[gyvenmek]
rennen (ww)	koşmak	[koʃmak]
reserveren	rezervasyon yapmak	[rezervasjon japmak]
(een hotelkamer ~)		
rijden (per auto, enz.)	gitmek	[gitmek]
rillen (ov. de kou)	titremek	[titremek]
riskeren (ww)	riske girmek	[riske girmek]
roepen (met je stem)	çağırmak	[ʧaırmak]
roepen (om hulp)	çağırmak	[ʧaırmak]
ruiken (bepaalde	kokmak	[kokmak]
geur verspreiden)		

| ruiken (rozen) | koklamak | [koklamak] |
| rusten (verpozen) | dinlenmek | [dinlemek] |

255. Verbs S-V

samenstellen, maken (een lijst ~)	düzenlemek	[dyzenlemek]
schieten (ww)	ateş etmek	[ateʃ etmek]
schoonmaken (bijv. schoenen ~)	temizlemek	[temizlemek]
schoonmaken (ww)	toplamak	[toplamak]
schrammen (ww)	tırmalamak	[tırmalamak]
schreeuwen (ww)	bağırmak	[baırmak]
schrijven (ww)	yazmak	[jazmak]
schudden (ww)	silkelemek	[silkelemek]
selecteren (ww)	seçmek	[setʃmek]
simplificeren (ww)	basitleştirmek	[basitleʃtirmek]
slaan (een hond ~)	vurmak, dövmek	[vurmak], [døvmek]
sluiten (ww)	kapatmak	[kapatmak]
smeken (bijv. om hulp ~)	yalvarmak	[jalvarmak]
souperen (ww)	akşam yemeği yemek	[akʃam jemei jemek]
spelen (bijv. filmacteur)	oynamak	[ojnamak]
spelen (kinderen, enz.)	oynamak	[ojnamak]
spreken met ...	... ile konuşmak	[ile konuʃmak]
spuwen (ww)	tükürmek	[tykyrmek]
stelen (ww)	çalmak	[tʃalmak]
stemmen (verkiezing)	oy vermek	[oj vermek]
steunen (een goed doel, enz.)	desteklemek	[desteklemek]
stoppen (pauzeren)	durmak	[durmak]
storen (lastigvallen)	rahatsız etmek	[rahatsız etmek]
strijden (tegen een vijand)	savaşmak	[savaʃmak]
strijden (ww)	mücadele etmek	[mydʒadele etmek]
strijken (met een strijkbout)	ütü yapmak	[yty japmak]
studeren (bijv. wiskunde ~)	öğrenmek	[øːrenmek]
sturen (zenden)	göndermek	[gøndermek]
tellen (bijv. geld ~)	saymak	[sajmak]
terugkeren (ww)	dönmek	[dønmek]
terugsturen (ww)	geri göndermek	[geri gøndermek]
toebehoren aan ...	... ait olmak	[ait olmak]
toegeven (zwichten)	pes etmek	[pes etmek]
toenemen (on. ww)	artmak	[artmak]
toespreken (zich tot iemand richten)	hitap etmek	[hitap etmek]
toestaan (goedkeuren)	müsaade etmek	[mysaade etmek]
toestaan (ww)	izin vermek	[izin vermek]

toewijden (boek, enz.)	ithaf etmek	[ithaf etmek]
tonen (uitstallen, laten zien)	göstermek	[gøstermek]
trainen (ww)	çalıştırmak	[tʃalıʃtırmak]
transformeren (ww)	dönüştürmek	[dønyʃtyrmek]
trekken (touw)	çekmek	[tʃekmek]
trouwen (ww)	evlenmek	[evlenmek]
tussenbeide komen (ww)	karışmak	[karıʃmak]
twijfelen (onzeker zijn)	tereddüt emek	[tereddyt etmek]
uitdelen (pamfletten ~)	dağıtmak	[daıtmak]
uitdoen (licht)	söndürmek	[søndyrmek]
uitdrukken (opinie, gevoel)	ifade etmek	[ifade etmek]
uitgaan (om te dineren, enz.)	çıkmak	[tʃıkmak]
uitlachen (bespotten)	alay etmek	[alaj etmek]
uitnodigen (ww)	davet etmek	[davet etmek]
uitrusten (ww)	donatmak	[donatmak]
uitsluiten (wegsturen)	çıkarmak	[tʃıkarmak]
uitspreken (ww)	telâffuz etmek	[telafuz etmek]
uittorenen (boven ...)	yükselmek	[jukselmek]
uitvaren tegen (ww)	sövmek	[søvmek]
uitvinden (machine, enz.)	icat etmek	[idʒat etmek]
uitwissen (ww)	silmek	[silmek]
vangen (ww)	tutmak	[tutmak]
vastbinden aan ...	bağlamak	[baalamak]
vechten (ww)	dövüşmek	[døvyʃmek]
veranderen (bijv. mening ~)	değiştirmek	[deiʃtirmek]
verbaasd zijn (ww)	şaşırmak	[ʃaʃırmak]
verbazen (verwonderen)	şaşırtmak	[ʃaʃırtmak]
verbergen (ww)	saklamak	[saklamak]
verbieden (ww)	yasaklamak	[jasaklamak]
verblinden (andere chauffeurs)	kör etmek	[kør etmek]
verbouwereerd zijn (ww)	şaşmak	[ʃaʃmak]
verbranden (bijv. papieren ~)	yakmak	[jakmak]
verdedigen (je land ~)	savunmak	[savunmak]
verdenken (ww)	şüphelenmek	[ʃyphelenmek]
verdienen (een complimentje, enz.)	hak etmek	[hak etmek]
verdragen (tandpijn, enz.)	dayanmak	[dajanmak]
verdrinken (in het water omkomen)	suda boğulmak	[suda boulmak]
verdubbelen (ww)	iki katına çıkmak	[iki katına tʃıkmak]
verdwijnen (ww)	kaybolmak	[kajbolmak]
verenigen (ww)	birleştirmek	[birleʃtirmek]
vergelijken (ww)	karşılaştırmak	[karʃılaʃtırmak]
vergeten (achterlaten)	unutmak	[unutmak]
vergeten (ww)	unutmak	[unutmak]
vergeven (ww)	affetmek	[afetmek]

vergroten (groter maken)	**artırmak**	[artırmak]
verklaren (uitleggen)	**izah etmek**	[izah etmek]

verklaren (volhouden)	**ısrar etmek**	[ısrar etmek]
verklikken (ww)	**ihbar etmek**	[ihbar etmek]
verkopen (per stuk ~)	**satmak**	[satmak]
verlaten (echtgenoot, enz.)	**bırakmak**	[bırakmak]
verlichten (gebouw, straat)	**aydınlatmak**	[ajdınlatmak]

verlichten (gemakkelijker maken)	**kolaylaştırmak**	[kolajlaʃtırmak]
verliefd worden (ww)	**âşık olmak**	[aʃık olmak]
verliezen (bagage, enz.)	**kaybetmek**	[kajbetmek]
vermelden (praten over)	**anmak**	[anmak]

vermenigvuldigen (wisk.)	**çarpmak**	[tʃarpmak]
verminderen (ww)	**eksiltmek**	[eksiltmek]
vermoeid raken (ww)	**yorulmak**	[jorulmak]
vermoeien (ww)	**yormak**	[jormak]

256. Verbs V-Z

vernietigen (documenten, enz.)	**yok etmek**	[jok etmek]
veronderstellen (ww)	**tahmin etmek**	[tahmin etmek]
verontwaardigd zijn (ww)	**öfkelenmek**	[øfkelenmek]
veroordelen (in een rechtszaak)	**mahkum etmek**	[mahkym etmek]

veroorzaken ... (oorzaak zijn van ...)	**... sebep olmak**	[sebep olmak]
verplaatsen (ww)	**yerini değiştirmek**	[jerini deiʃtirmek]
verpletteren (een insect, enz.)	**ezmek**	[ezmek]
verplichten (ww)	**zorlamak**	[zorlamak]
verschijnen (bijv. boek)	**çıkmak**	[tʃıkmak]

verschijnen (in zicht komen)	**gözükmek**	[gøzykmek]
verschillen (~ van iets anders)	**farklı olmak**	[farklı olmak]
versieren (decoreren)	**süslemek**	[syslemek]
verspreiden (pamfletten, enz.)	**dağıtmak**	[daıtmak]

verspreiden (reuk, enz.)	**yaymak**	[jajmak]
versterken (positie ~)	**sağlamlaştırmak**	[saalamlaʃtırmak]
verstommen (ww)	**susmak**	[susmak]
vertalen (ww)	**çevirmek**	[tʃevirmek]

vertellen (verhaal ~)	**anlatmak**	[anlatmak]
vertrekken (bijv. naar Mexico ~)	**gitmek**	[gitmek]
vertrouwen (ww)	**güvenmek**	[gyvenmek]
vervolgen (ww)	**devam etmek**	[devam etmek]

verwachten (ww)	**beklemek**	[beklemek]
verwarmen (ww)	**ısıtmak**	[ısıtmak]
verwarren (met elkaar ~)	**ayırt edememek**	[ajırt edememek]
verwelkomen (ww)	**selamlamak**	[selamlamak]
verwezenlijken (ww)	**gerçekleştirmek**	[gertʃekleʃtirmek]

verwijderen (een obstakel)	**kaldırmak**	[kaldırmak]
verwijderen (een vlek ~)	**çıkarmak**	[tʃıkarmak]
verwijten (ww)	**sitem etmek**	[sitem etmek]
verwisselen (ww)	**değiştirmek**	[deiʃtirmek]
verzoeken (ww)	**rica etmek**	[ridʒa etmek]

verzuimen (school, enz.)	**gelmemek**	[gelmemek]
vies worden (ww)	**kirlenmek**	[kirlenmek]
vinden (denken)	**saymak**	[sajmak]
vinden (ww)	**bulmak**	[bulmak]

vissen (ww)	**balık tutmak**	[balık tutmak]
vleien (ww)	**pohpohlamak**	[pohpohlakmak]
vliegen (vogel, vliegtuig)	**uçmak**	[utʃmak]
voederen (een dier voer geven)	**beslemek**	[beslemek]

volgen (ww)	**... takip etmek**	[takip etmek]
voorstellen (introduceren)	**tanıtmak**	[tanıtmak]
voorstellen (Mag ik jullie ~)	**tanıştırmak**	[tanıʃtırmak]
voorstellen (ww)	**önermek**	[ønermek]

voorzien (verwachten)	**önceden görmek**	[øndʒeden gørmek]
vorderen (vooruitgaan)	**ilerlemek**	[ilerlemek]
vormen (samenstellen)	**teşkil etmek**	[teʃkil etmek]
vullen (glas, fles)	**doldurmak**	[doldurmak]
waarnemen (ww)	**gözlemlemek**	[gøzlemlemek]
waarschuwen (ww)	**uyarmak**	[ujarmak]
wachten (ww)	**beklemek**	[beklemek]
wassen (ww)	**yıkamak**	[jıkamak]

weerspreken (ww)	**itiraz etmek**	[itiraz etmek]
wegdraaien (ww)	**yüzünü çevirmek**	[juzyny tʃevirmek]
wegdragen (ww)	**götürmek**	[gøtyrmek]
wegen (gewicht hebben)	**çekmek**	[tʃekmek]

wegjagen (ww)	**kovmak**	[kovmak]
weglaten (woord, zin)	**atlamak**	[atlamak]
wegvaren (uit de haven vertrekken)	**iskeleden ayrılmak**	[iskeleden ajrılmak]
weigeren (iemand ~)	**reddetmek**	[reddetmek]

wekken (ww)	**uyandırmak**	[ujandırmak]
wensen (ww)	**istemek**	[istemek]
werken (ww)	**çalışmak**	[tʃalıʃmak]
weten (ww)	**bilmek**	[bilmek]
willen (verlangen)	**istemek**	[istemek]

wisselen (omruilen, iets ~)	**değişmek**	[deiʃmek]
worden (bijv. oud ~)	**olmak**	[olmak]

worstelen (sport)	güreşmek	[gøryʃmek]
wreken (ww)	intikam almak	[intikam almak]
zaaien (zaad strooien)	ekmek	[ekmek]
zeggen (ww)	söylemek	[søjlemek]
zich baseerd op	dayanmak	[dajanmak]
zich bevrijden van ... (afhelpen)	... dan kurtulmak	[dan kurtulmak]
zich concentreren (ww)	konsantre olmak	[konsantre olmak]
zich ergeren (ww)	sinirlenmek	[sinirlenmek]
zich gedragen (ww)	davranmak	[davranmak]
zich haasten (ww)	acele etmek	[adʒele etmek]
zich herinneren (ww)	hatırlamak	[hatırlamak]
zich herstellen (ww)	iyileşmek	[ijileʃmek]
zich indenken (ww)	hayal etmek	[hajal etmek]
zich interesseren voor ...	ilgilenmek	[ilgilenmek]
zich scheren (ww)	tıraş olmak	[tıraʃ olmak]
zich trainen (ww)	antrenman yapmak	[antrenman japmak]
zich verdedigen (ww)	kendini savunmak	[kendini savunmak]
zich vergissen (ww)	hata yapmak	[hata japmak]
zich verontschuldigen	özür dilemek	[øzyr dilemek]
zich verspreiden (meel, suiker, enz.)	düşürmek	[dyʃyrmek]
zich vervelen (ww)	sıkılmak	[sıkılmak]
zijn (ww)	olmak	[olmak]
zinspelen (ww)	ima etmek	[ima etmek]
zitten (ww)	oturmak	[oturmak]
zoeken (ww)	aramak	[aramak]
zondigen (ww)	günah işlemek	[gynah iʃlemek]
zuchten (ww)	nefes almak	[nefes almak]
zwaaien (met de hand)	sallamak	[sallamak]
zwemmen (ww)	yüzmek	[juzmek]
zwijgen (ww)	susmak	[susmak]

www.ingramcontent.com/pod-product-compliance
Lightning Source LLC
Chambersburg PA
CBHW071330090426
42738CB00012B/2847